托班

保教工作指南

主　编　周丛笑　谭子英

副主编　杨慧君　宾　芬

中国出版集团　东方出版中心

图书在版编目(CIP)数据

托班保教工作指南 / 周丛笑，谭子英主编；杨慧君，
宾芬副主编. -- 上海：东方出版中心, 2024. 12.
ISBN 978-7-5473-2603-9

Ⅰ. G617-62

中国国家版本馆 CIP 数据核字第 202430CY46 号

托班保教工作指南

主　　编　周丛笑　谭子英
副 主 编　杨慧君　宾　芬
策划编辑　费多芬
责任编辑　计珍芹　费多芬
封面设计　钟　颖

出 版 人　陈义望
出版发行　东方出版中心
地　　址　上海市仙霞路 345 号
邮政编码　200336
电　　话　021-62417400
印 刷 者　杭州日报报业集团盛元印务有限公司

开　　本　710mm×1000mm　1/16
印　　张　15.75
字　　数　250 千字
版　　次　2024 年 12 月第 1 版
印　　次　2024 年 12 月第 1 次印刷
定　　价　68.00 元

编写说明

　　根据《国务院办公厅关于促进3岁以下婴幼儿照护服务发展的指导意见》(国办发〔2019〕15号)、《关于发布推荐性卫生行业标准〈托育机构质量评估标准(WS/T 821—2023)〉的通告》(国卫通〔2023〕13号)等有关文件要求,依据国家卫生健康委《托育机构设置标准(试行)》《托育机构管理规范(试行)》《3岁以下婴幼儿健康养育照护指南(试行)》《托育机构负责人培训大纲(试行)》《托育机构保育人员培训大纲(试行)》及相关法律法规标准规范,编写本《托班保教工作指南》(以下简称《工作指南》)。

　　本《工作指南》主要包括教养总则、岗位职责、员工守则、教育管理、保育工作、家长工作、专业素养、政策文件等。期望本书能为托班保教工作提供学术指导与专业引领。

　　本《工作指南》主要编写人员:周丛笑、谭子英、杨慧君、宾芬。

2024 年 5 月

目录

第一章

教 养 总 则

一、指南说明

本《工作指南》是托班教职员工的就职指导书，园所可将其作为每位托班教职员工上岗培训的重要内容，让每一位员工学习、领悟。

本《工作指南》依据托班管理和工作要求而制定，当托班的管理制度和工作要求发生修订、变更而《工作指南》尚未修订时，以变更后的管理制度、工作要求为执行依据。

本《工作指南》可作为托班教职员工必须遵守的规章，但托班有权根据自身办托需要每年修订，事先通知教职员工，经双方同意后作为托班教养工作依据。

二、愿景使命

愿景：打造托育服务领航品牌。

使命：让婴幼儿生命启航的第一站充满智慧与健康能量。

1. 教养服务理念。

专业——术业精湛；

细致——精益求精；

珍爱——视如己出。

2. 教养服务目标。

安全第一、健康优先、专业保障、服务至上。

三、基本原则

1. 用心服务原则。

保教人员要认真做好家长工作，与家长保持积极愉快的沟通，让家长第一时

间了解到婴幼儿的在园状况以及保教人员的用心;端正位置,对于家长提出的合理建议应及时虚心接受并根据实际情况采纳。保教人员对待任何家长、婴幼儿,都必须耐心、友善、诚恳、负责任,对待婴幼儿尽心尽职,坚持正面教育,绝不体罚和变相体罚婴幼儿,平等地对待每位婴幼儿、家长。

2. 追求实效原则。

保教人员的一切行为要追求切实效果,力争做到效果好、反响好。做事追求实效必须深入保教人员心中并成为保教人员的行为准则。

3. 敬业乐业原则。

保教人员要有强烈的责任感,对每一件事必须充满热情,勤恳敬业,不断创新,彰显智慧,精益求精。

4. 团队合作原则。

保教人员要发挥团队精神,通过协作、沟通、协调完成共同目标,为团队的集体荣誉奋斗不息。需牢固树立"园荣我荣,园辱我辱"的思想,不做有损园所名誉的事。

5. 文明守礼原则。

保教人员要坚守高尚情操,知荣明耻,严于律己,以身作则;衣着得体,语言规范,举止文明;诚实正直,尊重他人,坦诚以待,乐于助人。坚持礼貌待人,微笑对待每一位婴幼儿、家长及同事。

6. 廉洁奉公原则。

保教人员要尊重他人的劳动成果及智慧,牢固树立"节约光荣、浪费可耻"的意识,爱惜公共财物,保管好班级财产,爱惜班级一草一木,做到廉洁奉公,自觉抵制有偿家教,不利用职务之便谋取私利。

7. 环境友好原则。

托班的生活单元是所有保教人员共有的工作空间,任何个人偏好或行为均不得影响他人的工作状态、保教氛围及身心健康,不得有损公共环境。

8. 事业为先原则。

保教人员要把托育看作一种事业,而不仅仅是当作一种职业。每位保教人员都要努力学习,取长补短,积极进取,不断提升专业水平及素质修养。

第二章

岗 位 职 责

一、托班主管

托班主管应具备的特质：爱婴幼儿、富有热情、积极主动,有正确的儿童观、养育观、教育观,有一定的保育照护指导能力。

1. 协助业务园长指导托班组保教人员的保育照护工作,按时检查保教人员的教案、教育笔记和听课观摩记录本,不定时抽查保教人员的情感氛围营造、生活照护及发展支持情况,及时组织保教人员相互观摩、学习、交流经验等。

2. 带领托班组保教人员进行教研活动,做好活动记录,并及时进行引领。

3. 带领托班组保教人员认真分析不同月龄段婴幼儿的发展情况,制定合适的、有创意的活动方案,并统筹、安排与组织活动。

4. 按时汇报托班组工作开展的情况,协助行政及时处理偶发事件。

5. 协调托班组保教人员之间的关系,增强凝聚力。协助行政做好每学期各项评先评优的推荐和评比工作。

工作项目	具体事项	事 项 执 行
常态工作	1. 部门周会（自定）	检查本周晨检工作、落实各项登记表格,汇报本周来园人数和本周婴幼儿各项基本情况。
	2. 每月、每周计划	根据当月情况,制定月计划、周计划,并根据计划制定各班级教学、教务工作。
	3. 教育、教学活动	(1) 根据周计划制定一日带班活动。 (2) 组织托班保教人员根据活动内容及时为婴幼儿提供丰富的游戏操作材料。 (3) 每月组织 2 次保育照护活动,并做好过程性资料的整理。

续　表

工作项目	具体事项	事　项　执　行
常态工作	4. 常规工作检查	卫生消毒、电访工作、备课情况、家园联系栏(册)展示(发放)、保育照护等工作的检查。
	5. 每月听课	进班听课、做好记录,并根据当日的听课情况给予指导。
	6. 新进员工的培训	做好新员工的接待和班级安排工作,并制定后续系列培训计划。
	7. 每月收集教养资料	(1) 月计划和月小结。 (2) 每月婴幼儿出勤情况统计表。 (3) 保育照护情况及效果检测。 (4) 家园联系册和成长图册的制作指导和检查。
	8. 家长工作	(1) 带领托班组保教人员组织家长开放日等活动。 (2) 指导并督查完成阶段性的家访。
	9. 续费工作	每月带领托班保教人员统计每位婴幼儿有关生活照护的物品及食物消耗情况,为续费工作做好准备。
业务提高	1. 研训活动	每月组织托班业务培训,带领保教人员及时开展园本教研活动。
	2. 养育支持	(1) 配合开展周末托班体验、育儿宣传活动、入户指导等活动。 (2) 适时指导与辅助亲子活动。
	3. 社区活动	配合完成社区的家长课堂、生日会、游园会等活动。

二、托班教师(主班、配班)

托班教师必须具备的特质:热情、耐心、有亲和力。能创设安全、宽松、快乐的情感氛围,以温暖、尊重的态度与婴幼儿积极交流互动,尽可能及时回应婴幼儿的情感需求[①]。

1. 坚持保育和教育紧密结合的原则,保中有教,教中重保,自然渗透,教养合一。提供支持性环境,敏感观察婴幼儿,理解其生理和心理需求,并及时给予积极适宜的回应。禁止一切忽视、粗暴冲动或虐待婴幼儿的行为。

2. 根据婴幼儿的月龄特点、实际发展情况和个体差异等特点,制订多种形

---

① 《托育机构质量评估标准》6 保育照护——6.1 情感氛围:创设安全、宽松、快乐的情感氛围。保育人员以温暖、尊重的态度与婴幼儿积极交流互动,尽可能及时回应婴幼儿的情感需求。

式的活动计划(包括年度、半年、月、周计划等)和明确的发展性目标①,做到科学照护与服务。

3. 根据教养计划配备符合不同月龄婴幼儿动作、认知、语言、情感与社会性等各个领域发展特点的玩具,数量充足、多样,具有安全环保标识,符合现行国家标准 GB 6675。并积极利用自然材料或生活材料自制安全、环保的玩具②。

4. 及时组织内容涵盖动作、语言、认知、情感与社会性等方面,内容全面、相对均衡、贴近婴幼儿生活的活动③。及时为婴幼儿提供丰富的感知环境和操作材料,引导和支持婴幼儿利用视、听、触、嗅等各种感觉器官探索感知、获得丰富的直接经验④。

5. 带班过程中积极提供支持性环境,敏感观察婴幼儿,理解其生理和心理需求,并及时给予积极、适宜的回应⑤。不随便离开班级,及时提供适宜的指导。注意婴幼儿安全,预防事故发生。

6. 如遇特殊情况,如食物过敏、需要喂药、更换尿片等需具体登记并告知班级老师和生活老师。在带班过程应当做好观察,发现有精神状态不良、烦躁、咳嗽、打喷嚏、呕吐等表现的婴幼儿,要加强看护,及时向托班主管报告,必要时及时就医,并联系家长⑥。

7. 努力钻研业务,积极参加教研活动、跟岗学习⑦、技能培训等,不断提高幼

___

① 《托育机构质量评估标准》6 发展支持——6.3.1:根据婴幼儿的月龄特点、实际发展情况和个体差异等特点,制订多种形式的活动计划(包括年度、半年、月、周计划等)和明确的发展性目标。

② 《托育机构质量评估标准》4.4 玩具材料——4.4.1:配备符合不同月龄婴幼儿动作、认知、语言、情感与社会性等各个领域发展特点的玩具,数量充足、多样,具有安全环保标识,符合现行国家标准 GB 6675。鼓励结合地域特点和婴幼儿特点,利用自然材料或生活材料自制玩具,玩具安全、环保。

③ 《托育机构质量评估标准》6 发展支持——6.3.1:活动计划以自由分散活动为主,统一组织的集体活动时间应适合不同月龄段婴幼儿的发展特点,托小班(13—24 个月)每次集体活动时间 5—8 分钟,托大班(25—36 个月)每次集体活动时间 10—15 分钟;内容涵盖动作、语言、认知、情感与社会性等方面,内容全面、相对均衡、贴近婴幼儿生活。

④ 《托育机构质量评估标准》6 发展支持——6.3.4:为婴幼儿提供丰富的感知环境和操作材料,引导和支持婴幼儿利用视、听、触、嗅等各种感觉器官探索感知,获得丰富的直接经验。

⑤ 参考《深圳市幼儿园托班开设与管理暂行办法》第六条:(三)保教合一,积极回应。坚持保育和教育紧密结合的原则,保中有教,教中重保,自然渗透,教养合一。提供支持性环境,敏感观察婴幼儿,理解其生理和心理需求,并及时给予积极、适宜的回应。

⑥ 参考《深圳市幼儿园托班开设与管理暂行办法》第十三条:保教人员应当做好观察,发现有精神状态不良、烦躁、咳嗽、打喷嚏、呕吐等表现的婴幼儿,要加强看护,必要时及时就医,并联系家长。

⑦ 《托育机构质量评估标准》5.2 队伍建设——5.2.2:支持托育工作人员的专业提升,鼓励通过各种途径(如教研、跟岗学习等)学习发展。

儿照护服务能力①。

8.配合完成社区的家长课堂、生日会、游园会、春秋游等活动。

9.管理好班级内物品,保持班级内环境清洁卫生、物品整洁有序,并及时做好责任区清洁工作。

工作项目	具体事项	事　项　执　行
常态工作	1.部门周会(自定)	检查本周晨检、午检、全日健康观察②工作,各项照护服务日常记录落实情况③,汇报本周来园人数和本周婴幼儿保育、健康、安全等基本情况。
	2.常规带班	根据周计划实施一日带班活动。
	3.电访工作	(1)入托新生前两周每日中午13:00—14:00电话回访当日状况,并做好记录。 (2)老生每周或每两周固定回访1次,并做好记录。 (3)突发情况及时回访,并做好记录。 (4)插班新生提前电话回访,并做好记录。
	4.婴幼儿生活照护	(1)根据婴幼儿的生理节律科学安排哺喂、饮水、进餐、换尿布、如厕、盥洗、睡眠、活动等一日生活,各项内容时间安排相对固定,保证作息的规律性④。 (2)特殊婴幼儿照护,如:对于存在明确食物过敏婴幼儿注意食物回避⑤;对于患病婴幼儿要求家长在家护理或送至医院接受治疗等⑥;对于有特殊喂养需求的,要求婴幼儿监护人提供书面说明,并存档⑦。

---

① 《浙江省幼儿园托班管理指南》第二十三条:加强托班保教队伍建设,通过多种渠道开展保教人员职业道德、专业知识和技能培训,提高幼儿照护服务能力。

② 《托育机构质量评估标准》7.2健康管理——7.2.3:应做好每日晨检和午检,对婴幼儿进行全日健康观察及巡视,并做好记录,发现婴幼儿异常情况及时处理并完整记录。

③ 《托育机构管理规范(试行)》第四章　保育管理——第22条:托育机构应当建立照护服务日常记录和反馈制度,定期与婴幼儿监护人沟通婴幼儿发展情况。

④ 《托育机构质量评估标准》6.2生活照护——6.2.1:根据婴幼儿的生理节律科学安排哺喂、饮水、进餐、换尿布、如厕、盥洗、睡眠、活动等一日生活,各项内容时间安排相对固定,保证作息的规律性。

⑤ 《托育机构质量评估标准》7.3膳食营养——7.3.3:对于存在明确食物过敏婴幼儿注意食物回避。鼓励有条件的机构为存在营养问题的婴幼儿提供特殊饮食。

⑥ 《托育机构管理规范(试行)》第五章　健康管理第26条:婴幼儿患病期间应当在医院接受治疗或在家护理。

⑦ 《托育机构管理规范(试行)》第四章　保育管理第17条:有特殊喂养需求的,婴幼儿监护人应当提供书面说明。

续 表

工作项目	具体事项	事 项 执 行
常态工作	5. 备课及活动准备	提前一周备好活动计划,提前一天准备好教具、学具。
	6. 晨检接送工作	做好接送记录,并将有特殊照护需求的及时登记。
	7. 婴幼儿成长手册	搜集并留存婴幼儿成长的佐证资料。
	8. 家长工作	(1) 及时更新家园之窗。 (2) 及时与家长进行线上互动。 (3) 及时向家长进行科学照护宣传。
业务提高	1. 教研活动	定期参加教育科研活动,提高业务能力。
	2. 社区活动	配合完成社区的家长课堂、生日会、游园会等活动。

三、保健人员

卫生保健人员应认真贯彻国家有关托儿所卫生保健工作规范及卫生评价基本标准,掌握卫生保健基本要求,根据婴幼儿月龄特点和发展水平,有计划地开展各项卫生保健工作。

1. 制订并落实卫生保健计划。执行并督促落实一日生活制度(包含婴幼儿照护内容)、膳食管理制度、体格锻炼制度、卫生与消毒制度、健康检查制度、传染病预防与控制制度、常见疾病预防与管理制度、伤害预防制度、健康教育制度、卫生保健信息收集制度等[①],并认真做好日常卫生保健工作的资料积累,每学期末按要求做好统计、总结工作:

(1) 负责建立健全婴幼儿及教职工健康档案。

(2) 做好每日晨检和午检,对婴幼儿进行全日健康观察并做好记录,发现婴幼儿异常情况及时处理并完整记录。

(3) 对缺勤婴幼儿进行患病追踪管理,并做好患病儿的记录。患传染病婴

---

① 《托育机构质量评估标准》7.1 卫生保健工作制度——7.1.1:卫生保健工作制度内容应完整。包括一日生活制度(包含婴幼儿照护内容)、膳食管理制度、体格锻炼制度、卫生与消毒制度、健康检查制度、传染病预防与控制制度、常见疾病预防与管理制度、伤害预防制度、健康教育制度、卫生保健信息收集制度。

幼儿返回时,须收集医疗卫生机构出具的健康证明。当发现婴幼儿感染传染病或疑似感染传染病时,要按有关规定及时采取措施,防止传染病续发或暴发①。

(4) 查验全体入托婴幼儿的"预防接种证"和《入托体检表》。

(5) 认真做好婴幼儿生长发育管理工作,每月统计并公布各班出勤率、发病率。根据婴幼儿的月龄定期进行生长发育监测(如身高、体重、视力等),并及时将相关信息反馈给家长。

(6) 掌握基本的急救技能(窒息、烫伤、磕碰伤、脱臼、骨折等),意外伤害发生时按照规范进行应急处理,优先保障婴幼儿的安全②。

(7) 对贫血、营养不良、超重肥胖的婴幼儿进行登记和管理;对药物过敏或食物过敏、先天性心脏病、哮喘、癫痫等疾病及心理或行为异常的婴幼儿进行登记,督促家长依托社区或妇幼保健机构进行规范管理。

2. 认真做好食品卫生管理工作。

(1) 配合营养员,根据婴幼儿的营养需要,编制营养食谱并且每周进行更换;提供符合婴幼儿月龄特点的正餐和加餐,保证食物品种多样、食物量适宜③。

(2) 配合营养员每天按时检查各班进餐的看护及卫生状况,并做好记录,与保教人员营造愉快的进餐氛围,引导婴幼儿均衡膳食、规律就餐。

(3) 与相关人员共同做好食品的验收、验发,确保食品卫生安全。负责仓库食品验收发放工作,督促操作相关人员及时记录进出库物品情况,做好食品仓库的管理工作。

(4) 每天检查各班对贫血、营养不良、超重肥胖的婴幼儿的照护情况,并进行登记④。

(5) 每季度完成一次膳食调查和营养评估⑤,每月开展一次膳管会,听取教

---

① 《托育机构质量评估标准》7.4 传染病管理——7.4.3:有专人对缺勤婴幼儿进行患病追踪管理,并做好患病儿童记录;7.4.4:发现传染病或疑似传染病婴幼儿,应按有关规定及时采取措施,防止传染病续发或暴发。患传染病婴幼儿返回时须持医疗卫生机构出具的健康证明。

② 《托育机构质量评估标准》9.5 应急管理——9.5.3:卫生保健人员应掌握急救的基本技能(窒息、烫伤、磕碰伤、脱臼、骨折等),意外伤害发生时可按照规范进行应急处理,优先保障婴幼儿的安全。

③ 《托育机构质量评估标准》7.3 膳食营养——7.3.1:根据婴幼儿营养需要,编制营养食谱并且每周进行更换。提供符合婴幼儿月龄特点的正餐和加餐,保证食物品种多样、食物量适宜。

④ 《托育机构质量评估标准》7.5 常见病管理——7.5.1:对贫血、营养不良、超重肥胖的婴幼儿进行登记和管理,并提供相应的照护。

⑤ 《托育机构婴幼儿喂养与营养指南(试行)》四、喂养与膳食管理——2. 膳食和营养要求:半日托及全日托的托育机构至少每季度进行一次膳食调查和营养评估。

职工、婴幼儿家长对膳食的意见或建议,力求在食物种类、食物用量等方面符合国家相关要求。

3. 认真做好卫生管理及保健宣传、培训工作。

（1）向全园教职工和家长做好婴幼儿卫生保健等常规宣传工作。

（2）定期组织教职工进行"儿童急诊救助知识"、常规保健知识的培训和效果检查。

（3）指导营养员、保育员管理好婴幼儿的饮水设备,提供安全饮用水;每天检查水温是否适宜,保证幼儿按需饮水,并根据季节酌情调整①。

（4）每天检查保育员的操作程序,严格按消毒清洗要求做好婴幼儿的杯子、毛巾清洗、消毒及保管工作。

（5）检查、督促全园清洁卫生工作,并将落实情况纳入考核。

4. 保持与上级卫生保健机构的密切联系,及时做好计划免疫和疾病防治传报等工作。

（1）每月做好规定的各类报表。

（2）积极参加上级主管部门组织的业务培训活动,不断提高业务水平。

（3）遇突发事件,启动应急预案,妥善处理。

四、保育员

1. 热爱本职工作,热爱婴幼儿,不断学习适应新时代托育发展服务要求的专业知识②,并不断提高业务水平。

2. 重视婴幼儿安全,严格执行安全制度,做好婴幼儿安全卫生保健工作,防止各类事故的发生。

3. 配合教师做好婴幼儿的早期学习支持工作。协助教师搞好情感氛围营造、环境布置、教玩具制作等婴幼儿发展支持工作。

4. 配合教师全面细致地做好婴幼儿的生活照护、安全看护工作,根据天气冷热变化随时提醒或帮助婴幼儿增减衣服,注意观察婴幼儿的精神状况、饮食情

---

① 《托育机构婴幼儿喂养与营养指南（试行）》二、24—36 月龄幼儿的喂养与营养要点——
1. 合理膳食:保证幼儿按需饮水,根据季节酌情调整。提供安全饮用水,避免提供果汁饮料等。

② 《国家卫生健康委办公厅关于印发托育从业人员职业行为准则（试行）的通知》八、提升专业素养:热爱托育工作,增强职业荣誉感,加强业务学习,做好情绪管理,提高适应新时代托育服务发展要求的专业能力。不得有损害职业形象的行为。

况等,发现异常情况及时与卫生保健员和带班教师联系。

5. 与班级教师相互团结、分工合作,不怕脏、不嫌累,搞好班级及包干区清洁卫生工作。做到每天小扫除,每周大扫除。并将清洁用具及时放在规定地方。

6. 管理好班级每名婴幼儿个人卫生,保持婴幼儿仪表整洁。妥善保管班级每个婴幼儿衣物和用品。每日至少开窗通风2次,每次至少10—15分钟。在不适宜开窗通风时,每日采取其他方法对室内空气消毒2次①。

7. 严格执行消毒制度,认真做好班级教室、设备、室内外环境的清洁卫生及消毒工作。如,餐桌每餐使用前消毒。水杯每日清洗消毒,用水杯喝豆浆、牛奶等易附着于杯壁的饮品后,要及时清洗消毒。反复使用的餐巾每次使用后消毒。擦手毛巾每日消毒1次。门把手、水龙头、床围栏等儿童易触摸的物体表面每日消毒1次。坐便器每次使用后及时冲洗,接触皮肤部位及时消毒等②。

8. 全面了解班级婴幼儿的饮食、起居情况,每日保证婴幼儿的饮水供应,根据婴幼儿的月龄特点培养自主进餐的习惯和能力,为婴幼儿营造愉快的进餐氛围并加强进餐看护,培养婴幼儿的良好饮食行为和习惯。保证不同月龄段婴幼儿有充足的睡眠时间,婴幼儿睡眠期间做好巡视和照护,并做好巡查记录③。不擅自离岗,一旦发现异常情况及时报告、处理,防止意外发生。

9. 协助教师严格执行安全、卫生保健制度,协助教师在日常养育过程中,支持婴幼儿通过模仿、重复、尝试等,发展运动、认知、语言、情感和社会适应等各方面能力④,

---

① 《托儿所幼儿园卫生保健工作规范》五、卫生消毒——(三)预防性消毒:1. 预防性消毒:每日至少开窗通风2次,每次至少10—15分钟。在不适宜开窗通风时,每日应当采取其他方法对室内空气消毒2次。

② 《托儿所幼儿园卫生保健工作规范》五、卫生消毒——(三)预防性消毒:……2. 餐桌每餐使用前消毒。水杯每日清洗消毒,用水杯喝豆浆、牛奶等易附着于杯壁的饮品后,应当及时清洗消毒。反复使用的餐巾每次使用后消毒。擦手毛巾每日消毒1次。3. 门把手、水龙头、床围栏等儿童易触摸的物体表面每日消毒1次。坐便器每次使用后及时冲洗,接触皮肤部位及时消毒。4. 使用符合国家标准或规定的消毒器械和消毒剂。环境和物品的预防性消毒方法应当符合要求。

③ 《托育机构质量评估标准》6.2生活照护——6.2.2:婴幼儿的午睡或休息时间适宜,可保证不同月龄段婴幼儿有充足的睡眠时间。婴幼儿喝奶或进餐后有休息放松的时间。应为婴幼儿提供适宜、安全的睡眠环境。定期消毒婴幼儿睡眠用具,保证干净卫生。应在婴幼儿睡眠期间做好巡视和照护,并做好巡查记录。

④ 《3岁以下婴幼儿健康养育照护指南(试行)》二、婴幼儿健康养育照护的基本理念——(六)将早期学习融入养育照护全过程:在日常养育过程中,婴幼儿通过模仿、重复、尝试等,发展运动、认知、语言、情感和社会适应等各方面能力。养育人要将早期学习融入婴幼儿养育照护的每个环节,充分利用家庭和社会资源,为婴幼儿提供丰富的早期学习机会。

增强其自信心和自主性①。

10. 夏天防暑降温、防蚊防蝇,冬季防寒保暖。协助教师定期通知并安排家长拆洗和翻晒婴幼儿被褥、枕套,定期清洗、消毒玩具,保持寝具、玩具干净卫生。

11. 负责妥善保管班级设备设施、用具等固定资产,防止霉烂、损坏、丢失,物品损坏及时上报。班级物资每月至少清点一次。

12. 勤剪指甲、勤洗澡、勤换衣、勤理发、上班着工作服,大小便后及时洁净双手,确保个人卫生。定期做好健康检查,不带病上岗。

13. 注意节约水电及日用品。下班前必须关好门窗;检查电灯、电扇、电视、空调、水龙头等是否关好,做到断电断水。检查班级内务是否整齐。

14. 遵守《托育从业人员职业行为准则(试行)》和园所各项规章制度。

五、保洁人员

1. 认真做好本职工作,严格执行托班一日常规工作的要求。

2. 做好每日常规工作,做到活动区域干净整洁、门窗明亮。卫生间无异味,做到随时清洁。

3. 随时对户外大型玩具进行清洁并摆放整齐。

4. 妥善保管清洁工具,摆放有序,注意保持用具的清洁。

5. 负责园区花草树木的日常管理和养护。

6. 厉行节约,爱护园所设施、设备。

六、厨师

1. 负责厨房管理工作,认真履行岗位职责,遵守各项规章制度,带领工作人员分工合作、及时完成伙食保障任务。

2. 严格执行《食品安全法》,做好日常饮食工作、室内环境卫生及个人卫生,定期组织检查,保证卫生质量。

3. 严格按照营养师要求执行每周菜品计划,提供符合婴幼儿月龄特点的正餐和加餐,保证食物品种多样、食物量适宜。食物烹调方式、食材加工大小等符

---

① 《托育机构质量评估标准》6.3发展支持——6.3.5:鼓励婴幼儿尝试完成力所能及的任务,使婴幼儿感受自己的能力,增强自信心和自主性。

合婴幼儿发育特点①。

4. 采购渠道透明,能够确保原材料新鲜、质量高。食物储存应分类、分架隔离存放,定期检查、及时处理变质原材料。

5. 掌握食材成本核算情况,检查生产中的每个环节,杜绝原材料浪费现象。

6. 负责厨房人员操作流程、质量的检查,对违规操作及不合质量要求的食品及时发现、及时报告,并督促及时整改到位。

7. 提高安全意识,加强水、电、气的管理,做好安全防范检查,消除安全隐患。

8. 定期进行员工走访,征求员工对伙食的建议和要求,及时将情况梳理、汇报。

9. 加强业务学习,不断提高职业道德修养和业务技能。

10. 服从临时工作安排。

七、营养员

1. 掌握母乳喂养、辅食添加、合理膳食、饮食行为等方面的基本知识和操作技能,并具有指导养育人的能力,为婴幼儿提供科学的营养喂养照护,预防儿童营养性疾病的发生,促进儿童健康成长②。

2. 制定膳食计划科学食谱,每周向家长公布。每日指导炊事人员为婴幼儿提供与月龄发育特点相适应的营养丰富、健康的多种类食物。为贫血、食物过敏、肥胖等幼儿提供特殊膳食。

3. 每日健康自查并做好记录,保持个人卫生,做到"四勤四不""三白"。

4. 严格遵守厨房"生进熟出"的操作要求,确保食品卫生与安全。

5. 严格执行食品验收制度,做好食品留样工作,杜绝食物中毒事件。

6. 厨房设施设备专项专用,专人保管,生熟分开并有明确标记。

7. 每天巡视婴幼儿用餐情况,指导保教人员培养婴幼儿专注进食和选择多样化食物的能力,并征求保教人员意见,不断提高婴幼儿伙食质量。

---

① 《托育机构质量评估标准》7.3 膳食营养——7.3.1:根据婴幼儿营养需要,编制营养食谱并且每周进行更换。提供符合婴幼儿月龄特点的正餐和加餐,保证食物品种多样、食物量适宜。7.3.2:食物烹调方式、食材加工大小等符合婴幼儿发育特点。

② 《3 岁以下婴幼儿健康养育照护指南(试行)》(二) 营养与喂养——1. 目的和意义:指导养育人掌握母乳喂养、辅食添加、合理膳食、饮食行为等方面的基本知识和操作技能,为婴幼儿提供科学的营养喂养照护,预防儿童营养性疾病的发生,促进儿童健康成长。

8. 每月参加膳委会会议,研究婴幼儿伙食质量,合理使用伙食费。

9. 严格遵守财务制度,将婴幼儿与教职工食品分开。

10. 督促炊事人员做好日常厨房清洁卫生工作,要求每天小扫除,每周大扫除,并进行考核。

11. 节约使用水、电、气,下班前关好门窗及水、电、气,确保安全。

12. 服从临时工作安排。

八、保安

1. 坚守岗位,负责随手关好幼儿园大门,严防婴幼儿自行出走。

2. 坚持做好来访登记,工作时间非正式来访不得进入,来访人员须经幼儿园人员接访方可入内。杜绝产品推销等人员入园。

3. 保证电话畅通,电话不外借。

4. 岗亭不为任何人存放任何物品,不允许无关人员在岗亭闲坐,在大门口逗留。

5. 幼儿园内物资、财产无领导批示不得带出大门,未经负责人签字、许可的物品一律不得进园。

6. 坚持检查婴幼儿接送卡,严格把住门口关,并做好相关宣传工作。

7. 对外来的文件、报纸、杂志、信件负责收发,并做好登记,不得遗失,不出差错。

8. 对婴幼儿、家长及外来人员,说话和气、礼貌热情。

9. 发现异常情况及时上报,酌情处理。

10. 承担幼儿园的水、电、消防设施设备的保养与维修,报修后第一时间处理完善。

11. 每天检查1次幼儿园的电路、电器、防火设备和水管情况,发现问题及时处理。

12. 注意安全施工,确保供水、供电安全,严防电线乱拉乱接,消除各种隐患,避免发生人身和设备事故。

第三章

员 工 守 则

一、工作制度

1. 热爱本职工作,有强烈的责任心和奉献精神,工作积极主动,爱婴幼儿,尊重家长。未经批准不得擅自离班、离岗、离园。

2. 遵守上下班制度,不迟到不早退,不无故缺席,有事必须事先请假,上下班和中午外出及中途请假要及时打卡。不串班闲谈,在固定位置进餐,不浪费食物。

3. 午睡轮值:按照值班表,分12:30—13:30和13:30—14:30轮值,看护孩子的午睡。积极培养婴幼儿自主入睡习惯,敏感识别婴幼儿睡眠信号,及时让其独立入睡①。

4. 工作时间请着托班园服、平跟鞋;不穿超短裙、低腰裤、吊带衫等;不披长发、长头发一律扎起来;不涂指甲、不留长指甲;不戴戒指、手链、耳环等首饰。

5. 工作时间不得聊天、吃零食、翻阅报纸杂志、收听广播、利用手机聊私事、抽烟、喝酒、上网看电视电影;禁止串班串岗,与私人会面。

6. 维护托育工作人员形象,团结友爱,不搬弄是非,有意见通过正当渠道提出,不在背后滋事生非,不得在教室内或面对家长、婴幼儿时大声喧哗或争吵,不发表损害托育工作人员形象的言语。

7. 不擅自将婴幼儿的食物、用品用具等据为己有;不得食用婴幼儿的食物,一旦发生此类情况,第一次一次性扣除考核奖金200元,纵容者同扣。一旦发现

---

① 《3岁以下婴幼儿健康养育照护指南(试行)》(四)生活照护指导——2.指导要点:培养婴幼儿自主入睡习惯,敏感识别婴幼儿睡眠信号,及时让其独立入睡,避免养成抱睡、摇睡、含乳头睡等不良入睡习惯。

将用品、用具带回家,将按用品、用具的超市价的 3 倍赔偿,纵容者同扣。第二次发现将解除劳动合同。

8. 按时完成各类伏案工作,并及时整理上交。

9. 服从临时工作安排,并高质量完成。

10. 爱护公共财物,对婴幼儿的教具、图书、玩具以及其他公共设施用品,要妥善使用和保管,托班内的一切物品保管责任人为班级当班教师和保育员,人为因素造成的损坏由责任人照价赔偿。

11. 不得将托班内的一切物品带出托班。不得私用托班的物品。

12. 托班的电脑、打印机、复印机、塑封机、传真机等仅做办公、教学使用,不得浪费纸张和油墨,不得用于私人事务。

13. 工作时间不可因私事任意串岗,未经批准不可擅自离开托班外出。出入托班必须打卡,不打卡离园将视为旷工。

14. 工作时间未请假报备不可外出办理私人事务。

15. 工作时间不能接收快递等,大包的快递必须在园门口接收并及时带走,不得带进园内。

16. 工作微信群里发布的信息及布置的工作,要及时查收并积极完成。

17. 组织活动必须要有教学具,每发现 1 次无教学具教学现象扣 50 元。

18. 工作期间注意形体姿态,切忌抱肩、叉腰、背手等不良姿势。

19. 养成良好的工作习惯,如使用完的东西,物归原处;使用过的教室,整理干净整洁。

20. 学期初领用一个学期的环创物品、学习用品;每月最后一周周一领用下月的卫生、消毒用品;每周五 12:30 领用下周教学所需教具学具。

21. 要经常蹲下来和婴幼儿说话,组织活动时要经常蹲下来平视孩子。

22. 离园前 10 分钟对所有婴幼儿的衣物、仪表进行检查,并帮助整理到位。

23. 引导婴幼儿逐步过渡到独立进食,要为婴幼儿营造轻松愉快的进食环境,引导而不强迫婴幼儿进食。关注婴幼儿发出的饥饿和饱足信号,及时做出回应①。

---

① 《3 岁以下婴幼儿健康养育照护指南(试行)》(二)营养与喂养——2. 指导要点:1 岁以后幼儿逐步过渡到独立进食,养育人要为幼儿营造轻松愉快的进食环境,引导而不强迫幼儿进食。安排幼儿与家人一起就餐,并鼓励自主进食。关注幼儿发出的饥饿和饱足信号,及时做出回应。不以食物作为奖励和惩罚手段。

24. 要有序组织一日生活的过渡环节,要把握过渡环节中蕴含的婴幼儿的学习与发展机会,要做到基本无消极等待时间①。

25. 不得用托班洗衣机洗私人衣物,发现1次罚款50元。

26. 对于不爱护托班公共设施,造成损失的,每次罚款50元,严重者照价赔偿。

二、考勤制度

1. 外勤签到。

2. 迟到。

(1) 凡于上班时间内未到岗者(以考勤为准),均视为迟到。

(2) 员工应尽量守时,除非事先得到允许,否则不得以任何理由迟到或早退。如发生迟到、早退现象,以超过5分钟为标准计算,扣罚办法为:5分钟以上15分钟以下,扣除30%的日工资;15分钟以上30分钟以下,扣除50%的日工资;30分钟以上60分钟以下,旷工处理(扣除100%的日工资)。

3. 早退。

凡未到下班时间,擅自离岗者,视为早退。早退扣罚与迟到一致。

4. 旷工。

(1) 未按规定程序办理请假手续或无故不上班者,按旷工处理。

(2) 每月累计迟到(早退)3次或3次以上者作为旷工处理。

(3) 每旷工一天按个人日工资额的三倍扣罚;有旷工行为者不参加学期等级与评优考核,不享受学期等级奖励。

(4) 当月累计旷工3天者,一概予以违纪和自动离职处理,不予计发当月所有劳动报酬,并无任何相关经济补偿。

(5) 因旷工给园所带来损失并引发法律责任者,将追究其法律责任。

5. 加班调休。

(1) 因特殊情况需加班者须提前填写《加班申请单》,经相关部门领导批准同意后方可加班。

(2) 当月的加班尽可能在当月安排调休;调休日可以累计集中安排,也可以分段安排,一般不跨年度安排,过期作废。

---

① 《托育机构质量评估标准》6.2生活照护——6.2.1:一日生活的过渡环节组织有序,把握过渡环节中蕴含的婴幼儿的学习与发展机会,基本无消极等待时间。

三、假期及请假制度

1. 假期类别。

假期类别分为：公休日、法定假日、事假、病假、产假、丧假、婚假。

法定假日严格贯彻执行国家有关规定。

2. 事假。

(1) 员工因私而不能上班的，请事假一般不得连续超过 3 天(含)，月累计事假不得超过 3 天(含)，事假期间不计发工资。

(2) 试用期员工，一般不允许请假，特殊情况经批准后请假不得超过 3 天。

(3) 员工因违反制度而被暂时停职、停工的，按事假处理。

3. 病假。

(1) 员工因伤、病不能上班的，须出示县级公立医院或以上级别"医院证明"，即病假单。

(2) 根据《劳动保障局关于病假工资计算的公告》，支付疾病休假工资标准为：连续工龄不满 2 年的，按本人工资的 60% 计发；连续工龄满 2 年不满 4 年的，按本人工资的 70% 计发；连续工龄满 4 年不满 6 年的，按本人工资的 80% 计发；连续工龄满 6 年不满 8 年的，按本人工资的 90% 计发；连续工龄满 8 年以上的，按本人工资的 100% 计发。

4. 丧假。

(1) 员工的父母、配偶、子女丧事，可享有 3 天带薪丧假，超出的按事假处理。

(2) 丧假须出示户口所在地的亲属死亡证明。

5. 婚假。

(1) 对依国家婚姻法履行正式登记手续的转正员工，享受 3 天带薪婚假。

(2) 请婚假前须提供结婚证原件供查看，复印件提交至总部人事部备案。

四、安全管理制度

1. 坚持正面教育，对婴幼儿、家长态度要和蔼，不得采取简单、粗暴的恐吓方法，严禁体罚和变相体罚婴幼儿，不得在婴幼儿面前吃零食、讲粗话。

2. 下班前检查托班室内外各项电源是否关闭，值班人员需巡视全园，确认关闭后方可离园。

3. 班级保教人员要关注每个婴幼儿的健康，发现感染传染病或疑似传染病

的婴幼儿,应按有关规定及时采取措施,防止传染病续发或暴发①。

4. 严禁体罚或变相体罚婴幼儿。严重者将作解除劳动合同处理,并承担所带来的一切后果。

5. 每天上午10点前早班教师电话确认未来园婴幼儿的情况,并反馈给园级保健人员,保健人员统计全园情况,并上报。

6. 对于排泄物、呕吐物弄脏衣物的婴幼儿要及时安慰,不得大声斥责,并协助保育员进行处理。

7. 发现婴幼儿有衣袖、衣物弄湿现象,要及时烘干或者换掉。

8. 随时点数班级婴幼儿人数,尤其是外出活动前、中、后,如果个别婴幼儿脱离班级保教人员的视线范围,将按照规定进行处罚。

9. 非食堂工作人员不得随意进出食堂。

五、家长服务制度

1. 不收受家长的礼金和宴请;不与家长有任何经济往来,造成不良社会影响者,将解除劳动合同。

2. 坚持使用普通话与家长、婴幼儿交谈。

3. 对待所有外来人员都要热情、主动、礼貌地打招呼。

4. 家长在园门口接送婴幼儿,不得进入婴幼儿的班级。家长的特殊嘱托,需及时登记到交接登记本上。

5. 利用离园环节与个别家长进行交流,每月要与全班家长至少交流1次,每次不少于10分钟。

6. 新生入园的第一周,每天都要电话联系家长,反馈婴幼儿的在园情况。

7. 及时发放家园联系本,并利用联系本向家长真实反馈婴幼儿的实际情况,杜绝千篇一律。

8. 及时将园级通知传达到位,尤其是缺勤的婴幼儿,一定要电话通知其家长。

---

① 《托育机构质量评估标准》7.4 传染病管理——7.4.4:发现感染传染病或疑似传染病婴幼儿,应按有关规定及时采取措施,防止传染病续发或暴发。患传染病婴幼儿返回时须持医疗卫生机构出具的健康证明。

第四章

教 育 管 理

一、托班一日作息详解

08:00—09:00 来园活动

1. 进班前完成早餐、换好工作服,准时到岗。

2. 准备好室内游戏材料,面带笑容迎接婴幼儿的到来。

3. 组织婴幼儿开展室内游戏活动。

09:00—09:20 吃点心

1. 吃点心前保育员对桌面进行规范消毒。

2. 婴幼儿食用点心时,保教人员为婴幼儿营造愉快的进餐氛围并加强进餐看护,培养婴幼儿良好的饮食行为和习惯。

09:20—09:40 集体活动

1. 提前一周完成保教集体活动计划,提前一天准备好充足的活动材料。

2. 按计划实施集体活动。托小班(13—24个月)每次集体活动时间5—8分钟,托大班(25—36个月)每次集体活动时间10—15分钟;内容涵盖动作、语言、认知、情感与社会性等方面,内容全面,相对均衡,贴近婴幼儿生活[1]。

09:40—09:50 生活(喝水、如厕、洗手)

1. 提醒婴幼儿按需喝水,保证每个婴幼儿一日的饮水量。

2. 提醒并指导婴幼儿如厕,指导正确擦屁股,小便时将小便排到小便池或

---

[1] 《托育机构质量评估标准》6.3发展支持——6.3.1:根据婴幼儿的月龄特点、实际发展情况和个体差异等特点,制订多种形式的活动计划(包括年度、半年、月、周计划等)和明确的发展性目标。活动计划以自由分散活动为主,统一组织的集体活动时间应适合不同月龄段婴幼儿的发展特点,托小班(13—24个月)每次集体活动时间5—8分钟,托大班(25—36个月)每次集体活动时间10—15分钟;内容涵盖动作、语言、认知、情感与社会性等方面,内容全面、相对均衡、贴近婴幼儿生活。

小便器里面。

3. 指导婴幼儿用正确的步骤洗手,洗手要用肥皂、流动水。

09:50—10:20　户外活动

1. 活动前准备好早操音乐,各类活动器材,减少婴幼儿消极等待现象。

2. 注重师幼互动,引导每一位婴幼儿动起来,加强个别指导。

10:20—10:50　区域活动

1. 根据周计划进行区域活动材料投放,注意领域均衡及婴幼儿的兴趣特点。有利于锻炼婴幼儿的精细动作技能①。

2. 观察婴幼儿的活动状况,关注个别需求,尽可能及时回应婴幼儿的情感需求②。

10:50—11:00　生活(喝水、如厕、洗手)

1. 提醒婴幼儿按需喝水,保证每个婴幼儿一日的饮水量。

2. 提醒并指导婴幼儿如厕,指导正确擦屁股,小便时将小便排到小便池或小便器里面。

3. 指导婴幼儿用正确的步骤洗手,洗手要用肥皂、流动水。

11:00—11:10　餐前准备

1.为婴幼儿营造愉快的进餐氛围。

2. 组织婴幼儿进行唱儿歌、玩手指游戏、讲故事、谈话等活动。

11:10—11:40　午餐

1. 午餐前保育员对桌面进行规范消毒。

2. 加强婴幼儿进餐看护,培养婴幼儿自主进餐的习惯和能力,引导婴幼儿均衡膳食、规律就餐,协助进餐能力弱的婴幼儿进餐。

11:40—12:00　餐后活动

1. 给需要喝奶粉的婴幼儿按比例冲泡奶粉。

2. 餐后组织婴幼儿散步等。

---

① 《托育机构质量评估标准》6.3 发展支持——6.3.2:婴幼儿每日室内外活动时间不少于3小时,其中户外活动不少于2小时。乳儿班及小月龄段婴幼儿,可酌情减少户外活动时间,寒冷、炎热季节或特殊天气情况下也可酌情调整户外活动时间。提供适宜且充足的材料,开展符合婴幼儿月龄特点的活动,锻炼婴幼儿的精细动作技能。

② 《托育机构质量评估标准》6 情感氛围——6.1:创设安全、宽松、快乐的情感氛围。保育人员以温暖、尊重的态度与婴幼儿积极交流互动,尽可能及时回应婴幼儿的情感需求。

12:00—14:45　午睡

1. 衣物、鞋子整齐摆放。

2. 在婴幼儿睡眠期间每5分钟巡视一遍并做好照护,如照护婴幼儿不闷头睡、不趴着睡,随时为婴幼儿做好保暖防寒工作,并做好巡查记录。

14:45—15:00　起床活动

1. 用轻音乐唤醒婴幼儿。

2. 引导并协助婴幼儿穿好衣物、鞋子,尝试整理床铺。

3. 引导婴幼儿按需饮水、如厕等。

15:00—15:20　吃点心

1. 吃点心前保育员对桌面进行规范消毒。

2. 婴幼儿食用点心时,保教人员为婴幼儿营造愉快的进餐氛围并加强进餐看护,培养婴幼儿良好饮食行为和习惯。

15:20—15:50　户外活动

根据计划提供适宜且充足的材料,组织户外活动。寒冷、炎热季节或特殊天气情况下酌情调整户外活动时间。

15:50—16:00　离园准备

1. 整理好婴幼儿衣物、鞋子,观察面容(冬季适当用热毛巾擦脸,擦润肤露)。

2. 整理好婴幼儿带回家的书包、物品等。

3. 准备好第二天所需要的活动材料。

4. 婴幼儿生活、学习用具及环境清洁、消毒等。

二、各类教务表格解析

(一) 托班常规工作表格

1.《新生入园登记表》。

新生入园登记表
宝宝姓名: _____　性别: _____　出生日期: _____
家庭住址: _____
父亲姓名: _____　　　　　联系电话: _____
母亲姓名: _____　　　　　联系电话: _____

接送人姓名：_____　　联系电话：_____

确定入托时间：_____

宝宝物品领用：_____

入托寄语：

　　为了宝宝能够更快地适应园内生活,老师更好地掌握宝宝的生活习性,请家长如实填写,谢谢配合!

　　一、宝宝入托后由谁负责接送?(请在括号里打√,其他根据具体情况填写)

　　1. 妈妈(　　) 2. 奶奶(　　) 3. 外婆(　　) 4. 阿姨(　　) 5. 其他(　　)

　　二、宝宝平时与谁接触得比较多?(请在括号里打√,其他根据具体情况填写)

　　1. 奶奶(爷爷)(　　) 2. 外婆(外公)(　　) 3. 爸爸(　　) 4. 妈妈(　　)

　　5. 阿姨(　　)

　　三、宝宝是否能听懂、会说普通话并能进行交流?(请在括号里打√,其他根据具体情况填写)

　　1. 能听懂并能进行简单交流　　　　　　　(　　)

　　2. 能听懂但不愿意说　　　　　　　　　　(　　)

　　3. 听不懂普通话,只能听懂方言　　　　　　(　　)

　　四、宝宝是否会独立用餐?(请在括号里打√,其他根据具体情况填写)

　　1. 自己可以吃,但会弄脏衣服　　　　　　　(　　)

　　2. 会,有时愿意自己吃,但有时要求大人喂　　(　　)

　　3. 完全不会,需要喂　　　　　　　　　　　(　　)

　　五、宝宝是否有午睡习惯?(请在括号里打√,其他根据具体情况填写)

　　1. 一直都有午睡(　　) 2. 偶尔睡(　　) 3. 从不午睡(　　) 4. 其他(　　)

　　六、宝宝是否能够独立大、小便?(请在括号里打√,其他根据具体情况填写)

　　1. 小便可以,大便需要帮忙　　　　　　　　(　　)

　　2. 会说出来,自己不会,都需要帮忙　　　　　(　　)

　　3. 偶尔会说,需带尿片　　　　　　　　　　(　　)

　　七、宝宝有无过往病史,有无食物、药物等过敏现象?(请在括号里打√,其他根据具体情况填写)

　　1. 无任何过敏现象(　　) 2.有过敏现象(　　) 3. 过往病史(如实填写)(　　)

家长嘱咐：

备注：

1. 入园时请家长填写,本班保教人员仔细阅读后,于班级存档。

2. 保健人员抽查填写及存档情况。

2.《新生入园须知》。

新生入园须知

为了给您提供最优质的教育服务,使宝宝在园得到更好的生活照护、安全看护、早期学习等,请您配合做好以下事项:

一、接送要求

1. 入园时间:08:00—09:00 　　　　离园时间:16:00—17:00

2. 请按时接送,如有特殊情况需要提前或晚接,请提前来电告知,以便园方妥善安排。

二、入园携带的物品

1. 请为宝宝准备一套换洗的衣裤,室内软底鞋、被褥(每件物品需写上宝宝的姓名)。

2. 若宝宝有睡前喝奶的习惯,需带上奶粉、奶瓶。

3. 宝宝如果还戴尿布,请带齐一天的尿布以备宝宝更换。

三、卫生保健

1. 宝宝入园前需到指定医院做好体检,并将体检表交至园方保健人员。

2. 请家长每两周帮助宝宝清洗、更换一次鞋、被褥。

3. 请勿带小珠子及尖利、易燃的危险物品入园。

为了宝宝的健康成长,我们希望得到您的支持与配合!谢谢!

地址:

电话:

　　　　　　　　　　　　　　　　家长签字:

3.《药品管理同意书》。

药品管理同意书

园所名称:	班级:	日期:	托班老师(姓名):
管理并使用(药名):　　　　　编号:　　　　我的孩子(姓名):			
配合医生的指导:			
家长签字:			
用药记录:			
婴幼儿姓名:　　　　　药名:　　　　　日期:			

续　表

日期	时间	剂量	备注	签字

备注：

1. 此表由带班老师填写，家长确认签字。

2. 服药结束后班级存档，托班主管抽查。

4.《电话访谈表》。

电话访谈表			
班级：		宝宝姓名：	
日　期		访谈教师：	
宝宝情况：			
家长意见、建议：			
日　期		访谈教师：	
宝宝情况：			
家长意见、建议：			
日　期		访谈教师：	
宝宝情况：			
家长意见、建议：			

备注：

1. 新生每天电访，持续两周；老生每周电访，并及时填写此表。

2. 班级存档，托班主管每周抽查，并将抽查结果纳入考核。

5.《婴幼儿全日健康观察记录表》。

婴幼儿全日健康观察记录表

班级：　　　　　　　　带班教师：　　　　　　　　　　日期：

宝宝姓名	晨 检			家长交代	检查人	午检(前)			午检(后)			检查人	家长签名
	口腔	体表	体温			口腔	体表	体温	口腔	体表	体温		

备注：

1. 正常情况下一日两检，传染病高发期时一日三检。

2. 此表由带班教师填写，班级教师存档保管，托班主管每月抽查。

6.《交接班表》。

托班交接班表

日期	班级	宝宝姓名	宝宝物品	注意事项	当日主教签字	当日配教签字	离园时间	家长签字

日期	班级	宝宝姓名	宝宝物品	注意事项	当日主教签字	当日配教签字	离园时间	家长签字

备注：

1. 要求当日交接班时,主、配教签字;宝宝离园时,家长签字。

2. 交接老师必须将宝宝物品及注意事项填写完整。

3. 托班主管一月一存档,督导抽查,并将抽查情况纳入考核。

7.《特殊情况处理同意书》。

特殊情况处理同意书

一、基本信息

宝宝姓名：_____　　性别：_____　　家庭地址：_____

出生年月：_____　　身份证号：_____　　家用电话：_____

二、父母或监护人

姓名：_____　　姓名：_____　　姓名：_____

关系：_____　　关系：_____　　关系：_____

电话：_____　　电话：_____　　电话：_____

续 表

三、特权接送人

姓名：_____	电话：_____
关系：_____	身份证号：_____

同 意 书

  如果宝宝生病或需要紧急救护,如果园方联系不上父母或监护人,同意由幼儿园负责人拨打120请求医疗救护;同意班级教师将宝宝送往最近的急救医疗中心,或呼叫救护车。同意我的宝宝接受专业医疗中心的医务治疗。

  父母双方签字：

  日期：

备注：

1. 入园时要求家长填写并签字。

2. 此表格为一式两份(家长一份,托班教师一份),托班教师存档。

（二）托班行政工作表

1.《托班主管月述职报告》。

托班主管____月述职报告

姓名： 班级： 日期：	
本月工作内容	1. 每周周会执行情况。 2. 每月新生分班情况。 3. 各项常规工作执行情况。 4. 活动完成情况。 5. 照护服务效果检测汇报。 6. 突发事件的处理。
本月完成情况	
下月计划	

续　表

献计献策	1. 照护服务各项版块执行情况,是否有更好的改善方案。 2. 班级常规是否有特别好的管理方法可以推广。
备注:	此表由主管记录并存档。

2.《教师工作量分配表》。

托班教师工作量分配表＿＿＿年＿＿＿月						
教 师 信 息			托班(现有＿＿＿＿＿人)			
部门	教师姓名	职位	负责班级	带班人数 (人)	出勤/周 (人)	月待入托人数 (人)
托班						
本月退费＿＿＿＿人,续费＿＿＿＿,新生＿＿＿＿人,出勤率＿＿＿＿%						
备注: 1. 此表由托班主管根据托班教师每月实际工作情况填写。 2. 每月最后一日以电子稿形式发送给托班主管。						

3.《预防性消毒工作记录表》。

托幼园所名称：

班级：

托幼园所预防性消毒工作记录（保育员）

日期	教室环境物体表面（门把手、楼梯扶手、墙面、桌椅等）	餐桌、餐车、托盘			室内空气		卫生间			杯子、毛巾	茶杯架	公用设施	开水保温桶	玩具			书籍	被褥	午睡室		消毒清洁用具	空调加湿器、净化器等	操作者签名
		早点	午餐	午点	上午开窗通风	下午开窗通风	来园前	午睡后	离园后					塑料	布制	木制			床铺	紫外灯			
	每天用250 mg/L含氯消毒液擦拭	餐前清水擦净，再用250 mg/L含氯消毒液保持20分钟，最后用清水抹布擦净					地面、合金、水龙头、毛巾架、便器坐垫等每天用500 mg/L含氯消毒液擦、便池用1 000 mg/L含氯消毒液冲洗			使用一次先清洗，后蒸汽消毒30分钟，再清洗	每天先清洗、后用250 mg/L含氯消毒液擦拭	每天用250 mg/L含氯消毒液擦拭	每天清洁、开水烫涮	每周用250 mg/L含氯消毒液浸泡	每周清洗、阳光暴晒	每周用250 mg/L含氯消毒液擦拭	每周阳光暴晒或紫外线照射	每周五带回家清洗、暴晒	每周五用250 mg/L含氯消毒液擦拭	每周放学后照射	每周用1 000 mg/L含氯消毒液浸泡后清洗晾干备用	每月用250 mg/L含氯消毒液浸泡过滤网	

备注：
1. 请在相应的空格中打钩，并将此表放班级备查。
2. 出现诺如病例时，要在一般传染病作用浓度的基础上加倍。
3. 如门把手、楼梯扶手、桌椅等都要用1 000 mg/L含氯消毒液擦，洗手间的物体表面、便池、消毒清洁用具等统一用2 000 mg/L含氯消毒液拖擦、时间翻倍。

4.《传染病发生后消毒工作记录表》。

托幼园所传染病发生后消毒工作记录(保育员)

园所名称：　　　　　　　　班级：

日期	教室环境物体表面（门把手、楼梯扶手、墙面、桌椅等）	餐桌、餐盘、托盘			室内空气		卫生间		杯子、毛巾	茶杯架	公用设施	开水保温桶	玩具				被褥	午睡室		消毒清洁用具	空调	操作者签名
		早点	午餐	午点	上午开窗通风	下午开窗通风	来园前	离园后					塑料	布制	木制	书籍		凉席	紫外灯			
	每天用500 mg/L含氯消毒液擦拭	餐前清水擦净，再用500 mg/L含氯消毒液，保持20分钟，最后用清水抹布擦净					地面、台盆、水龙头、毛巾架、便器坐垫等每天用1000 mg/L含氯消毒液擦，拖把、便池等用槽、便池等用1000 mg/L含氯消毒液浸泡消洗		每用一次先清洗，后蒸汽消毒60分钟，再清洗	每天先清洁，后用500 mg/L含氯消毒液擦拭	每天用500 mg/L含氯消毒液擦拭	每天用500 mg/L含氯消毒剂对茶桶外壁及桶盖进行擦拭消毒，使用75%酒精对茶桶内壁进行擦拭消毒，并用沸水冲洗干净	每周用500 mg/L含氯消毒液浸泡	清洗后，阳光暴晒	用500 mg/L含氯消毒液擦拭	阳光暴晒或紫外线照射时间翻倍	立即带回家清洗晒	每周五用500 mg/L含氯消毒液擦拭	每天消毒，时间翻倍	每周用1000 mg/L含氯消毒液浸泡后，清洗晾干备用	每月用500 mg/L含氯消毒液浸泡过滤网	

备注：
1. 请在相应的空格中打钩，并将此表放班级备存。
2. 出现诺如病例时，要在一般传染病作用浓度的基础上加倍。
3. 如把门把手、楼梯扶手、桌椅等物体表面、便池、消毒清洁用具等统一用2 000 mg/L含氯消毒液擦。洗手间的物体表面、便池、消毒清洁用具、洗手间的物体表面使用1 000 mg/L含氯消毒液擦，时间翻倍。

5.《教师加班、调休统计表》。

托班保教人员加班/调休统计表

班级	加班	调休	时间段	小时数	加班/调休原因	审批人	累积时间	员工签字	园长签字

备注:
托班保教人员加班、调休必须告知托班主管,主管审批后填写此表交由园长签字,此表由托班主管保存。

6.《照护服务效果监测表》。

_____月照护服务效果监测表

班级:

日期	班级	观察内容	情况记录	效果评价

日期	班级	观察内容	情况记录	效果评价

备注：
此表由托班主管对托班保教人员的各类活动进行评价评估，每月每班一次，由托班主管存档保存，园行政人员进行抽查，并将抽查情况纳入考核。

7.《周会记录表》。

周会记录表		
姓名：　　　　　　班级：　　　　　　日期：		
本周工作总结	工作内容	1. 常规带班。 2. 保教人员请假调休协调。 3. 巡班：了解每个班级新生适应、家长沟通情况。 4. 进入班级进行半日连续自然观察，并适时指导。 5. 检查班级教师的保教工作（备课、各项表格记录、家园联系栏更新等）。 6. 组织保教人员培训、学习。 7. 临时安排的任务。
	完成情况	

续　表

本周工作总结	未完成情况和拟采取的措施	
	工作心得	
下周工作计划	主要工作内容	
	所需支持	

备注：

1. 托班主管每周组织托班保教人员开一次周会，针对一周情况进行分析并记录。

2. 周会结束当天整理电子版会议记录，并以邮件方式发送至园长。

三、各类教育计划撰写

1. 托大班(25—36个月)课程目标解析。

内容	托大班课程核心目标(上)
生活	1. 会用碗和汤勺吃饭(从会用勺子吃东西，到会一只手扶碗，一只手拿汤勺)。 2. 会自己拿杯子接水喝(从用两只手端杯子喝水到会自己拿杯子接水喝)。 3. 乐于喝白开水并养成定时饮水的习惯。 4. 在生活活动中通过动作探索，感受和发现，如通过开关水龙头感受因果关系。 5. 知道物品有固定的摆放位置，能到固定的地方取放自己的物品，如水杯、衣物等。 6. 会漱口。 7. 能够独立如厕。 8. 会用肥皂洗手，用毛巾擦手，挂毛巾。 9. 成人帮助照顾生活时能够配合。 10. 有困难时能够用语言向成人寻求帮助，如挽袖、擦屁股等(从能用表情、动作表达自己的需求，用简单的动作、语言回应成人的提问，到能够用语言表达自己的需求或寻求帮助)。 11. 能够独立入睡并知道睡醒后不打扰同伴。 12. 会自己脱、提有松紧带的裤子。 13. 会把松开的衣服脱下来。 14. 会脱鞋并乐于自己穿鞋。 15. 乐于与成人、同伴一起收拾玩具。 16. 在提醒下使用语言向他人打招呼、说再见或表示感谢。 17. 对食物的颜色、形状或其他属性表现出兴趣。 18. 喜欢动手加工简单的事物，如剥果皮、搅拌沙拉等。

内容	托大班课程核心目标(上)
运动	1. 能按指定的线路行走,如走直线、走圆圈等。 2. 会自然地奔跑。 3. 能自己上下楼(从扶着东西上下楼梯,到不扶东西一只脚一个台阶一个台阶地上下)。 4. 会在地上玩滚球,踢静止的球。 5. 会踮脚伸手触摸悬挂的物体(从用手够物,到能踮脚并用手够物)。 6. 会在较矮的运动器械上手膝爬、行走、钻洞、滑溜和攀爬。 7. 会模仿成人摆动身体或做动作。 8. 能根据成人出示的信号或指令开始或停止一个动作,如看见红灯停、绿灯行。
游戏	1. 会打开旋转的瓶盖,然后盖上。 2. 会玩堆高、平铺、排列积木的游戏。 3. 喜欢玩拆卸和拼装的游戏。 4. 能将东西放进小口径的洞里。 5. 喜欢玩穿、插的游戏。 6. 喜欢玩粘贴的游戏。 7. 会玩大块的拼图,并感受部分与整体的关系(从尝试拼图到能完整地拼出2—3块)。 8. 能够将手感或外形相似的实物进行配对。 9. 会玩镶嵌的游戏。 10. 喜欢玩藏和找的游戏。 11. 喜欢角色扮演的游戏,如模仿成人做饭、切面包。 12. 在游戏中观察并模仿同伴的操作。 13. 感受与同伴共享食物的快乐。 14. 感受与同伴共同做事的快乐。
科学	1. 认识身边熟悉的环境,从认识班级的环境到认识幼儿园的环境。 2. 感受早晚、天气带来的变化。 3. 通过成人的语言描述,或通过感受冷热、衣着等与自己相关的事物,或观察周围环境的变化,感受季节带来的变化。 4. 能将阅读中获得的经验与在自然中看到的事物联系起来。 5. 喜欢小动物,并体验喂养小动物的乐趣。 6. 喜爱自然界中的事物,如花朵、太阳、月亮、星星等。 7. 发现他人与自己材料的不同时,喜欢变换自己的操作材料。 8. 能注意到同伴剧烈的情感变化,如生气、高兴、伤心等。 9. 感知不同材质物体的属性,如软硬、粗糙或光滑等。 10. 感知常见的颜色,并建立与其相应词语的联系。
语言	1. 对图画书感兴趣,喜欢随意地翻看图书。 2. 能根据自己的经验观察发现图画书中的细节并指认。 3. 听到熟悉的故事有所改变时能辨别出其中的不同。

续　表

内容	托大班课程核心目标（上）
语言	4. 喜欢运用熟悉的句型作词语替换的游戏,如"月亮晚安""被子晚安""猫晚安"等。 5. 挑选自己熟悉或喜欢的书阅读并能指认单一图画的内容,如"苹果"。 6. 知道自己身体主要部位的名称。 7. 知道常用物品的名称(从根据常用物品的名称指认物品,到能够指物命名)。 8. 知道同伴的名字。 9. 知道自己的小名、全名。 10. 重复自己熟悉的儿歌、童谣或简短的故事。 11. 学习新的词汇和简单的句型。 12. 能够感受语言(包括音乐)的韵律和优美。
艺术	1. 喜欢模仿自己听到的各种象声词。 2. 喜欢用各种不同材料和颜色的笔涂涂画画。 3. 操作各种简单的乐器,感受不同乐器的声音。 4. 玩绘画的游戏,会画螺旋形的图案、圆圈、竖线、横线等(从随意涂鸦到会画螺旋形的图案或圆圈,到会画竖线再到会画横线)。 5. 能哼唱出一小段熟悉的歌曲或乐曲。 6. 能伴随音乐自发地点头、跳跃、转圈、摇摆、摆动手臂或做其他自己想做的动作。 7. 会用捏、搓、团、压、切、粘等不同方式玩面团或软泥(从随意地玩彩泥到能用不同方式玩彩泥)。 8. 欣赏图片、图画或适合儿童的电视短片。

时间	托大班课程月目标（上）
9月	1. 认识自己的标记,知道物品有固定的摆放位置。 2. 会用勺子吃东西。 3. 乐于喝白开水。 4. 愿意在幼儿园盥洗,在盥洗过程中感到轻松愉快。 5. 知道厕所是大小便的地方,能在成人的帮助下如厕。 6. 认识自己的小床,并能在成人的陪伴下入睡。 7. 能用简单的动作或语言回应成人的点名或提问。 8. 会在地上玩滚球的游戏。 9. 会在较矮的运动器械上手膝爬、行走、钻洞、滑溜和攀爬。 10. 喜欢玩藏和找的游戏。 11. 能将东西放进小口径的洞里。 12. 尝试随意旋转瓶盖。 13. 对图画书感兴趣,喜欢随意地翻看图书。 14. 知道自己的小名。 15. 认识自己班级的环境。 16. 喜欢模仿自己听到的各种象声词。 17. 喜欢用各种不同材料和颜色的笔涂涂画画,感受色彩和线条的变化。

续　表

时间	托大班课程月目标（上）
10月	1. 固定的地方取放自己的物品，如水杯、毛巾、衣物。 2. 会两只手端杯子喝水。 3. 会漱口。 4. 知道饭前便后要洗手，熟悉洗手、用毛巾擦手、将毛巾放到指定地方的流程。 5. 如厕时感到放松，并逐步习惯在园如厕。 6. 乐于与成人一起收拾玩具。 7. 成人帮助照顾生活时能够配合。 8. 能用表情、动作表达自己的需求或寻求帮助。 9. 能在提醒下使用语言向他人打招呼、说"再见"或表示"感谢"。 10. 能扶着东西上下楼梯。 11. 会在较矮的运动器械上钻洞或攀爬。 12. 能踢静止的球。 13. 伸手触摸悬挂的物体。 14. 会模仿成人摆动身体或做动作。 15. 喜欢玩插的游戏。 16. 喜欢玩贴纸的游戏。 17. 感知圆形，并建立与相应词语的联系。 18. 喜欢自己玩角色扮演的游戏。 19. 感受与同伴共享食物的快乐。 20. 能用手一页一页地翻书。 21. 挑选自己熟悉或喜欢的书阅读并指认单一图画的内容。 22. 知道自己身体主要部位的名称。 23. 喜欢重复自己熟悉的儿歌、童谣和小故事。 24. 认识幼儿园的环境。 25. 喜欢小动物，并体验喂养小动物的乐趣。 26. 能伴随音乐自发地点头、跳跃、转圈、摇摆、摆动手臂或做其他自己想做的动作。 27. 喜欢玩彩泥。
11月	1. 会一只手扶碗，一只手拿勺吃饭。 2. 会自己拿杯子接水喝，逐步养成定时饮水的习惯。 3. 会自己脱、提有松紧带的裤子。 4. 会自己脱鞋并乐于自己穿鞋。 5. 知道有大小便及时去厕所。 6. 能够独立入睡。 7. 乐于与同伴一起收拾玩具。 8. 乐于接受并能够配合保健医生的体检。 9. 有困难时能够用语言向成人寻求帮助，如挽袖、擦屁股等。 10. 能按指定的线路行走，如走直线、走圆圈等。 11. 会踮脚伸手触摸悬挂的物体。 12. 会玩堆高、平铺、排列积木的游戏。

续　表

时间	托大班课程月目标（上）
11月	13. 会玩穿东西的游戏。 14. 能够将手感或外形相似的实物进行配对。 15. 会打开旋转的瓶盖,然后盖上。 16. 知道自己的全名。 17. 听到熟悉的故事发生改变时能辨别其中的不同。 18. 喜欢运用熟悉的句型作词语替换的游戏,如"月亮晚安""被子晚安""猫晚安"等。 19. 能将阅读中获得的经验与在自然中看到的事物联系起来。 20. 感知常见的颜色,并建立与相应词语的联系。 21. 能哼唱出一小段自己熟悉的歌曲或乐曲。 22. 尝试用捏、搓、团、压、切、粘等不同方式玩面团或软泥。
12月	1. 能将松开的衣服脱下来。 2. 能够独立如厕。 3. 知道醒了不打扰同伴睡觉。 4. 在生活中通过动作探索、感受和发现,感受因果关系(如开关等)。 5. 会自然地奔跑。 6. 能根据成人出示的信号或指令开始或停止一个动作,如看见红灯停、绿灯行。 7. 能体验与同伴共同做事的快乐。 8. 玩按颜色配色的玩具或游戏。 9. 知道常用物品的名称。 10. 知道同伴的名字。 11. 能根据自己的经验观察、发现图画书中的细节并指认。 12. 通过成人的语言描述,或通过感受冷热、衣着等与自己相关的事物,或观察周围环境变化感受季节带来的变化。 13. 操作各种简单的乐器,感受不同乐器的声音。 14. 尝试画螺旋形图案或圆圈。
1、2月	1. 对事物的颜色、形状或其他属性表现出兴趣。 2. 喜欢动手加工简单的事物,如剥橘子、搅拌沙拉等。 3. 感受早晚带来的变化,能区分白天和黑夜。 4. 发现他人与自己材料的不同时喜欢变换自己的操作材料。 5. 尝试画竖线和横线。

内容	托大班课程核心目标（下）
生活	1. 会折叠简单的衣物。 2. 会自己穿鞋。 3. 会模仿成人拿着牙刷刷牙。 4. 能主动使用语言表达自己的需要或寻求帮助。

内容	托大班课程核心目标(下)
生活	5. 乐于自己穿衣服、穿裤子。 6. 玩解开衣服按扣或拉开、拉上拉链的游戏。 7. 知道口渴主动要求喝水。 8. 主动地收拾玩具。 9. 会自己穿脱袜子。 10. 喜欢尝试吃不同的食物。 11. 感受生活的秩序并能遵守集体的规则。 12. 了解与自己生活有关的卫生和安全常识,如不用手揉眼睛、不乱扔垃圾、不和陌生人走等。 13. 吃水果前尝试自己洗水果。 14. 与自己熟悉的老师或同伴分离一段时间并适应新环境。
运动	1. 能注意到行走中的障碍物并能跨越小的障碍。 2. 喜欢玩踢、拍、抛、接球的游戏。 3. 会双脚交替上下楼梯。 4. 会双脚同时离地跳跃。 5. 能从低矮的高处跳下。 6. 会骑三轮车或玩其他蹬踏的玩具。 7. 能在较宽且低矮的平衡木上行走并感受平衡。 8. 感受自己健康的自由和快乐,了解健康的好处,并建立与生病等词语的联系。 9. 通过身体动作玩数数游戏,感知数字的顺序,如上下楼梯时数数。 10. 能够接受因身体运动能力不及带来的挫折,运用策略改变或转移活动目标。
游戏	1. 能集中注意力(一段时间)玩自己喜欢的游戏。 2. 能按顺序将 3—5 个大小不同的套装玩具套在一起。 3. 能完整地拼出 3—5 块拼图,感受部分与整体的关系。 4. 能使用安全剪刀玩剪东西的游戏。 5. 喜欢玩沙和玩水。 6. 感知圆形、正方形和三角形的不同,并建立与相应词语的联系。 7. 会按颜色、形状、大小玩配对的玩具或游戏。 8. 感知事物常见的量,如大小、多少、长短、高矮等,并建立与相应词语的联系。 9. 在熟知的经验内玩简单的分类游戏。 10. 感知上下、里外等空间关系,并建立与相应词语的联系。 11. 玩数数游戏,会唱数 1—5,尝试点数 1—3,感知数字和数量的联系。 12. 喜欢与成人在共同想象的一个情境里玩角色游戏。 13. 在同伴交往中能以情绪、动作或简单的语言回应对方。
科学	1. 关注自然现象并感到好奇,如刮风、下雨、打雷等。 2. 关注不同的动物或植物,并对它们的颜色、形状等不同特征感兴趣。 3. 能注意到周围事物之间的联系和因果关系,如白天有太阳、晚上有月亮。 4. 能用水壶给植物浇水。

续　表

内容	托大班课程核心目标(下)
科学	5. 能够关注同一类事物的不同表征,如各种汽车、蝴蝶,并乐于知道同类事物的不同名称,感受事物的多样性和丰富性。 6. 喜欢问自己感兴趣的问题,对新鲜事物有好奇心。 7. 能够认识与自己生活经验密切相关的环境,如医院、超市、游乐场、公园等。 8. 能通过对事物的探索和了解消除对陌生事物的恐惧。 9. 在群体中有自己喜欢的同伴。 10. 能从外貌区分并指认男孩女孩。
语言	1. 会用自己喜欢的方式表现自己对图书内容的理解,如身体动作、提问等。 2. 喜欢说唱数字儿歌,感知数字和数量的联系。 3. 知道爸爸妈妈的名字。 4. 挑选自己熟悉或喜欢的书阅读,并能讲述简单的、有情景的图画内容。 5. 能够感知"你"和"我"的指代关系并正确运用。 6. 能用简单的语言讲述自己熟悉或感兴趣的人和物。
艺术	1. 会用揉、折、撕等多种方式玩纸。 2. 会跟成人一起玩手指游戏。 3. 能用彩泥捏出不同的形状,并想象为生活中熟悉的事物。 4. 能伴随音乐的节奏操作简单的乐器,并感知声音和节拍的变化。 5. 会画较长的线条、十字线,能尝试用简单的绘画来表现现实中的事物。 6. 喜欢玩数数的音乐游戏,在音乐的律动中感知数字和数量的联系。 7. 能够在律动和游戏中感受音乐的高低、快慢等。 8. 欣赏并感知音乐和绘画的内容,并与生活中自己熟悉的事物联系起来。 9. 喜欢模仿并表演自己感兴趣的人物的表情、动作或场景。

时间	托大班课程月目标(下)
3月	1. 喜欢尝试吃不同的食物。 2. 会自己穿鞋。 3. 会折叠简单的衣物。 4. 能注意到行走中的障碍物并能跨越小的障碍。 5. 能集中注意力一段时间玩自己喜欢的游戏。 6. 喜欢玩拍、接球的游戏,会踢滚动的球。 7. 会用揉、折、撕等多种方式玩纸。 8. 会跟成人一起做手指的游戏。 9. 能按顺序将3—5个大小不同的套装玩具套在一起。 10. 知道爸爸妈妈的名字。 11. 能够感知"你"和"我"的指代关系并正确运用。 12. 关注自然现象并感到好奇,如刮风、下雨、打雷等。 13. 在群体中有自己喜欢的同伴。

时间	托大班课程月目标（下）
3月	14. 能从外貌区分并指认男孩女孩。 15. 喜欢与成人在共同想象的一个情境里玩角色游戏。
4月	1. 感受生活的秩序并能遵守集体的规则。 2. 会模仿成人用牙刷刷牙。 3. 乐于自己穿衣服、穿裤子。 4. 能主动使用语言表达自己的需要或寻求帮助。 5. 会双脚同时离地跳跃。 6. 能近距离抱住从成人传递到手中的球。 7. 感受自己由健康带来的自由和快乐,了解健康的好处,并建立与生病等词语的联系。 8. 喜欢玩折纸游戏。 9. 能完整地拼出3—5块拼图,感受部分与整体的关系。 10. 感知事物的大小,并建立与之相应词语的联系。 11. 感知圆形、正方形和三角形的不同,并建立与相应词语的联系。 12. 会用自己喜欢的方式表现自己对图书内容的理解,如身体动作、提问等。 13. 喜欢说唱数字儿歌,感知数字和数量的联系。 14. 能够认识与自己生活经验密切相关的环境,如医院、超市、游乐场、公园等。 15. 关注不同的动物或植物,并对它们的颜色、形状等不同特征感兴趣。 16. 能注意到周围事物之间的联系和因果关系,如白天有太阳,晚上有月亮。 17. 能用彩泥捏出不同的形状,并想象成生活中熟悉的事物。 18. 能伴随音乐的节奏操作简单的乐器,并感知声音和节拍的变化。 19. 在同伴交往中能以情绪、动作或简单的语言回应对方。
5月	1. 玩解开衣服按扣或拉开、拉上拉链的游戏。 2. 了解与自己生活有关的卫生和安全常识,如不用手揉眼睛、不乱扔垃圾、不和陌生人走等。 3. 会双脚交替上下楼梯。 4. 通过身体动作玩数数游戏,感知数字的顺序,如上下楼梯时数数。 5. 能在较宽且低矮的平衡木上行走并感受平衡。 6. 使用安全剪刀玩剪东西的游戏。 7. 会按颜色、形状、大小玩配对的玩具或游戏。 8. 感知事物多少,并建立与之相应词语的联系。 9. 能玩简单的分类游戏。 10. 挑选自己熟悉或喜欢的书阅读,并能讲述简单的,有情景的图画内容。 11. 能够感知"你"和"我"的指代关系。 12. 会用水壶给植物浇水。 13. 会画较长的线条。 14. 喜欢玩数数的音乐游戏,在音乐的律动中感知数字和数量的联系。 15. 欣赏并感知音乐和绘画的内容,并与生活中自己熟悉的事物联系起来。

续　表

时间	托大班课程月目标(下)
6月	1. 知道口渴主动要求喝水。 2. 乐于主动地收拾玩具。 3. 能从低矮的高处跳下。 4. 会骑三轮车或玩其他蹬踏的玩具。 5. 能够接受因身体运动能力不及带来的挫折,运用策略改变或转移活动目标。 6. 能通过对事物的探索和了解消除对陌生事物的恐惧。 7. 感知事物长短并建立与相应词语的联系。 8. 会画十字线。 9. 能够在律动和游戏中感受音乐的高低、快慢。
7、8月	1. 喜欢玩沙和玩水。 2. 能够关注同一类事物的不同表征,如各种汽车、蝴蝶,并乐于知道同类事物的不同名称,感受事物的多样性和丰富性。 3. 感知上下、里外等空间关系,并建立与相应词语的联系。 4. 喜欢模仿并表演自己感兴趣的人物的表情、动作或场景。 5. 会自己脱裤子。 6. 吃水果前尝试自己洗水果。 7. 能与自己熟悉的老师或同伴分离一段时间并适应新环境。 8. 喜欢问自己感兴趣的问题,对新鲜事物有好奇心。 9. 能用简单的语言讲述自己熟悉或感兴趣的人和物。 10. 能够正确运用指代关系"你"和"我"。 11. 感知事物高、矮,并建立与相应词语的联系。 12. 玩数数游戏,会唱数1—5,尝试点数1—3,感知数字和数量的联系。 13. 能尝试用简单的绘画来表现现实中的事物。

2. 托小班(13—24个月)课程目标解析。

内容	托小班课程核心目标(上)
生活	1. 能使用日常生活用具,穿脱简单的衣服、鞋袜。 2. 会自己学做洗手、搬小椅子等简单的劳动。 3. 在成人帮助下,会右手拿勺,左手扶碗,自己吃饭。 4. 能配合成人穿脱衣服。 5. 盥洗时能听从、配合成人的指引。 6. 排便时会自动去固定的地方,学会坐盆。 7. 乐意做力所能及的事,为成人递报纸、拿拖鞋等。 8. 学习判断是与非,能大致区分好人与坏人。

内容	托小班课程核心目标(上)
运动	1. 连续跑 3—4 米,但不稳,需成人提醒和帮助。 2. 能自己上下床(矮床)。 3. 双脚离地跳起,能向前跳出一小步。 4. 能一手扶栏杆上下楼梯(5—8 级)。 5. 拖重物行走。 6. 脚尖走能走 4—5 步。 7. 行走稳步自如,能爬上爬下,会用脚尖踢球。 8. 自由轻松地起步和迈步,能避开障碍物。 9. 会模仿鸭子走路并能随意跳几下。 10. 跨越 8—10 厘米高的竹竿。
游戏	1. 与人交往、合群和探索的愿望和能力增强,由被动向主动发展,由观看小伙伴游戏趋向参与。 2. 能搭 5—6 块积木。 3. 玩一些简单的拼插玩具,控制手腕(如倒米、端托盘、穿过扣眼、三指捏物等)。 4. 熟练地拧开或拧紧瓶盖,还会把稍大些的玩具螺丝旋进孔中。 5. 认识常见面的成人和小伙伴。 6. 倒放圆积木入型板,积木搭高 7—8 块。 7. 会用拇指和食指把豆和小木珠之类的东西一个一个地捡起来,放入瓶中或盒中。 8. 与小伙伴同玩,学会交换玩具。 9. 会帮忙做事,如学着把玩具收拾好。 10. 游戏时模仿父母动作。
科学	1. 自我意识仍处于模糊状态,但已逐渐意识到自己和他人的区别。 2. 尝试用"我"替代自己的名字。 3. 唱数 1—5。 4. 能指出自己身上 4—6 个部位的名称。 5. 认识日常所吃的食物、所穿的衣服、所用的餐具及所玩的玩具。 6. 认识常见到的交通工具:汽车、飞机、自行车,自然界的花、草、树、太阳、月亮等。 7. 会指出两张相同的图片。 8. 能认识自己的衣物、玩具、餐具等。
语言	1. 由模仿成人语言,逐渐形成主动性语言。 2. 开始把单词组成简单句,说话积极性提高。 3. 能用两三句短语来和大人对话,能听懂大人更为复杂的语言指令。 4. 会念儿歌,但尚不能完整地念。多数只能说出儿歌开头和结尾的几个字。 5. 开始使用"现在""一点儿""特别"等副词,来更精确地表达自己的意思。 6. 在成人的提示下,学说"再见"等礼貌用语。 7. 从单词进展到简单句,能用 2—4 个词的短句表达自己的意思。 8. 说到自己时能正确地用代词"我",而不是用小名表示自己;说到第二人称时,能正确地用代词"你",而不再用"妈妈""爸爸"等。

内容	托小班课程核心目标(上)
语言	9. 能说出名称、用途和部位,相继看两张画、四件物品时,能说出画中形象(如小狗、小兔)和物品(如杯子、帽子)的名称和用途。如果指着身体部位发问,至少能说对一个,如指着鼻子问时,会答出"鼻子"。 10. 爱听情节简单的故事,能说出图书中的主要人物;并能模仿书中人或动物的动作。 11. 能指对人体的 7 个部位,如大人说鼻子,他便指鼻子(鼻、眼、耳、口、头发、手、脚等)。 12. 喜欢提问,并能回答简单的提问。 13. 能表示出钥匙或钱币的用途,如拿着钥匙时,会走近房门,准备开门。 14. 喜欢模仿成人说话。
艺术	1. 愿意用橡皮泥玩捏一捏、搓一搓的游戏。 2. 对用笔涂画有浓厚兴趣。 3. 能模仿大人画出线条、圆圈等图形(画不直也画不圆,但根据自己所画形状想象出一个近似的物体来解释自己的画)。 4. 手能握笔、折纸,但不成形。

时间	托小班课程月核心目标(上)
9 月	1. 能配合成人穿脱衣服。 2. 在成人帮助下,会右手拿勺,左手扶碗,自己吃饭。 3. 拖重物行走。 4. 脚尖走能走 4—5 步。 5. 认识常见面的成人和小伙伴。 6. 能搭 5—6 块积木。 7. 自我意识仍处于模糊状态,但已逐渐意识到自己和他人的区别。 8. 试用"我"代替自己的名字。 9. 喜欢模仿成人说话,逐渐形成主动性语言。 10. 在成人的提示下,学说"再见"等礼貌用语。
10 月	1. 盥洗时能听从、配合成人指令。 2. 能自己上下床(矮床)。 3. 双脚离地跳起,能向前跳出一小步。 4. 倒放圆积木入型板,积木搭高 7—8 块。 5. 会用拇指和食指把豆子和小木珠之类的东西一个一个捡起来,放入瓶中或盒中。 6. 唱数到 5。 7. 能指出自己身上 4—6 个部位的名称。 8. 会念儿歌,但尚不能完整地念,多数只说出儿歌开头和结尾的几个字。

续　表

时间	托小班课程月核心目标(上)
10月	9. 从单词进展到简单句,能用2—4个词的短句表达自己的意思。 10. 喜欢提问,并能回答简单的提问。 11. 知道钥匙或钱币的用途,如拿着钥匙时,会走近房门,准备开门。 12. 手能握笔、折纸,但不成形。
11月	1. 会自己学做如洗手、搬小椅子等简单的劳动。 2. 连续跑3—4米,但不稳,需成人提醒和帮助。 3. 能一手扶栏杆上下楼梯(5—8级)。 4. 玩一些简单的拼插玩具,控制手腕(如倒米、端托盘、穿过扣眼、三指捏物等)。 5. 会帮忙做事,如学着把玩具收拾好。 6. 认识日常所吃的食物、所穿的衣服、所用的餐具及所玩的玩具。 7. 开始把单词组成简单句,说话积极性提高。 8. 能用两三句短语来和大人对话,能听懂大人更为复杂的语言指令。 9. 开始使用"现在""一点儿""特别"等副词,来更精确地表达自己的意思。 10. 愿意用橡皮泥玩捏一捏、搓一搓的游戏。
12月	1. 排便时会自动去固定的地方,学会坐盆。 2. 能使用日常生活用具,穿脱简单的衣服鞋袜。 3. 行走稳步自如,能爬上爬下,会用脚尖踢球。 4. 自由轻松地起步和迈步,能避开障碍物。 5. 熟练地拧开或拧紧瓶盖,还会把稍大些的玩具螺丝旋进孔中。 6. 与小伙伴同玩,学会交换玩具。 7. 能认识自己的衣物、玩具、餐具等。 8. 说到自己时能正确地用代词"我",而不是用小名表示自己。说到第二人称时,能正确地用代词"你",而不再用"妈妈""爸爸"等。 9. 能指对人体的7个部位,如大人说鼻子,他便指鼻子(鼻、眼、耳、口、头发、手、脚等)。 10. 对用笔涂画有浓厚兴趣。
1、2月	1. 学习判断是与非,能大致区分好人与坏人。 2. 乐意做力所能及的事,为成人递报纸、拿拖鞋等。 3. 会模仿鸭子走路能并随意跳几下。 4. 跨越8—10厘米高的竹竿。 5. 与人交往、合群和探索的意愿与能力增强,由被动向主动发展,由观看小伙伴玩游戏趋向参与。 6. 游戏时能模仿父母动作。 7. 认识常见的交通工具:汽车、飞机、自行车,自然界的花、草、树、太阳、月亮等。 8. 会指出两张相同的图片。 9. 能说出名称、用途和部位,相继看两张画、四件物品时,能说出画中形象(如小狗、小兔)和物品(如杯子、帽子)的名称和用途。如果指着身体部位发问,至少能说对一个,如指着鼻子问时,会答出"鼻子"。

时间	托小班课程月核心目标（上）
1、2月	10. 爱听情节简单的故事，能说出图书中的主要人物，并能模仿书中人或动物的动作。 11. 能模仿大人画出线条、圆圈等图形（画不直也画不圆，但能根据自己所画形状想象出一个近似的物体来解释自己的画）。

内容	托小班课程核心目标（下）
生活	1. 能独立用勺吃饭。 2. 控制大小便的能力提高，有大小便意的时候能及时叫人。 3. 能自己穿袜子和松紧裤（从尝试自己脱松紧裤到自己会穿）。 4. 模仿成人学着漱口。 5. 会自己洗手、擦脸。 6. 可以解开衣服上的按扣，还会开合末端封闭的拉锁。
运动	1. 渐渐摆脱成人的扶持能独自上下，会爬高取物。 2. 能单腿做"金鸡独立"了，可以不扶东西单脚站立2秒以上。 3. 能从最后一级台阶上跳下来，也能双脚同时做立定跳远。 4. 双脚立定跳远的距离可以达到15厘米。 5. 能用脚尖比较自如地走在线上，拐弯的时候还能保持平衡不摔倒。 6. 可以不扶任何物体，用单脚站立3—5秒。 7. 能把球扔出去。
游戏	1. 按秩序摆放好玩具。 2. 乐意去做自己力所能及的事情（如：吃饭、穿衣、扣纽扣、收拾玩具等）。 3. 不喜欢别人帮忙；在与同伴交往时，可以把玩具大方地给别人玩，但更愿意独自玩。 4. 开始猜测他人的赞同或反对。 5. 开始表现出较为复杂的情感，也许会表现出诸如羞愧、尴尬和自豪这类自我意识较强的情感。 6. 在玩假装游戏时，能用物体或自己的身体部位代表其他物体（如，手指当牙刷）。
科学	1. 可以拼出2—4块图片。 2. 能分清2种以上的颜色。 3. 明确大和小的概念，知道大人和小孩子的区别，知道小盒子可以放在大盒子里面。 4. 能背出家里的电话号码。 5. 搭积木时能砌3层金字塔。 6. 能分清楚内和外、前和后、长和短等概念的区别。 7. 对圆形、方形、三角形等几何图形有了认识。 8. 可以说出6种以上的交通工具，还可以指出它们的用途，如飞机是在天上飞、轮船是在海里行等。

续　表

内容	托小班课程核心目标(下)
科学	9. 明确"多"与"少"的概念。 10. 能对有关物品进行分类、匹配。
语言	1. 能完整地背出一些儿歌。 2. 通过日常生活中的模仿掌握"谢谢""您好""再见"等礼貌用语。 3. 能分清阴、晴、风、雨、雪,把表示不同天气情况的图片分辨出来。 4. 能正确复述3—4个字的话,也能重复他人说出的3个以上的字。 5. 能用诸如高兴、悲伤、生气这类词来表达自己或他人的情感。 6. 会将"我"这个词与动词连用谈论自己。
艺术	1. 能跟随录音机哼唱3个音阶以内的歌曲。 2. 可以画"十"字和正方形。 3. 会唱2—3首歌曲,而且唱时节拍、旋律、吐字都比较准确。 4. 听到音乐,能用更多的身体动作与技巧来做出反应。 5. 能够模仿他听到的音调和一些简单的曲调。 6. 能画出直线与各种圆形。 7. 能够进行简单的拓印。

时间	托小班课程核心月目标(下)
3月	1. 能独立用勺吃饭。 2. 渐渐摆脱成人的扶持能独自上下,会爬高取物。 3. 按秩序摆放好玩具。 4. 可以拼出2—4块图片。 5. 能分清2种以上的颜色。 6. 能完整地唱诵一些儿歌。 7. 能跟随录音机哼唱3个音阶以内的歌曲。
4月	1. 控制大小便的能力提高,有大小便意的时候能及时叫人。 2. 能单腿做"金鸡独立",可以不扶东西单脚站立2秒以上。 3. 乐意去做自己力所能及的事情(如:吃饭、穿衣、扣纽扣、收拾玩具等)。 4. 明确大和小的概念,知道大人和小孩子的区别,知道小盒子可以放在大盒子里面。 5. 能背出家里的电话号码。 6. 可以画"十"字和正方形。 7. 能够进行简单的拓印。
5月	1. 能自己穿袜子和松紧裤了(从尝试自己脱松紧裤到自己会穿)。 2. 能从最后一级台阶上跳下来,也能双脚同时做立定跳远。 3. 不喜欢别人帮忙;在与同伴交往时,可以把玩具大方地给别人玩,但更愿意独自玩。

续 表

时间	托小班课程核心月目标(下)
5月	4. 搭积木时能砌3层金字塔。 5. 能分清楚内和外、前和后、长和短等概念的区别。 6. 通过日常生活中的模仿掌握"谢谢""您好""再见"等礼貌用语。 7. 会唱2—3首歌曲,而且唱时节拍、旋律、吐字都比较准确。
6月	1. 模仿成人学着漱口。 2. 双脚立定跳远的距离可以达到15厘米。 3. 用脚尖比较自如地走在线上,拐弯的时候还能保持平衡不摔倒。 4. 开始猜测他人的意愿,赞同或反对。 5. 在玩假装游戏时,能用物体或自己的身体部位代表其他物体(如,手指当牙刷)。 6. 对圆形、方形、三角形等几何图形有了认识。 7. 可以说出6种以上的交通工具,还可以指出它们的用途,如飞机是在天上飞、轮船是在海里行等。 8. 能分清阴、晴、风、雨、雪,把表示不同天气情况的图片分拣出来。 9. 能正确复述3—4个字的话,也能重复他人说出的3个以上的字。 10. 听到音乐,能用更多的身体动作与技巧来做出反应。
7、8月	1. 会自己洗手擦脸。 2. 可以解开衣服上的按扣,还会开合末端封闭的拉锁。 3. 可以不扶任何物体,用单脚站立3—5秒。 4. 能把球扔出去。 5. 开始表现出较为复杂的情感,也许会表现出诸如羞愧、尴尬和自豪这类自我意识较强的情感。 6. 理解"多"与"少"的概念。 7. 能对有关物品进行分类、匹配。 8. 能用诸如高兴、悲伤、生气这类词来表达自己或他人的情感。 9. 会将"我"这个词与动词连用谈论自己。 10. 能够模仿他听到的音调和一些简单的曲调。 11. 能画出直线与各种圆形。

3. 一日活动计划撰写样例(供参考)。

当日主班教师(上午班)

生活活动

(一) 活动目标

1. 体验用勺子吃东西的乐趣。

2. 会用勺子吃东西。

（二）活动组织与指导

1. 创设婴幼儿主动使用勺子的氛围。

2. 及时提醒婴幼儿正确使用勺子,适时示范。

晨间锻炼：滚球

（一）活动目标

1. 喜欢在地上滚球。

2. 会踢静止的球。

（二）活动准备

每个婴幼儿一个皮球。

活动组织与指导

1. 带领婴幼儿进行热身活动。

2. 与婴幼儿一起玩滚球、踢静止的球。

3. 放松结束。

餐后活动：律动

（一）活动目标

1. 喜欢随音乐做动作。

2. 能伴随音乐自发地点头、跳跃、转圈等。

（二）活动组织与指导

1. 选择节奏缓慢、优美的音乐。

2. 与婴幼儿一起舞动。

3. 引导婴幼儿做自己想做的动作。

语言活动：我叫×××

（一）活动目标

1. 喜欢叫自己或同伴的小名(全名)。

2. 知道自己的全名,能在听到呼喊自己全名的时候及时应答。

3. 尝试称呼同伴的全名。

（二）活动准备

1. 提前录制家长呼唤自己宝宝小名和全名的声音。

2. 多媒体、屏风2个、布娃娃若干。

（三）活动过程

1. 师幼相互问候,导入活动。

师：宝宝好！（班级三位教师轮流与婴幼儿问候）

婴幼儿：老师好！（教师轻声跟说）

2. 依次播放录音,让婴幼儿听辨自己与同伴的小名、全名。

(1) 师：你们听听这是喊谁的名字？猜猜是谁在喊呢？

(2) 把喊到名字的婴幼儿请到集体前,让同伴与其打招呼。

(3) 小结：每个宝宝都有自己的名字哦。

3. 游戏：××请躲起来。

玩法：教师躲到屏风后,喊一个宝宝的小名或全名,对应宝宝便躲到屏风后,与教师一起再呼喊同伴的名字。

规则：婴幼儿分成两组,班级教师各带一组,保育员巡视婴幼儿参与游戏的情况,并适时引导。

4. 播放《找朋友》的音乐,鼓励婴幼儿相互叫彼此的名字,并相互抱抱等。

户外自主游戏

1. 热身运动。

2. 自主在较矮的运动器械上手膝爬、行走、钻洞、滑溜和攀爬;随性涂鸦;自由搭建等。

3. 做力所能及的收拾整理,放松身心。

餐前活动：智力游戏《谁不见了》

(一) 活动目标

1. 愿意坐到餐桌旁玩游戏。

2. 能积极地观察与表达。

(二) 活动组织与指导

1. 一次出示两个有明显特征差异的玩偶,让婴幼儿说说是什么,然后将其中一个藏在身后,请婴幼儿说说"谁不见了"。

2. 婴幼儿用一个字或词语表达,教师均给予肯定。

当日主班教师(下午班)

生活活动

(一) 活动目标

1. 体验用勺子吃东西的乐趣。

2. 会用勺子吃东西。

（二）活动组织与指导

1. 创设婴幼儿主动使用勺子的氛围。

2. 及时提醒婴幼儿正确使用勺子，适时示范。

大型主题角色游戏：《娃娃家》

（一）游戏目标

1. 喜欢扮演家人角色，感受游戏带来的快乐。

2. 愿意模仿成人做饭、切面包、照顾娃娃等行为。

（二）游戏准备

娃娃家环境，玩具日用品（如毛巾、被子、床、勺、食物、水果等）、娃娃若干。

（三）游戏过程

1. 观察娃娃，导入游戏。

师：这是谁？娃娃的爸爸妈妈上班去了，谁愿意来照顾它呢？你吃饭的时候爸爸妈妈会干什么？睡觉的时候呢？

2. 观察游戏场地与材料，明确角色及任务。

师：这里面都有些什么呢？你愿意扮演娃娃的哪个亲人？你会怎样照顾娃娃？

3. 扮演角色，自主游戏。

婴幼儿自选角色，自主游戏。教师巡回观察，重点关注婴幼儿是否能积极地参与到游戏中，是否愿意模仿成人做饭、切面包、照顾娃娃等行为。

4. 评价、小结游戏情况，共同收拾游戏材料，结束游戏。

提问：你们刚才玩了什么？扮演的是谁？

户外活动：好玩的垫子

（一）活动目标

1. 对利用垫子等锻炼身体感兴趣。

2. 会在垫子上手膝爬、行走。

（二）活动组织与指导

1. 带领婴幼儿进行热身活动。

2. 自由探索垫子的玩法。

3. 引导婴幼儿在垫子上手膝爬、行走。

4. 自主游戏：播放欢快的音乐，投放适量的海洋球，让婴幼儿在垫子上自由玩耍，及时肯定能手膝爬的婴幼儿。

5. 放松活动。

离园活动：建构游戏《搭搭乐》

（一）活动目标

1. 会堆高、平铺、排列积木。

2. 能安静地进行拼搭。

（二）活动组织与指导

1. 引导婴幼儿自主拼搭,适时与婴幼儿一起拼搭。

2. 引导婴幼儿在离园前,请自己的家人(来接的人)一起将积木放回原处。

四、课程实施

（一）一日活动的要求及类别

1. 总体要求。

要根据婴幼儿的教养目标、月龄特点、本地季节变化和机构条件,科学、合理地安排和组织一日活动。时间安排应有相对的稳定性与灵活性,既有利于形成秩序,又能照顾到个体差异,满足婴幼儿的合理需要。保教人员直接指导的活动和间接指导的活动相结合,保证婴幼儿每天有适当的自主选择和自由活动时间。保教人员直接指导的活动以自由分散活动为主,统一组织的集体活动时间应适合不同月龄段婴幼儿[①],要能保证婴幼儿的积极参与,避免时间的隐性浪费。尽量减少不必要的集体行为和过渡环节,减少和消除消极等待现象。建立良好的常规,避免不必要的管理行为,逐步引导婴幼儿学习自我管理。一日活动安排中要正确处理好分散与集中、室内与室外、个别与集体、动态与静态、生活与游戏、自选与指定活动等关系。

2. 一日活动类别。

（1）生活照护类：哺喂、饮水、进餐、换尿布、如厕、盥洗、睡眠等。

（2）情感氛围类：拥抱、拍抚、亲热、逗乐、交流、回应等。

（3）发展支持类：自由分散活动、集体活动、户外活动等。

（二）入园接待、晨检等如何开展

1. 蹲下来与婴幼儿问好,眼睛对视;示范、引导和鼓励婴幼儿与同伴或成人

---

① 《托育机构质量评估标准》6.3 发展支持——6.3.1：根据婴幼儿的月龄特点、实际发展情况和个体差异等特点,制订多种形式的活动计划(包括年度、半年、月、周计划等)和明确的发展性目标。活动计划以自由分散活动为主,统一组织的集体活动时间应适合不同月龄段婴幼儿的发展特点。

打招呼或交流,如问好、询问、请求帮助等。

2. 经常搂抱或拍抚婴幼儿。

3. 以温暖、尊重的态度与婴幼儿积极交流互动。

4. 主动关心婴幼儿,尽可能及时回应婴幼儿的情感需求。

5. 鼓励婴幼儿尝试完成力所能及的任务,如来园刷卡、擦手、扔垃圾、穿脱鞋套和衣物等,使婴幼儿感受自己的能力,增强自信心和自主性。

6. 主动和家长沟通婴幼儿的情况,微笑、耐心倾听家长的需求。

(三) 如何组织实施室内分散活动

1. 在一日生活中与婴幼儿进行互动谈话,促进其语言发展。

2. 帮助婴幼儿初步建立规则意识,引导婴幼儿在公众场合轻声说话、不打闹等。

3. 帮助有陌生焦虑的婴幼儿慢慢适应环境,不强迫。

4. 分散活动结束后,用特定信号提示婴幼儿收放玩具,并物归原处。

5. 鼓励婴幼儿表达情绪、需求,引导婴幼儿关注他人的情绪情感,培养同理心。

6. 提供激发婴幼儿间互动的空间、材料和机会,在保证婴幼儿安全的前提下引导、等待他们自己协商解决,解释事件让婴幼儿理解。

7. 在与婴幼儿交流互动的过程中要及时使用"谢谢""对不起""没关系"等文明用语。

(四) 为什么要强调插入式活动? 如何开展插入式活动

早期教养活动应该以婴幼儿为主体,尊重婴幼儿的兴趣、需求和原有经验,关注经验的连续性。因此,科学的早期教养不是外部给予式的训练,而是尊重婴幼儿自主探究、自发学习的经验联结与拓展。尊重婴幼儿月龄特点,以个别分散活动和小组活动为主组织开展早期教养活动,并在一日生活和游戏中根据婴幼儿表现和需求开展插入式活动。开展插入式活动,更有利于照顾者对婴幼儿的观察指导,也有利于婴幼儿获得更多自由、自主地探索、表达、表现的机会。

插入式活动具有一定的动态生成性。保教人员可以通过区角创设、玩具材料提供、与婴幼儿的互动等激发、引导婴幼儿的兴趣和需求,为插入式活动提供契机。保教人员要善于观察,抓住并创造契机,适时开展插入式活动。从某种意义上说,插入式活动内容是半预设的,但组织实施是动态调整的。插入契机可以是:婴幼儿在分散活动中表现出某种兴趣;婴幼儿产生某种疑问或提出某种需求;保教人员融入婴幼儿游戏,或通过与婴幼儿互动对话引导。

插入式活动不是完全随机的,为了有效开展适合婴幼儿发展需求的活动,保教人员需要根据不同月龄婴幼儿的特点和发展需求创设并动态调整活动区角。因此插入式活动的开展对区角创设提出了更高的要求。保教人员可根据班级婴幼儿的月龄分别负责 2—3 个区角的创设、活动观察与插入式活动实施。

（五）如何组织实施生活活动

1. 依据婴幼儿个体发展需求，采用适宜的（个体或小组）喂食（进食）方式，并备有记录（食量、进食情绪，对食物的喜好情形等）。

2. 注意营造轻松且愉快的生活活动氛围，包括喂食（进食）气氛，不强迫、不催促，愉快入睡等。

3. 可依据个别婴幼儿当时情况，弹性安排喂食（进食）、如厕、睡眠等活动。

4. 在洗手、漱口等环节中，鼓励婴幼儿自主进行，气氛愉悦，言语表情等正向互动。

5. 可通过音乐、游戏或参与准备等方式，自然引导婴幼儿进入生活环节。

6. 鼓励家长把握生活活动中蕴含的婴幼儿的学习与发展机会，基本无消极等待时间。

7. 在生活照护中积极地通过语言交流和非语言交流，激发婴幼儿与同伴或成人的交流互动，利用机会和婴幼儿共读图书，共念儿歌，促进婴幼儿的语言发展。

8. 餐点环节要求。

（1）餐点前将桌面按"清—消—清"流程清洁消毒，为婴幼儿营造愉快的进餐氛围，婴幼儿洗手。

（2）进行餐点介绍，引导婴幼儿不挑食、不偏食，均衡膳食、规律就餐。

（3）加强进餐看护，让婴幼儿将餐具送到指定的地方，擦嘴巴，培养婴幼儿良好饮食行为和习惯。

9. 喝水环节要求。

（1）饮用班级备水：

① 准备温度适宜的白开水，在每个婴幼儿的水杯格贴上大头贴。在摆放婴幼儿不锈钢口杯时，要露出标记，且口杯把手朝外，方便婴幼儿拿取。

② 为婴幼儿准备好足够的水，设定喝水区域，保证婴幼儿按需饮水。组织有序喝水。

（2）饮用自带水：

① 鼓励婴幼儿自取水杯。

② 关注水温、水量，以及自带水杯的洁净情况，提醒家长及时清洁消毒水杯。

③ 鼓励婴幼儿喝完杯中的水,发挥榜样示范作用,带动婴幼儿及时饮水,并将水杯放回固定位置。

④ 遇身体不适、运动后出汗过多时,或时值天气炎热、换季时节等,要引导婴幼儿适当增加饮水量。

⑤ 培养良好的喝水习惯,关注婴幼儿前胸部位的服饰是否有水迹,及时用毛巾、纸巾帮助或引导婴幼儿擦干或更换。

10. 上厕所、洗手要求。

(1) 引导婴幼儿按需如厕。帮助、引导婴幼儿脱、提裤子(内衣扎在裤子里)。

(2) 引导婴幼儿饭前便后或手脏时及时用肥皂洗手,并教导其正确洗手。

(3) 引导婴幼儿轮流排队如厕、洗手。

(六) 如何组织离园活动

1. 离园前,引导婴幼儿回想一天当中快乐的事情,鼓励婴幼儿的点滴进步等。

2. 通过游戏口吻与婴幼儿约定明天再见。

3. 蹲下来、面对面和婴幼儿告别,引导、鼓励其与同伴挥手告别。

4. 鼓励婴幼儿自己整理玩具和书包、穿好外衣和裤子等,并协助检查、整理。

5. 有重点地和家长沟通婴幼儿一日情况,可通过记录表等多种方式和家长进行沟通;和家长交流时,态度耐心中肯。

6. 接待家长时,要分工合作,既要保证沟通及时到位,又要确保未离园婴幼儿安全。

7. 离园前要求。

(1) 回顾一日活动。

(2) 整理好婴幼儿衣物(尿裤子、拉裤子衣物打包),关注其仪表(冬季可以适当用热毛巾擦脸,擦润肤露)。

(3) 整理好婴幼儿带回家的书包及物品(如奶瓶、奶罐每天带回家,被子每隔一周带回去,室内鞋每周带回家洗晒等)。

8. 离园中要求。

(1) 接送安全(统一接送、一送一看、物品提前归位、交代清楚等)。

(2) 尽量与每个家长用简单的几句话交流当日在园的情况。

(3) 帮助、引导婴幼儿背书包、拿衣物、摆放椅子等。

9. 离园后要求。

(1) 收拾婴幼儿物品。

（2）收拾教师自己的物品。

（3）班级柜面、地面清洁消毒。

（4）检查桌椅、玩具等，及时排除破损等安全隐患。

（5）准备次日保育照护所需材料。

（七）如何选择和设计各类早期教养活动

首先，要进行婴幼儿发展水平分析。早期教养以婴幼儿发展为本，不仅要遵循婴幼儿发展的一般规律和阶段特点，更要尊重个体的实际发展水平和需求，以确立合理的教养目标，促进每个婴幼儿的发展。因此，早期教养应加强婴幼儿发展诊断。通过发展诊断，为有针对性的个性化教养提供实践依据。发展诊断首先通过对婴幼儿健康体检表、发展检核表、作息与饮食情况表等资料开展婴幼儿发展与教养信息分析，获取对婴幼儿的初步印象。然后，应用表现性评价方法，设计表现性评价任务，用在真实的游戏、生活情境下的可观察、可检测的行为表现来分析、解读和评价婴幼儿的内在发展。经过观察期内的持续自然观察，对婴幼儿发展状况作出评定。最后，根据实际需要，由保教人员和医生利用专业的测评工具对婴幼儿发展水平进行深入评测和分析。基于资料分析、观察评价以及必要的专业测评，确立婴幼儿下一阶段的发展目标，形成合理的教养目标。

其次，根据婴幼儿发展水平确立早期教养活动目标。目标陈述必须符合以下要求：第一，目标指向是学习者通过学习之后的预期的结果，因此行为主体必须是婴幼儿，而不是照顾者；第二，目标的陈述主要是为了便于后续的评价行为，因此行为动词要尽可能清晰、可把握，而不能含糊其词，否则无法规定早期教养的正确方向；第三，有时单靠行为动词无法将目标清晰地表达出来，因此需要一些附加的限制条件，如学习情景、工具、时间、空间等的规定；第四，目标指向全体孩子而不是个体婴幼儿，同时也是为了便于评价，因此目标的表现程度是最低要求，而不是最高要求，它只是说明目标所指向的这一群婴幼儿应达到的标准。具体地说，行为目标陈述的基本要素有四个：行为主体、行为动词、行为条件和表现程度。

科学的早期教养应当是个性化的，应当是符合个体的发展需求的。在对个体发展需求进行梳理汇总的基础上，形成由个体教养目标、小组教养目标、集体教养目标（如良好的习惯、阅读兴趣的培养等）构成的班级教养目标。

第三，开展以婴幼儿的需求为导向的多元课程的组织实施。

根据婴幼儿的发展状况，实施有针对性的个性化早期教养服务：对发展正

常的婴幼儿,提供发展支持性服务;对发展程度偏离的婴幼儿,提供发展改进性服务;对发展偏离异常的婴幼儿,提供康复性服务。经过一段时期的个性化服务,对婴幼儿发展情况再次进行过程性诊断,并根据发展情况不断改进个性化托育服务。早期教养应以成熟为导向,创设渗透教养目标的环境、区角,组织开展个体分散活动、独自安静活动、小组集中活动、集体活动、生活常规活动、家庭延伸活动等灵活多样的活动。

(八) 如何设计与实施计时制的托育活动

园所在面向固定对象提供半日制、全日制等托育服务的同时,可根据园区资源向具有临时托管需求的家庭提供计时制的托育服务。该类服务以托管为主,保教为辅,托中有育。保教人员可按照原定的半日或一日活动安排执行,引导临时加入的婴幼儿参与区角游戏等分散活动,无须为此预先专门创设环境、设计和组织活动。保教人员可根据这些婴幼儿在分散活动中的表现和需求开展插入式活动。

五、园区环境创设

对婴幼儿教保环境而言,中等刺激量的环境应该是熟悉物品(刺激度低)与新奇物品(刺激度高)、持续活动经验与临时变化游戏、稳定的空间布局与灵活设置的活动区等因素之间的有机结合[①]。

(一) 主题墙环境创设

1. 家园之窗。

(1) 家园之窗的作用。

家园联系栏是家长了解园区教养动态及婴幼儿在园情况的途径,是向家长宣传科学养育理念与知识的窗口。

(2) 布置要求。

① 题目/标题明显;

② 板块分明;

③ 展示内容:周计划、食谱、温馨提示、公告栏(通知类)、育儿知识、育儿心得等;

④ 展示内容要控制在所展示版面内;

---

① 文颐.脑科学研究与婴幼儿教保环境创设[J].四川教育学院学报,2008,(05):17—19.

⑤ 每周更新一次;

⑥ 日常维护:保持墙面纸张整洁、平整、无损坏。

2. 照片墙。

(1) 照片墙的作用。

照片墙的创设不断地重复着主题产生、发展、完善的过程,记录着婴幼儿的成长历程和兴趣变化,不仅可以美化环境,唤醒婴幼儿的记忆,还可以激发婴幼儿的集体意识。

(2) 布置要求。

① 以小照片为主(照片尺寸一般在 3 寸或 5 寸,可根据墙面大小、照片量适度调整);

② 照片内容要有主题;

③ 照片内容更新时间:随着活动开展进行更新;

④ 日常维护:保持照片墙墙面整洁,照片整洁、平整、无损坏;

⑤ 更新取下的照片按日期、活动内容做好收集,并做好相应记录和保管。

3. 作品墙。

(1) 作品墙的作用。

及时展示婴幼儿作品,是婴幼儿自我成就感建立的重要方式,也是展示教育过程的重要形式。

(2)布置要求。

① 作品栏要有主题;

② 在作品的右下角要标明作品名称、婴幼儿姓名;

③ 作品内容更新频率:每周一次;

④ 日常护理:保持作品栏(墙)整洁、作品整洁、无损坏。

(二)区域环境创设

区域活动是婴幼儿的一种重要的自主活动形式,是以快乐和满足为目的,以操作、摆弄为途径的自主性学习活动。其活动动机由内部动机支配而非来自外部的命令,表现为"我要游戏"而不是"要我玩"。

1. 创设良好的区域环境。

环境是重要的教育资源,园所应通过环境的创设和利用,有效地促进婴幼儿的发展。活动区设置要善于利用班级环境的地理因素,通过师生共同商量,采用固定和灵活设置相结合,创设丰富多彩的、多功能的具有选择自由的区角,让每

个婴幼儿有机会自由选择,用自己的方式进行学习,尽可能地使活动动静分区。

2. 活动区材料充分的准备及合理投放,促进婴幼儿主动参与。

区域活动中,材料是婴幼儿活动的对象,与婴幼儿的月龄特点、经验、能力和需要相适应的材料,才能激起婴幼儿学习的主动性,使他们在没有压力的环境中主动观察、发现问题、独立思考、解决问题。因此在准备、选择、提供操作材料时,我们根据婴幼儿兴趣和发展水平进行投放。

(1) 家园配合准备区域材料。

皮亚杰提出:"儿童的智慧源于材料。"区域活动的教育功能主要通过材料来表现。区域活动材料越丰富,形式更多样,婴幼儿在操作过程中就会变得更聪明、自信、大胆。而利用自然物和废旧物品就成了很好的丰富区域材料的形式,在材料收集中就需要保教人员、家长和婴幼儿共同配合。

(2) 根据婴幼儿兴趣投放材料。

活动区材料投放应该是丰富多彩的,然而,丰富的材料并不等于越多越好,多则滥,滥则泛。婴幼儿注意力具有不稳定性,过多过杂的材料投放,易造成婴幼儿玩得分心,玩得眼花,一会儿拿这个玩玩,一会儿拿那个玩玩,缺乏专注度,难以持续探究。因此,在投放材料时,应考虑材料与活动目标的关系,做到有的放矢,加强材料投放的针对性、目的性和科学性,并依据对婴幼儿活动的观察,进行定期更换与补充。

(3) 提供层次性与多样性的活动材料,满足不同婴幼儿发展需要。

材料的投放要满足与符合班级婴幼儿不同的需要、能力,尽可能多地提供有较强操作性、趣味性、可变性的材料吸引婴幼儿的主动探索。如,为了有助于婴幼儿小肌肉发育和培养精细动作,可在生活区投放"舀玻璃球"的内容。在练习用筷子舀玻璃球时,能力强的婴幼儿可选择舀进瓶中,能力弱的婴幼儿可选择舀进盒。

(4) 注意收集材料的安全卫生。

收集的材料洗干净、消毒处理,确保安全、卫生后方可投放使用,以免意外事故的发生。当婴幼儿自主选择操作材料时,保教人员应当成为一位细心的观察者,适时参与婴幼儿的游戏,通过观察和参与游戏,发现新问题,产生新思考,生成新活动,为下一次的材料投放提供依据。

第五章

保 育 工 作

一、保育员一日工作内容及要求

（一）婴幼儿专用活动室（教室）的清扫、消毒、整理要求

保育员对婴幼儿专用活动室的清扫、消毒、整理工作必须保证每天三次（特殊情况例外），具体工作内容及操作步骤如下：

1. 清晨时的要求。

（1）开窗通风，保证室内空气充分流通。

（2）清扫教室地面与角落。

（3）使用教室专用拖把（半湿性）拖教室地面。

（4）使用 250 mg/L 的有效氯消毒液对教室物体表面（桌、椅、杯架、橱柜、窗台等）进行预防性消毒。

2. 中午时的要求。

（1）清扫地面，做到不扬灰。

（2）用半干湿的专用教室拖把拖地面。

（3）整理婴幼儿使用过的桌椅、玩具、图书等物品，做到归类安放、整洁有序。

3. 傍晚时的要求。

（1）整理桌椅、教玩具，保持教室整洁。

（2）清扫地面，用专用拖把和 500 mg/L 的有效氯消毒液清洁地面。

（3）倒净垃圾。

（4）检查教室有无安全隐患，关闭所有电源、窗户、门等，无异常情况方可离园。

（二）婴幼儿卧室的清扫、消毒、整理及午睡时的保育工作要求

保育员对婴幼儿卧室的清扫、消毒、整理工作必须保证每天两次。

1. 午睡前的要求。

（1）打开卧室窗户，保证室内空气流通、新鲜。

（2）用卧室专用拖把拖地，注意地面不宜太湿。按由里往外的顺序，注意床底、角落不要遗漏。

（3）检查是否按季节替换厚薄适宜的被褥。

2. 午睡时的要求。

（1）秋冬季，婴幼儿睡前脱衣时要关窗，待婴幼儿全部睡下后开一小扇窗，避免吹对流风。

（2）婴幼儿头、脚交错睡，避免口对口呼吸。

（3）经常巡视婴幼儿的午睡情况，婴幼儿入睡后注意检查是否安稳。

（4）注意纠正睡姿，做好护理工作。

3. 午睡后的要求。

（1）婴幼儿午睡起床后，保育员要协助教师做好婴幼儿衣着整理、盥洗等护理工作。

（2）待婴幼儿离开卧室后，打开卧室所有窗户，充分通风并固定好窗帘。

（3）整理婴幼儿床铺。铺平床单，叠好小被，安放整齐。

（4）清扫、消毒卧室地面，注意不扬灰。

（三）婴幼儿盥洗室的清扫、消毒、整理要求

保育员对婴幼儿盥洗室的清扫、消毒、整理工作必须保证每天三次以上。

1. 清晨的要求。

（1）开窗通风，保证盥洗室空气流通。

（2）准备符合要求的专用抹布以及配制消毒液。

（3）使用专用抹布、消毒液擦拭盥洗室物体表面，例如：洗手池、台面、水龙头、把手、瓷砖墙面等。

（4）换一块专用抹布，用消毒液擦拭坐便器。并用 500 mg/L 有效氯消毒液刷洗小便槽，保持槽内无污渍、无尿碱沉积。

（5）使用专用拖把消毒液清洁地面。

（6）为婴幼儿换上消毒后的干净擦手毛巾，备好洗手肥皂及便纸。

2. 午餐后的要求。

（1）用抹布和 500 mg/L 有效氯消毒液擦拭台面、洗手池的污渍、水滴等，保证婴幼儿洗手时干燥清洁。

（2）冲净便槽中的排泄物，用专用抹布和 500 mg/L 有效氯消毒液擦拭把手、坐便器等婴幼儿可能触及的地方。

（3）用专用拖把和 500 mg/L 有效氯消毒液清洁、消毒地面，保持盥洗室地面干燥。

（4）换洗婴幼儿擦手毛巾。

3. 下午的要求。

（1）冲刷、清洗盥洗室地面，除去各种污渍。

（2）冲刷、清洁洗手池、便器、便槽，做到干净无污垢。

（3）擦干水池、便器、地面，保持盥洗室的干燥。

（4）换洗婴幼儿擦手毛巾。

（四）婴幼儿茶水的准备工作及要求

保育员必须保证供应婴幼儿一日所需的饮用水。

1. 早晨的要求。

（1）用专用抹布清洁、消毒婴幼儿茶杯架（先用清水，再用 250 mg/L 有效氯消毒液按由里至外、从上到下的顺序擦拭）。

（2）清洁茶水桶。倒清隔夜的饮用水。在流动水下，用专用抹布由里至外清洗茶水桶，并打开出水口龙头让水冲出。茶水桶每天用开水泡，每周消毒一次。

（3）从消毒间取出已消毒好的杯子，有次序地将茶杯从左到右、从上到下放进杯橱里，关好纱门。

（4）把不超过 60 摄氏度的开水倒入茶水桶中，盖上盖后上锁，放置在固定的专用水桶架上。

2. 下午的要求。

检查水桶饮用水存量和水温，视情况适当加水。

（五）毛巾、茶杯、水壶的洗涤、消毒方法

1. 毛巾的清洁消毒。

（1）先用清水浸泡 20 分钟。

（2）再用肥皂粉泡洗 5 分钟。

（3）然后用清水过洗毛巾，确保干净无泡沫，脱水后放入毛巾盆中。

（4）将毛巾折叠整齐，放入脸盆或毛巾袋中。

（5）解松毛巾，煮沸消毒 30 分钟（水开后开始计时）。

2. 茶杯的清洗消毒。

(1) 清洗杯子桶(袋),放在规定的地方。

(2) 先用洗洁精将杯子从里到外擦洗干净,再用流动水洗净,沥干杯中的水,放入杯桶中。

(3) 将杯子煮沸消毒 30 分钟(水开后开始计时)。

3. 水壶的清洗消毒。

(1) 先用沾有洗洁精的抹布,由里至外(包括水壶柄和水壶底)擦洗干净。

(2) 再用沾有洗洁精的刷子,刷洗水壶嘴里外。

(3) 然后用流动水将水壶冲洗干净,不可留有洗洁精残余。

(4) 将水壶煮沸消毒 30 分钟(水开后开始计时)。

(六) 婴幼儿点心活动的护理工作和要求

保育员要做好点心发放的准备工作,还要配合教师做好婴幼儿用点心环节的护理工作。

1. 点心前的准备。

(1) 用肥皂和流动水洗净双手,戴上口罩、帽子,穿上围裙。

(2) 清洁餐桌,先清水擦拭,然后用 250 mg/L 有效氯消毒液消毒桌面(从上到下、从里到外按序擦)。

(3) 按班级人数准备用具(杯子、盆子、夹子等)。

(4) 根据班级婴幼儿人数领取点心、牛奶或饮料。

2. 点心中的护理。

(1) 培养婴幼儿用点心的良好习惯。

(2) 关心、指导与辅助特殊婴幼儿用点心。

3. 点心后的整理。

(1) 清洁桌面:先用洗洁精水擦拭桌面,再用清水擦拭干净。

(2) 清洁地面:先用扫帚清扫地面,然后用清水拖地至干净。

(3) 将用过的点心器具,送入厨房或保育室清洗、消毒。

(七) 幼儿午餐活动的准备、整理和生活护理

保育员在婴幼儿午餐前要认真做好准备工作,按要求分餐,午餐过程中要积极协助教师做好婴幼儿的生活护理工作,待婴幼儿用餐结束后清洁整理餐厅。

1. 餐前消毒与准备。

(1) 用肥皂和流动水清洗双手,换上工作服,戴上帽子和口罩。

（2）用专用抹布和 250 mg/L 有效氯消毒液擦拭餐车。

（3）清洁消毒餐桌。先用清水擦拭餐桌，再用 250 mg/L 有效氯消毒液擦拭，待 20 分钟后再用清水擦拭。

（4）备好婴幼儿午餐后使用的热毛巾、漱口水以及放毛巾、餐具的器皿等。

2. 分餐工作。

（1）根据婴幼儿人数分发餐具，保持餐桌餐具摆放整齐、有规律（每张餐桌上放一个残渣盘）。

（2）备好适合月龄特点的餐具。

（3）从备餐间领取婴幼儿食物。

（4）分饭菜的顺序应该是：菜—饭—汤。

（5）给特殊需要的婴幼儿分发特殊饮食。

3. 用餐过程中的护理。

（1）在婴幼儿用餐的过程中保育员要配合指导婴幼儿健康进餐，养成"三净一静"的良好习惯。

（2）对于存在明确食物过敏婴幼儿注意食物回避①。对体弱儿童应特殊关心照顾，但不限制也不强迫进食②。

（3）遇上吃鱼虾类食物时，要帮助月龄小或能力差的婴幼儿去壳或拆骨。

（4）饭后协助指导婴幼儿正确使用小毛巾和漱口。

4. 餐后的清洁整理。

（1）收拾餐桌，用专用抹布擦去桌上残留的饭菜，倒入规定的容器中。

（2）先用洗洁精水擦拭餐桌，再用清水擦，做到干净不油腻、无污渍。

（3）将使用过的餐具，送入厨房或营养室清洗、消毒。

（4）清洁餐厅地面，先扫后拖，保持地面干净无污垢。

（5）整理婴幼儿使用过的毛巾，清洗、消毒。

（6）倾倒漱口水，清洗漱口桶，完毕后放在固定的地方。

---

① 《托育机构质量评估标准》7.3 膳食营养——7.3.3：对于存在明确食物过敏婴幼儿注意食物回避。鼓励有条件的机构为存在营养问题的婴幼儿提供特殊饮食。

② 《托育机构婴幼儿喂养与营养指南（试行）》二、24—36 月龄幼儿的喂养与营养要点——2. 培养良好的习惯：安排适宜的进餐时间、地点和场景，根据幼儿特点选择和烹制食物，引导幼儿对健康食物的选择，培养不挑食不偏食的良好习惯，不限制也不强迫进食。进餐时避免分散注意力。开始培养进餐礼仪。

（八）协助教师开展教学、游戏的工作要求

1. 协助教师做好游戏活动前的准备，将活动需要的教具学具放在指定的地方。

2. 配合教师做好安全、保育工作。

3. 在教师指导下，观察、参与婴幼儿的活动，及时做好护理工作。

4. 在教师的指导下，参与班级的教玩具制作，布置班级环境等。

二、一日活动实施要点

1. 认真贯彻党的教育方针：热爱婴幼儿、精心教养、热情服务。严格要求以身作则，为人师表，语言文明，举止端庄，态度和蔼。

2. 加强团结，教育一致，互相协作，对班级工作全面负责。

3. 按作息时间安排有目的、有计划地开展各项活动。离园时注意婴幼儿安全，防止冒领和走失，加强安全保护。

4. 关心体弱婴幼儿，及时为尿湿的婴幼儿换洗衣裤。

5. 午睡时要加强巡视，观察婴幼儿面色，纠正不良睡姿，帮助婴幼儿盖好被子，发现异常情况及时处理，做好体弱婴幼儿的观察记录。

6. 各种物品应放于固定、安全的位置，不携带私人用品进班级。特别是有尖锐棱角，金属物品，有壳核食物，外用药水以及热水瓶，开水，热菜等一律不准带进班级。

7. 最后一个离开教室的教师巡视教室安全，关灯、窗及盥洗室的水龙头、水箱，发现隐患及时报修。

三、传染病的甄别、预防与应对

（一）流行性感冒病毒

流行性感冒病毒是"变身达人"。流行性感冒也称作"季节性流行性感冒"。发病急，起初有咽痛、头痛、乏力等症状，继而高烧、寒战。有的出现恶心、呕吐、腹痛、腹泻等胃肠道症状；有的出现咳嗽、气促、喘等肺炎症状；还有的患儿出现嗜睡、惊厥等精神症状。婴幼儿常并发中耳炎。

一般人就医后静养一周左右就能痊愈，而婴幼儿和老年人等如果患了流行性感冒，病情可能会加重，所以一定要注意。

1. 预防。

（1）时刻保持双手清洁。当双手被口鼻分泌物污染后，应立即用肥皂或清水洗手。

（2）咳嗽或打喷嚏时应掩住口鼻，并妥善弃置口鼻分泌物。

（3）避免婴幼儿、教职工带病入托、上班。若有婴幼儿或教职工出现发热症状，应居家休息。体温恢复正常，其他流感性症状消失48小时后复课（班）。

（4）流感流行期间少去公共场所。护理患儿后要洗手。

2. 应对方法。

（1）隔离治疗传染源，患病儿暂且居家休息或入院治疗，暂不返园，待病愈后到指定医疗机构开具痊愈证明，才能返园。

（2）对班级进行医学检疫观察。医学检疫观察期，婴幼儿所在的班级的教学与活动相对独立，不与其他班级相混合，避免扩大传播范围。

（3）班级消毒。

① 活动室、寝室、厕所应打开窗户，保持通风。流感流行季节，不使用空调。

② 对活动室、寝室、厕所的地面、桌椅等表面用有效氯1 000 mg/L的含氯消毒剂擦拭30分钟后，再用清水擦拭抹干。特别加强对灯按钮、门把手、水龙头、公用电话、电梯按钮等处的消毒。还要加强对厕所、图书室等公共场所以及电脑键盘、文体设施等公共用品的清洁消毒。

③ 及时清洗消毒婴幼儿床上用品。

④ 室内收集垃圾的容器必须盖好，及时清理，切断传播途径。

（二）诺如病毒

诺如病毒（Norovirus），又称为脓融病毒，是一种引起非细菌性急性胃肠炎的病毒。可略写为NV。感染诺如病毒后最常见的症状是腹泻、呕吐、恶心，或伴有发热、头痛等症状。儿童患者呕吐、恶心多见，成人患者以腹泻为多，呕吐少见。病程一般为2—3天，此病是一种自限性疾病，恢复后无后遗症。诺如病毒会附着在手或者食物等上面，通过口腔进入体内。之后，诺如病毒会迅速繁殖，导致患儿出现呕吐（呈喷射状）、拉肚子和腹痛的症状。发病时间：潜伏期为24—48小时，一般不超过96小时。

1. 预防。

（1）切断传播途径。

诺如病毒的主要传播途径为"粪口传播"，传染源多为轻型病人或无症状携带者，故主要预防措施是做好食品和饮水的管理工作，加强病人、密切接触者及其直接接触环境的管理等工作，积极切断疾病的传染途径。

（2）控制传染源。

已经发病的婴幼儿要隔离治疗,暂停入托,直到症状消失 3 天后才回园。对病人、疑似病人的吐泻物及时清理,污染过的物品、厕所等进行消毒。

（3）彻底煮熟食物。

避免进食未经彻底煮熟的食物。在超过 80 摄氏度高温环境待 30 秒,诺如病毒便会死亡。

2. 应对方法。

（1）严禁带病入托、上班。若有婴幼儿或教职工出现呕吐、腹泻等症状,应及时就诊,居家休息。腹泻或呕吐病例症状消失后 3 天方可入托、上班。

（2）若教职工或婴幼儿在园内呕吐、腹泻,呕吐物、粪便必须按照先消毒、后清理的步骤立即处理,疏散周围无关人员,处理人员必须戴上手套及口罩,事后必须彻底消毒洗手,如果呕吐物或者排泄物污染了床单、被套、衣物等,应尽量避免在园内清洗,立即装入塑料袋中并密封,由家长带回家中单独消毒和清洗。

（3）及时报告。严格执行晨午检、缺勤登记及追踪制度,发现呕吐、腹泻病例异常增多立即报告相关部门。

（三）麻疹病毒

麻疹病毒可以通过飞沫快速传播,是人与人之间传染力很强的病毒。根据临床验证,感染了麻疹病毒的人基本上都会患上麻疹。注射麻疹疫苗是最有效的预防方法。

发病初期有发热、咳嗽、流鼻涕、眼怕光流泪等症状。三四天后开始从耳后、颈部、渐至面部、躯干、四肢、手心、脚心的顺序出皮疹。出疹时,热度更高,症状加重,常伴有呕吐、腹泻。

1. 预防。

接种麻疹减毒活疫苗。2 岁以下或有慢性病的小儿可肌肉注射丙种球蛋白和胎盘球蛋白。做好患儿的隔离消毒。病人停留过的房间,开窗通风 3 小时。护理过患儿后,要晒太阳后或在户外活动 20 分钟后再接触健康孩子。

2. 应对方法。

患儿的房间要保持空气流通,避免风直吹患儿,空气污浊易并发肺炎。注意眼部、鼻腔、口腔的清洁,要经常用温开水洗净眼屎;用棉棍蘸温开水清除鼻涕;多喝开水清洁口腔。饮食要富于营养,易于消化,但不必过于忌荤油。出疹发烧时,要多喝温开水,若高烧持续不退,可适当吃些退烧药,否则会加重病情,甚至引起抽风。如果皮疹刚露出就色泽淡白或发紫,突然消失或疹子出不透,一般是有了并发症,应及时诊治。

(四) 水痘

水痘是由水痘-带状疱疹病毒感染引起的一种呼吸道传染病,传染性强。以斑疹、丘疹、疱疹、结痂同时出现为特点。传染期通常从出疹前1—2天开始到所有皮损干燥结痂为止。传播途径有,一是呼吸道传播:吸入含有病毒的飞沫、气溶胶可导致感染;二是接触传播:接触患者疱液、黏膜分泌物及污染物可导致感染;三是母婴传播:孕妇感染后,可垂直传播给胎儿。

1. 预防。

(1) 严格管理传染源。对可疑或确诊为水痘的患儿应进行隔离,隔离应持续到全部疱疹干燥结痂时为止。其间,患儿一切用物及呼吸道分泌物均应消毒处理,防止易感儿接触病人。

(2) 减少集会,防止感染。水痘高发时期,应尽量少去医院及其他公共场所,避免接触水痘或带状疱疹病人,以防感染水痘。幼儿园出现水痘时要停止举办大型活动,减少传播机会。接触过病人的人要观察21—28天。

(3) 注意个人卫生,增强体质。要讲究个人卫生,经常洗澡、换衣服,保持皮肤清洁,勤剪指甲,勤洗手,坚持体育锻炼,增强抗病能力,运动前后注意及时增减衣服,防止着凉。

(4) 经常开窗通风,保持空气清新。教室、活动室、寝室要勤开窗保持空气流通。有婴幼儿出水痘的班级,可用84消毒液配水(比例是1∶100)擦洗桌椅等用具,或用1∶100的84消毒液喷洒教室进行空气消毒(消毒时需要关门窗),也可用紫外线消毒。

(5) 接种水痘疫苗,提高免疫力。接种水痘疫苗是最有效的预防手段,家长可以带婴幼儿到当地的预防接种部门去接种。

2. 应对方法。

(1) 水痘患者应隔离至疱疹全部结痂后(不少于2周),至医院开痊愈证明方可返园。

(2) 对患传染病婴幼儿所在班级以及与传染病患者有接触的婴幼儿进行隔离、观察。

(3) 园区在传染病流行期间,不收新生,园内婴幼儿不混班、不串班。

（五）手足口

手足口病是由肠道病毒感染引起的一种儿童常见传染病,通过接触被病毒污染的手、毛巾、手绢、牙杯、玩具、食具、奶具以及床上用品、内衣等引起感染;还可通过呼吸道飞沫传播;饮用或食入被病毒污染的水和食物亦可感染。

1. 预防。

（1）6 月龄至 5 岁儿童接种 EV－A71 灭活疫苗,可以有效预防 EV－A71 感染所致的手足口病。

（2）保持良好的个人卫生,要求婴幼儿用清水和皂液洗手特别是在接触口鼻前、进食前、如厕后、当手被水疱或呼吸道分泌物污染时。

（3）打喷嚏或咳嗽时用手绢或纸巾遮住口鼻,随后将纸巾包裹好丢入垃圾桶内。

（4）不要共用毛巾或其他个人物品。

（5）经常清洁和消毒常接触的物品表面(如家具、玩具和共用物品)和患者的分泌物、呕吐物或排泄物。

（6）避免与患者密切接触,如接吻、拥抱等。

2. 应对措施。

（1）患儿从发病起隔离 2 周。待痊愈后,家长须到幼儿园或现住址所在的地段医院保健科开具复课证明,患儿持复课证明方可入托。

（2）加强晨检,通过一摸、二看、三问、四查的方式,细致地观察每一个孩子,如发现有可疑症状,应立即通知家长带婴幼儿到医院看病。

（3）指导消毒隔离,督促疑似或确诊婴幼儿在家隔离治疗。

四、紧急事件应急预案

（一）停课应急预案

1. 遇特殊事件(传染病暴发、恐怖事件等),申报相关部门,获得批准后,按上级部门的规定进行停课。

2. 将停课原因告知家长,争取家长的理解与配合,并做好婴幼儿在家的安全教育,督促家长加强婴幼儿在家的安全防范措施,确保婴幼儿在家安全度过特殊期。

3. 对有困难的家长,托班应协调有关部门做好安置工作。

4. 托班停课期间,能正常上班的保教人员,由托班主管组织相关的学习、研讨活动;不能正常上班的保教人员,必须在家加强自我学习与保护,并做好随时返岗的准备。

5. 停课期间,主班教师要加强对在家婴幼儿的家访或电话随访工作,经常与家长保持联系,关心婴幼儿的生活、学习,关注发病婴幼儿的状况,并做好记录与上报工作。

6. 停课令解除后,要第一时间通知所有家长,并做好一切清洁、消毒工作,迎接婴幼儿入托。

7. 对传染病患者,必须依据医院复课证明及相关佐证资料才能入托。

(二)突发事件处置预案

为了进一步加强托班安全工作,保证在园婴幼儿的权益,保护托班的财产及教职工的安全,特制定以下突发事件处置预案:

(三) 幼儿园常见突发事件处理方式

1. 流鼻血。

(1) 婴幼儿头仰起,举起婴幼儿与流血鼻翼相反方向的手。

（2）用冷水轻轻拍打婴幼儿额头和出血侧鼻翼 10—15 分钟。

（3）止血后可用一小块手纸轻塞进流血侧鼻翼，几分钟后拿掉。

2. 磕碰。

（1）青、肿、淤血：切不可用手揉伤处，应让婴幼儿试着慢慢活动，确认有无大碍。如无大碍可为婴幼儿伤处涂些许芦荟胶以去淤消肿。

（2）伤处破皮：对伤处消毒。拿药用棉签蘸些许碘酒或消毒水轻擦伤处进行消毒，应从伤处向脏处擦，避免细菌进到伤处引起伤口感染。

3. 摔伤（跌落）。

切不可轻易移动婴幼儿，应边安慰婴幼儿边观察婴幼儿的反应，并及时拨打 120。

4. 烫伤。

用冷水冲洗伤处 20 分钟左右，若衣物粘在伤处切不可撕扯衣物，要除去身上衣物但保留与皮肤粘连部位，然后用冷水冲洗，并拨打 120。

5. 吞入异物。

将婴幼儿从身后抱住，用力按压其胃部，使气流将异物顶出，并拨打 120。

6. 异物进耳。

婴幼儿出现轻度耳道异物的症状时，应通知家长及时送婴幼儿去医院就诊。医生会根据异物的情况，行外耳道异物取出术。如果是蚊虫类活物，会滴入专用的溶液令蚊虫死亡后，用镊子清理，并给予药物冲洗[①]。

7. 流血。

遵循"一捂二按三包"的方法：先将伤处捂住，再用手用力按住止血，之后用纱布包扎并送往医院。

8. 抽搐。

马上找到手边硬物塞入婴幼儿口中，避免咬舌。并用手按住人中，拨打 120。

9. 一般性擦伤。

及时用生理盐水清洁伤口，由内向外旋擦，洗去污物，然后涂上碘伏，不必包扎。

10. 抠挠伤。

用生理盐水清洁伤口，由内向外旋擦，洗去污物，然后涂上碘伏，不必包扎。

---

① 徐昌棠. 异物入耳怎么办[J]. 新农村, 2004, (05): 26.

11. 手指被挤伤。

（1）安慰婴幼儿,如皮肤无破损,可用水冲洗,进行冷敷,将受伤的手指高举过心脏,缓解痛苦。

（2）如有出血及时进行止血和消毒。

（3）用厚纸板等物件支撑起手臂部,然后用绷带扎好,再将手臂用三角巾固定。

（4）如果出现紫色的出血现象或肿胀,有可能是手指部的骨骼发生了骨折,如指甲掀开脱落,应及时去医院进行诊治。

（5）如出血不止,可将受伤的手指抬高超过心脏,以减轻疼痛和止血并去医院。

12. 踝关节扭伤。

（1）立即脱下鞋子,举起伤脚。如果足部肿胀无法脱鞋,就用剪刀剪开脱掉。

（2）迅速冷敷。用冷水毛巾或冰袋放在伤部,将伤脚放进盛满冰块的桶内其效果会更好。千万不要在冷敷前揉擦或按摩,以免伤部变大。

（3）冷敷后用弹力绷带扎紧扭伤部位:先在足踝部绕 1 圈,接着绕至足背和脚底后,绕回足背,再在足踝部多绕一圈扎紧;如果伤部疼痛剧烈,说明有骨折的可能,应及时送医院处理。

（4）将伤部抬高,减轻疼痛。

（5）经过 24 小时的肿胀和疼痛后,没有发现骨折症状,可用热敷,促进局部血液循环,以利于消肿及时吸收。

13. 被木刺、金属屑或玻璃碎片刺伤。

肉眼看得见的小刺一般可以用镊子拔出,但要注意卫生,动用前必须洗净双手;如果是大刺或已深入皮肤,切勿自行取出,应该求助于医生。

提示:镊子和消毒针必须进行消毒后才可以使用。

14. 碰击伤。

（1）用软布包住冰块冷敷 20 分钟,以减轻疼痛和水肿。

（2）马上用云南白药喷雾剂。如果婴幼儿说头晕、头痛,应立即送医院。

15. 虫咬和蜇伤。

（1）被虫子咬了,首先用碱性皂液进行清洗,如果出现明显的红肿症状,可以通过冷敷消肿,一般 3 个小时左右进行 1 次冷敷即可。

（2）被毒蜂蜇伤,先检查皮肤内是否留有蜂刺;用镊子沿螫针的反方向拔出

毒刺;毒刺附有毒腺囊,不要用镊子夹取,可用针挑出毒腺囊及毒刺;从近心端向远心端挤出毒汁;毒蜜蜂蜇伤用肥皂水、2%—3%碳酸氢钠等敷伤口。

16. 烧伤、烫伤。

(1)第一时间让婴幼儿脱离热源,把烫伤部位放在洁净的凉水中冲淋掉皮肤上的残留物,防止烫伤范围扩大。

(2)如果烫伤的部位没有办法放在凉水中冲淋,可用冷湿的毛巾覆盖在局部,然后每隔1到2分钟更换一次毛巾,有条件的最好在毛巾上面放置冰块以保证毛巾冷湿而持续降温。这样有助于及时散热,减轻婴幼儿的疼痛感及烫伤程度。

(3)烫伤面积大而且深或已经出现水泡伴有剧痛,不要弄破水泡,立即送去医院处理。

17. 婴幼儿不小心从高处掉落或滚落。

(1)婴幼儿摔下或滚落后马上哭起来,冷敷伤处,安慰婴幼儿,让其安静下来,观察4小时,在这种情况下,保持安静就是最重要的应急措施。

(2)若婴幼儿发生痉挛、呕吐、头痛、眼、耳、鼻周围出血,有过意识丧失现象,立即送医。

(三)手足口病应急处理的预案

根据疾病预防控制的工作要求,结合托班的实际情况,特制定《关于手足口病应急处理的预案》,作为园内教职员工面临此类情况发生时的行动方案。

1. 组织措施。

(1)园长作为托班疾病控制工作的第一责任人,兼任园内"传染病防控工作领导小组"的组长,把园内传染病防控事项作为重点工作,统筹安排本项工作,纳入每学期的工作之中,组建"应急处理预案小组";定期展开关于传染病预防工作的一应会议,及时研讨相关情况。

(2)园内分管负责人为"应急处理预案小组"组长,加大管理力度,建立向"传染病防控工作领导小组"及时汇报、定期汇报的机制,健全传染病预防和控制工作的管理制度,经常检查疾病预防控制措施的落实情况,并及时配备必要的卫生资源及相关设施。

(3)完善各项卫生工作的责任制,严格执行考核制度与"问责"制度,明确各部门工作职责;要求保健人员在每天做好晨检工作,认真填写"日检统计表",保证预防疾病控制工作的正常运作。

2. 运作程序与责任人。

（1）晨检、午检及全日观察：保健人员加强晨检,主班教师在午睡后对婴幼儿进行午检,在一日活动中密切关心婴幼儿的健康状况。责任人：保健人员、班主任。

（2）报告：一旦发现师生中有手足口病症状的疑似病人,应立即告知园长室和保健室;托班按规定上报教育局,同时报疾控中心、儿保所、社区卫生服务中心。责任人：主班教师、保健人员、园长。

（3）劝说：发现有发烧38摄氏度以上并伴有皮疹的婴幼儿必须迅速隔离,及时通知其监护人带其去医院看病,并在家休养。责任人：保健人员、主班教师、分管领导、园长。

（4）记录：保健人员及时统计患病儿的具体情况（班级、人数、症状、就医情况、目前康复情况）并记录在册。责任人：保健人员。

（5）跟踪：每天关心患病儿及居家观察婴幼儿的身体状况,并主动进行家访、电访,经常保持联系。责任人：主班教师、保健人员。

（6）消毒：根据有关规定做好（包括发病及相关班级、食堂、厕所、公共场所、共用教室等）消毒工作,园领导听从卫生部门的专业指导,积极采取有效措施,做好隔离工作,停止一切集体性的活动。责任人：保健人员。

（7）观察：加强宣传,正确认识,做好防范,确保稳定,每天加强巡视,对患病儿隔离治疗不少于两周,康复后才能入托,对班级其他婴幼儿加强观察。责任人：保健人员、主班教师。

3. 预控机制。

（1）定期与不定期召开主班教师例会,加强有关手足口病的防范知识的专项培训,对园内教职员工进行"手足口病防治"的全面培训,促使师生员工养成良好的个人健康生活习惯。

（2）面向社会普及卫生知识,利用黑板报、宣传栏等各种形式做好"预防手足口病"的宣传,提高防范意识,做好防范工作。

（3）托班婴幼儿月龄小,抵抗力较弱,为预防手足口病,可采取以下具体措施：

① 每学期及时发放《告家长书》,向家长宣传手足口病的防治方法,请家长配合托班做好预防措施。

② 保健室加强每日晨检,重点检查婴幼儿口腔黏膜、手部皮肤,有无发热

等,发现异常及时让家长带回就诊。

③ 要培养婴幼儿个人卫生的好习惯,要求婴幼儿正确用肥皂和流动水经常洗手,特别要在打喷嚏、咳嗽和清洁鼻子后坚持洗手,不与他人共用茶杯和餐具。要对班内婴幼儿进行"全日观察",及时做好缺席婴幼儿的情况了解与记录。

④ 保育员每日加强预防性消毒工作,保持室内环境通风换气,每天开窗通风不少于3次,每次30分钟左右。婴幼儿玩具消毒改为一周两次,婴幼儿被子洗晒改为一月2次。并做好一应记录。

⑤ 营养员做好饮食卫生,工作人员注意个人卫生习惯,加强对炊事员、营养员的"晨检"与规范操作的检查,防止肠道病毒经食品传播。指导炊事员做好每日餐具、毛巾、茶杯、盛器、工具等的消毒。

⑥ 清洁员每日做好园内公共场所的清洁消毒工作,如楼梯扶手等。

4. 应急方案。

若在园内发现疑似病人,立即启动本方案,以"传染病防控工作领导小组"为核心,立即召集"应急处理预案小组",采取下面一应举措:

(1) 一旦发现婴幼儿、教职员工有发热伴有皮疹等症状,马上要求其与正常婴幼儿分开,立即报告园长室与保健室,及时联系家长,及时就医。

(2) 园内发现1例手足口病时:对患儿所在班级物体环境表面做好消毒,患儿接触过的玩具等重点消毒,停用不易消毒的玩具,关闭专用教室。

(3) 班内发现1例手足口病时,立即上报园长室和保健室,并告知该班内其他婴幼儿家长关于手足口病的情况,劝告其暂时离园、停课,避免传染。若在第一例病人发病后一周无新增病例,可自动复课。

(4) 若出现重症手足口病病例或一周内同一班级发生2例以上病例:及时关闭发病班级2周,做好该班终末消毒工作;2周内停止园内大型集体活动。托班一周内同一班级发生10例以上病例或有3个以上班级发生病例:及时关闭园所2周,做好发病班级终末消毒;做好登记报告工作,教师每日电访居家观察的婴幼儿,以便充分掌握疫情。

(5) 发生手足口病的班级,婴幼儿毛巾、餐具、茶杯的清洗与消毒一律在传染病专用操作间进行,不与其他班级混用,各种消毒液浓度加倍。

(6) 发生传染病的班级有专用通道,户外活动时间与正常班级活动时间错开,发病班级不并班、不串班、不招收新生。发病班级的婴幼儿,停止乘坐校车,由家长自行接送,防止交叉感染。

(四)消防灭火的应急疏散预案

为了保护园内师生员工的人身、财产和公共财产安全,提高灭火战术、技术水平和快速反应能力,赢得安全逃生的时机,当及时有效地扑灭火灾,迅速疏散人员,将危害控制在最小范围,将损失减少到最低限度。为此必须落实"学校消防安全工作"的责任制,增强抵御火灾事件的能力,特制定本消防应急疏散预案。

1.组织机构。

为防止发生重大火灾事件时出现混乱局面,使灭火工作有组织、有步骤地进行,园内成立由园长任组长的"火灾处置领导小组",组员有总务主任、人事、班主任、保健人员等。领导小组负责灭火、疏散引导、通讯联络、物品管理、现场协调、救护救助的工作。所有人员在工作日内处于日常工作的运作状态中,在休息日处于紧急待命的状态下,随时服从命令,听从召唤。一切听从领导小组的指挥,及时处置有关的事项,避免财产损失,减少人员伤亡。

2.火灾应急处置程序。

全园教职工要有高度的防火意识和消防观念,坚持日常性的安全检查;牢记火警报警电话"119"。

(1)发现火灾现象苗头,或有火灾事件,应及时拨打"119"火警电话。

(2)在向"火灾处置领导小组"汇报的同时,及时组织现场人员用灭火器具进行扑救,争取有效控制火情,尽量把火灾消灭在萌芽状态。

(3)迅速通知灾情所在楼道的教职员工,组织引导楼内人员疏散,撤离现场。及时清除各种障碍,疏通各种通道,为消防人员、车辆进入现场扑救创造条件。

3.应急疏散程序和措施。

(1)在发生火灾时,先疏散被火势围困的人员,其次再进行受火势围困的物资疏散。疏散时要注意疏散人员自身的安全。

(2)在疏散时,要先疏散容易起火物资和贵重物资。对疏散后的物资,要放在不影响消防车通道和有利于火灾扑救的安全地点;疏散物资的放置点要留有1—2名人员看守,防止疏散物资形成新的火点。

(3)在消防人员到达火灾现场后,应听从消防、公安人员的指挥,进行疏散工作。

4.员工消防教育培训。

(1)坚持经常性的消防安全宣传、教育工作,利用各种形式如黑板报、图片、录像等进行宣传,普及消防知识,提高全体教职员工的消防安全意识,增加防火工作的自觉性。

（2）加强教职员工的管理和培训,力争使其做到:会宣传消防知识、会操作灭火器具、会疏散人员、会逃生自救,不断提高灭火救灾能力。

（3）坚持定期对消防设施进行检查、维修、更新,使其始终处于戒备状态,树立常备不懈的思想,确保消防安全工作万无一失。

(五)传染病应急预案

1.报告及处理程序。

（1）如有传染病发生,必须立即向园长室报告,托班主管立即向疾控中心、教育局相关部门报告。

（2）在 12 小时内写出事件书面报告,逐级上报。

（3）报告内容:传染病名称、发生时间、地点、人数、传染病控制情况以及报告人、报告单位。对事件现场的情况变化,及时作补充报告。

2.指挥机构和职责。

（1）园长任总指挥,全面负责事件的处置工作,及时听取事件情况报告,视情况作出启动应急预案决定。

（2）总务主任为副总指挥,负责事件现场的救援、调查和善后等工作。

（3）保健人员配合园长做好事件的处置与上报工作。

3.现场应急处置。

（1）立即启动应急预案。

（2）指挥部根据传染病类型,开展处置工作,及时听取、了解情况,采取相应措施,全力工作。

（3）确定由保健人员组织调查,保留原始资料(现场原始照片、文字等记录),保护现场或保留物样,不擅自为事故定性。

（4）立即送病人隔离,有效控制疫情。

（5）召开安全领导小组及全体教职员工会议,通报事件情况,稳定人心。

（6）及时求得当地公安的协助,做好秩序稳定工作。

（7）召开家长会,通报事件经过,稳定家长情绪,做好传染病的防治的宣传工作,增强家长的卫生防疫意识和自我保护能力。

（8）在相关部门的指导下,迅速、严格、彻底、全面做好环境消毒工作。

（9）冷静面对媒体采访,有专人接待,加强门卫的管理,不得把无关人员放进幼儿园。

（10）全体教职员工必须坚守各自岗位,未经允许,不得擅自发布误导消息,共同维护稳定。

(六)道路交通处理预案

1.道路交通事故处理小组名单。

组长：×××　　手机：×××

副组长：×××　　手机：×××

报警电话：110、119、120

保险公司电话：×××

牵引服务电话：×××

2.道路交通事故紧急处理六个注意事项。

(1)遵守法规、实事求是、依法办事。

(2)第一时间赶到事故现场(重大、特大事故)。

(3)第一时间报案。

(4)掌握第一手资料,掌握了解事故真相。

(5)积极配合交警支队处理事故。

(6)大公无私、不畏艰难,维护国家、集体利益。

(七)食物中毒应急预案

1.发现师生员工有类似食物中毒症状时,应迅速送附近医院进行初诊,同时拨打120急救电话。

2.迅速向教育局、卫生防疫部门报告。

3.建立食物试尝制度,做好所有食物食品留样工作,以备卫生部门检验。如是食用园外食物所致,立即与家长联系,尽量争取取样。

4.确定园内食物中毒,迅速检查全园婴幼儿的身体状况。

5.及时通知家长并做好家长和家属的工作。

6.积极配合上级有关部门做好诊治、调查事故、处理等工作。

(八)突发流行性疾病、传染病的预防与措施的规定

1.强化领导。

园长作为托班疾病防控工作的第一责任人,要高度重视婴幼儿卫生工作和体检工作,统一思想,定期进行突发流行性疾病、传染病的预防工作以及体检制度的研讨,把托班疾病预防控制工作和体检工作纳入托班工作计划之中。

2.加强管理。

建立安全工作领导小组,健全突发流行性疾病和传染病预防与控制工作的

管理制度,掌握、检查托班疾病预防控制措施的落实情况,并提供必要的卫生资源及设施。托班应当建立体检制度,建立全园婴幼儿、教职员工的健康档案,确定专人统一保管。

3. 完善制度。

建立各项卫生工作责任制,完善考核制度,明确各部门工作职责,并指定保健人员每天做好晨检工作,认真填写婴幼儿日检统计表,保证托班预防疾病控制工作的顺利开展。托班应当定期对婴幼儿、教职员工进行体检,并对体检结果进行全面的分析。

4. 加强宣传教育。

利用黑板报、橱窗等各种形式做好预防突发流行性疾病、传染性疾病的宣传,正确认识,做好防范。定期召开主班教师例会,加强有关季节性突发流行性疾病、传染病的预防知识培训,保证每周 20 分钟的健康教育,教会师生预防突发疾病和传染病的知识,培养良好的个人健康生活习惯。

5. 细化措施。

由于托班婴幼儿月龄小,抵抗力较弱,为进一步预防突发流行性疾病和传染病,应采取以下具体措施:

(1) 保持生活、学习、工作环境通风换气,活动和生活用房应每天开窗通风不少于 3 次。

(2) 尽量不要组织婴幼儿到人群集中的地方去活动。

(3) 注意个人卫生,经常用肥皂和流动水洗手,特别在打喷嚏、咳嗽和清洁鼻子后要洗手,不要共用茶具及餐具。

(4) 注意增减衣物和均衡营养,加强户外锻炼,保证足够休息,增强体质。

(5) 若发现婴幼儿有发热、咳嗽、乏力、肌肉酸痛等症状,应第一时间告诉保健人员和家长,争取及时就医;教师如有上述症状应及时就医。

(6) 活动室应按规定定期消毒。

6. 规范操作。

(1) 日检:保健人员、主班教师每天应密切关心婴幼儿的健康状况,统计婴幼儿的出勤人数。责任人:主班教师、保健人员。

(2) 报告:一旦发现师生中有流行性疾病或者传染病症状的疑似病人,有关人员应立即告知保健人员和幼儿园领导,幼儿园应按规定报教育局突发事件处理小组办公室和业务科室,同时报疾控中心、儿保所。责任人:带班老师、保健人员、园长。

（3）劝说：发现婴幼儿身体不舒服或有38摄氏度以上高热婴幼儿必须迅速隔离，及时通知其监护人带其去医院看病，并在家休养。责任人：保健人员、主班教师、园长。

（4）记录：保健人员应及时统计好患病婴幼儿的具体情况（班级、人数、症状、就医情况、来园情况、目前康复情况）并记录在册。责任人：保健人员。

（5）跟踪：每天关心患病儿的身体状况，并主动对其家访。责任人：主班教师、保健人员。

（6）家访：积极做好患病儿的家访、家长的思想工作，经常保持联系。责任人：主班教师。

（7）消毒：根据有关规定做好（包括发病及相关班级、食堂、厕所、公共场所、共用教室等）消毒工作，托班主管要听从卫生部门的专业指导，积极采取有效措施，停止一切集体性活动。责任人：保健人员。

（8）观察：加强宣传，正确认识，做好防范，确保稳定，每天加强巡视，对痊愈后的婴幼儿必须经保健人员认可后方可进教室，对班级其他婴幼儿加强观察了解。责任人：保健人员、主班教师。

（9）新生报到，必须要求其监护人如实填写《在园婴幼儿健康状况登记表》。保健人员应当分类建立在园婴幼儿健康档案。

（九）园内伤害事故的预防和处理的规定

托班的伤害事故，是指由于教育教学设施不完全造成婴幼儿伤害及托班组织教育教学活动期间和其他活动中造成的婴幼儿伤害事故的总称。为了有效预防、及时控制和消除发生于园内的伤害事故，保障在园婴幼儿的身体健康与生命安全，维护正常的教学秩序，根据相关的法律法规，结合实际情况，特制定本制度。

1. 预防措施。

（1）必须保障园所必要的设施、设备（包括幼儿园的大门、教室的灯、桌子、板凳、电风扇、走廊的栏杆、设备、材料、操场、体育设施设备）的正常有效运转和人员（包括教师、行政工作人员、保健人员、保育员、炊事员、门卫等与婴幼儿安全相关的一切设施、设备和人员）的配备。

（2）定期检查校园设施，并对可能存在安全隐患的设施及时维修或者更换。

（3）定期组织开展安全知识教育活动，增加婴幼儿的自我保护的意识和能力；增强教职员工应对园内伤害事故的意识和能力。

（4）按照国家的课程标准和教学要求开展各项教学活动，同时，要做好安全教育工作，采取必要的安全教育措施，切实保证婴幼儿的安全。

（5）组织婴幼儿参加与其心理、生理特点相适应的社会实践活动，并采取必要的安全防范措施。

（6）为全面了解婴幼儿的体质和健康状况，要求父母或者其他监护人对婴幼儿进行定期的健康状况检查，并提供相应的书面材料。全面推进婴幼儿特异体质或特殊疾病告知制度。对于已知的有特异体质或者不适宜参加特定教育教学活动的婴幼儿，保教人员应对其提供必要的照顾。

（7）发现发生擅自离园等与婴幼儿人身安全相关的情形时，应当及时报告托班主管以及该婴幼儿的父母或者其他监护人。必要时，组织寻找婴幼儿。

（8）对在园婴幼儿的保险情况进行登记，登记材料一式两份，一份存留在托班安全责任小组，一份存留托班保健室。

（9）保健室、保健人员及安全责任小组相关负责人联系方式应于各教室内张贴公布，并发送至全体教职员工。

2. 处理准则。

（1）一旦发生伤害事故，教师、职工应当立即将受伤婴幼儿送往保健室，并通知安全责任小组相关负责人。

（2）如受伤婴幼儿不宜移动，应当立即通知保健人员到场，并维护现场的秩序和安全，陪护婴幼儿。

（3）如受伤婴幼儿情况严重，应当立即拨打120急救电话或者送医院急救。

（4）保健人员接治婴幼儿后，应当积极救助；主班教师应当及时通知家长。如发现情况严重，如头部、胸部和腹部等要害部位受伤的，应当立即送往医院救治。

（5）安全责任小组相关负责人接到事故通知后，应按规定程序组织处理、调查和汇报工作，并在紧急处理完成后，及时通知保险公司。

3. 善后工作。

（1）伤害事故的善后处理应遵循"依法""规范""有效"的原则。

（2）伤害事故发生后，安全责任小组应联系法律顾问，初步评估责任。

（3）安全责任小组有关负责人应负责与受伤婴幼儿的监护人进行沟通，友好协商，并视情况请求教育局有关部门或者青少年保护委员会主持协商。

（4）如事故处理协商不成的，应当建议相关人员向人民法院依法提起诉讼。

（5）如园方对伤害事故并无责任，应当就受伤婴幼儿的保险理赔等事宜提供协助。

(6) 事故处理结束后,应当将事故处理结果报告教育局行政部门。

(十) 园外集体活动中安全事故的预防与处理的规定

园外集体活动,是指托班组织的、婴幼儿在园外开展的集体活动,例如:春游、秋游等。

1. 预防措施。

(1) 活动前,严密谨慎制定园外活动方案,确定活动的行程、集散时间及地点、食品供应、安全措施、带队方式、活动内容等。将活动详细方案以书面形式告知家长,并以"家长回执"的方式确认家长的意向。如果家长回执不同意或不回执,该婴幼儿均不能参加此次活动。

(2) 活动前,对活动场地进行实地考察,对天气进行预测,对活动内容的适度性予以分析。

(3) 开展园外活动时,对婴幼儿进行有针对性的安全教育并采取必要的安全防范措施。

(4) 活动期间,限制婴幼儿的活动范围,并密切关注婴幼儿的活动情况,发现婴幼儿的行为有危险性时,应立即制止;婴幼儿有危险情况发生时,应当积极救助。

(5) 配备足够的教职员工跟随活动,照管婴幼儿。

2. 处理准则。

(1) 发生婴幼儿意外伤害事故后,保教人员应当积极救助,并通知安全责任小组和家长,情况严重的,应当立即拨打 120 呼救。特别严重时,安全小组有关负责人在接到通知后,应当立即赶到现场,听取事故情况报告,采取应急措施和组织救助,维持秩序,疏散婴幼儿,保护现场,监控险情,关注事态发展。

(2) 事故发生后,后勤保障部门应当及时调查事故原因,保护事故现场及相关证据,必要时,请求公安机关、卫生等相关部门进行调查和处理,后勤保障部门积极协助。

(3) 如发生婴幼儿走失事件,保教人员应当立即通知安全责任小组,并在保证其他婴幼儿安全的基础上,积极组织寻找或者向公安机关寻求协助。

(十一) 户外活动中安全事故的预防和处理规定

户外活动包括托班课程安排中的户外活动,以及课程以外的其他有组织的游戏活动。户外活动应当保证有保教人员在场,并贯彻"防范第一"的原则。为

保障婴幼儿在户外活动中的健康和安全,特制定本制度供全园教职工遵守。

1. 预防措施。

(1) 必须按照教育行政部门规定、婴幼儿的体质状况和托班的目标,对学期的户外活动的时间安排、特异体质婴幼儿的特殊照顾等制定系统完善的组织方案。

(2) 保教人员应当明确自己所带班级、所上课程、课程安排以及所带婴幼儿的身体状况等,以确保活动安全及效率,对特殊情况的婴幼儿,要按照特殊情况照顾的原则区别对待。

(3) 安全领导小组对户外设施设备要做到三勤:勤检查、勤保养、勤维修,确保婴幼儿和保教人员安全使用。

(4) 上课前,保教人员要认真备课,并将所需场地器材提前准备好。

(5) 保教人员应当要求家长让婴幼儿穿好运动鞋,如有着装不符合规范的,应当要求其家长替婴幼儿更换,以免婴幼儿受伤。

(6) 保教人员要向婴幼儿示范标准动作,演示并告知婴幼儿如何自我保护,给予婴幼儿必要的准备活动时间,并且必须密切关注每位婴幼儿的行动。

(7) 户外活动时,保教人员要确保每一位婴幼儿在视线范围内。

2. 处理准则。

(1) 如果在户外活动中发生伤害事故,保教人员应当立即进行必要的救助,如有需要,应当立即派人送入保健室。情况紧急严重的,立即送入医院。

(2) 户外活动时,如发生伤害事故,在场教职员工应当立即通知受伤婴幼儿主班教师及托班安全事故责任小组。

(3) 保教人员紧急处理情况时,要安排好其余婴幼儿,避免其余婴幼儿无人照管。

(4) 在大型集体活动中,婴幼儿发生伤害事故,发现该情况的第一人应当立即将情况告知保健人员以及托班安全事故责任小组。

(5) 安全事故责任小组相关责任人应按照立即组织处理、汇报、通知等工作。

(十二) 烫伤应急预案

婴幼儿的饮用水要凉到适宜温度才可以装到保温桶里,食堂送的饭菜要凉到合适的温度才可以送到班内。烫伤事故发生后,遵循"五字诀"——冲、脱、泡、盖、送的顺序,并立即报告园安全小组。

1. 冲:要立即用冷水冲洗伤处,降低受伤部位的温度,以免热伤害继续深入皮肤深层。

2. 脱：在水中小心地除去覆盖在烫伤处的衣物，以免身上衣物与伤口黏结。

3. 泡：持续在冷水中浸泡 30 分钟，无法冲和浸泡的部位给予冰水毛巾湿敷。

4. 盖：创面涂一些治疗烧伤的药膏，涂完药后，伤处盖上消毒纱布或毛巾。

5. 送：立即送入医院做进一步治疗，途中避免创面受污染，应在创面上盖一层干净的衣物或床单。

第六章

家 长 工 作

一、托班常见问题答疑(供参考)

1. 宝宝被咬或被抓伤怎么办?

第一步:处理伤口——用碘伏对伤口进行消毒,涂抹红霉素软膏防止感染,保持伤口干燥。

第二步:通知双方家长,并与双方家长交流。保教人员保持中立,向双方家长叙述事件经过,安抚被咬(抓)婴幼儿家长的情绪后,客观分析婴幼儿咬人、抓人的原因,并给予相关育儿建议。

(1)模仿所致。家长在家逗婴幼儿玩的时候,是否用"轻咬""轻挠"的方式表达自己的喜爱,导致婴幼儿模仿。建议家长用语言、拥抱等方式表达对他人的喜爱。

(2)生理需求。长牙时期会因为压根黏膜受到刺激而发生牙痒痒的现象,有很强的咬东西欲望而无法得到满足。建议家长给婴幼儿提供可以满足咬的需求的替代品,如五香豆、青苹果、兰花豆,满足这一特殊期的特殊需要,并尽可能让婴幼儿啃咬水果。

(3)语言贫乏所致。由于语言贫乏使得与人交往受限,所以常常用推、拉、咬等方式引起他人的注意,以此实现交往和表达意愿的目的。建议家长平常与婴幼儿多交流,让其模仿、学习。

第三步:给予家庭教育建议。建议咬(抓)他人的婴幼儿家长:一是针对咬(抓)他人事件做出相应的教育,如"咬人是不对的"等;二是不要总在婴幼儿面前提这件事,以免强化。

2. 我家宝宝总说×××抢他的玩具,我家宝宝在园里是不是被欺负了啊?

据观察,宝宝与×××常常在一起玩,他们之间发生摩擦,有不愉快的情绪,说明他们在交往,只是交往的方式还不太妥,当然,这也是他们学习交往的机会。如果我们看到两个孩子抢玩具,会对双方进行引导。一是引导被抢玩具的孩子:要大声地说出自己的想法,如"请你把玩具还给我"。这也是对孩子勇气的培养,让其不会遇到事情就胆怯。二是引导抢他人玩具的孩子:抢别人的玩具是不对的,如果想要玩他人的玩具,要问"我能玩你的玩具吗",征得他人同意才可以玩。同时,我们会积极引导班级孩子学会分享。

3. 每逢假期过后,我家宝宝都不愿入托,该怎么办呢?

放假后,宝宝不想来园是正常现象,家长不必过分担忧。因为假期宝宝在家有家人陪伴,且相较于幼儿园来说,作息是比较自由的,活动安排也是比较随性的。幼儿园是集体生活,也是培养宝宝良好生活与学习习惯的场域,而宝宝为融入集体生活需要调整自己的情绪或行为,这对宝宝来说是一种学习调节适应能力的途径。让宝宝有稳定的情绪,并有一定的适应能力是此阶段的重要目标之一。

4. 我的宝宝在家很任性,为什么你们老师总说宝宝在幼儿园很乖呢?

这说明宝宝在家和在园的表现是不一样的,哪怕是对待同一件事情。成人对待同一件事情的要求不同,孩子的表现便不同;不同的成人,因要求不同,孩子的表现便有差异。一般情况下,宝宝在园的表现优于在家的表现,一是因为幼儿园主要为教育场域,而家庭主要为生活场域,宝宝在园进行集体生活与学习时,其调节情绪或调整行为的可能性会更大;二是教师的要求更符合宝宝的月龄特点,更具有专业性,宝宝更容易理解并完成。所以,家园之间加强沟通,努力做到家园同步,"一个宝宝两个样"的现象将会缓解。

5. 宝宝入托总是哭闹,该怎么办?

宝宝的哭闹行为,是分离焦虑的表现。家长的言行直接影响宝宝的分离焦虑的程度。如果家长第一次把宝宝送到托班,表现得很不舍、很难过,宝宝就会从家长的反应误认为:这是一个不好的地方。由此,害怕、恐惧、焦虑等会是宝宝的主要感受。再比如,回到家后,家长与宝宝聊:在幼儿园有没有小朋友欺负你? 幼儿园的饭能不能吃饱? 老师喜不喜欢你? 你尿湿裤子了,老师批评你了吗? 这些内容看上去像是在了解宝宝的一日流程,但其实是引导宝宝回忆幼儿园不好的经历。让宝宝尽快适应新环境,缓解分离焦虑,可采取如下策略:

(1)送宝宝入园时,不要表现得太痛苦,以免给宝宝消极暗示。要让宝宝知道:他必须去托班,您必须上班,但是您很爱他,一定会来接他。如果答应第一个来,就一定要做到。

（2）平时和宝宝交流时，多问些正面积极的问题。比如：托班有什么好玩的玩具？吃了什么好吃的东西？你都和班级哪些小朋友认识了？老师怎么表扬你的？……让宝宝多回忆开心的事。

（3）用游戏的方式体验分离焦虑。可以调换角色，让宝宝当妈妈，家长当宝宝，让宝宝在情景中说服他人的哭闹行为，进而形成正确的认知。

6. 为什么宝宝来托班后总生病？

造成宝宝生病的原因有很多。一是宝宝与家长分离所带来的焦虑，在某种程度上会影响到宝宝的免疫系统，进而使其生病的概率会高一些。二是从家庭步入幼儿园，是宝宝走向社会的第一步，相较之前其饮食、睡眠等方面发生了很大变化，在适应的过程中宝宝的抵抗力可能有所下降，其生病的概率会高一些。三是近年来"4＋2＋1"的家庭越来越多，家庭对宝宝照顾得非常细致，甚至过于讲究，进而忽略了在养育过程中抵抗能力的自然形成，导致孩子进入托班的集体生活抵抗力不足，且交叉感染的概率增大。

7. 如果问宝宝"在园里学了什么"，他不说或者说不会，怎么办？

因宝宝的注意力有限，托班以自由分散活动为主，统一组织的集体活动时间较短，如托小班（13—24个月）每次集体活动时间5—8分钟，托大班（25—36个月）每次集体活动时间10—15分钟，每天的集体活动也只有1次，家长如果只关注集体活动所学，未免太偏颇。建议关注宝宝在园的一日生活，并且着眼于宝宝在动作、语言、认知、情感与社会性等方面新经验的获得。如可以将问题改为："你今天在幼儿园高兴吗？""和谁一起玩了？""有什么高兴的事情？""玩了什么？""听了什么好听的故事？"等，这样的问题或许能引导宝宝回顾、表达。

8. 最近发现宝宝有说谎现象，怎么办？

3岁以下的宝宝通常会将想象和现实混淆，面对宝宝的表达与现实不一致时，成人不要简单地定义为说谎现象并进行教育，应耐心倾听与观察，分析原因，并与宝宝交流，帮助其回顾哪些是真实发生的，哪些是自己想象的。例如，宝宝因为不想入托，便以老师打他为借口时，家长要及时向班级保教人员反馈，并了解事实的真相。如果真相并非如此，家长要与保教人员密切配合，坚持从正面激发宝宝入托的愿望，并坚持送宝宝入托，让宝宝知道说"谎话"并不能达到不入托的目的。

在与宝宝相处的过程中，家长要做到：

（1）言而有信。答应宝宝的事情，一定要做到，不能让宝宝觉得家长在骗他。比如,宝宝刚入托,哭闹比较厉害,家长会谎称：我们楼下给你买糖果,很快上来。但是宝宝却等了一整天。

（2）"善意的谎言"请避开宝宝说。如果谎话非说不可,一定要避开宝宝,否则,便是在作不良示范。

二、家长谈话技巧

1. 家访。

家访是一项很重要的工作,它能让保教人员更深入地了解宝宝的生活方式、个性特点、家庭条件等情况,更能加强与家庭的密切合作,实现家园共育。家访时要注意如下事宜：

（1）做好准备工作。

家访前,与家长电话约定好时间,确认到访的时间和预计家访时长,尽量避开宝宝休息、吃饭的时间。准备鞋套、笔和本子,带好宝宝家庭地址,以便做家访记录。要带新生家访表、给宝宝家长的一封信等。带上照相机,记录有意义的场景。

家访前,制定家访方案,拟定谈话要点,收集有意义的教育信息。

出行前,提前查看路线,根据约定的时间,提前2—3分钟到达宝宝家中,或约定的地方。

（2）注意自身礼仪言行。

服装得体,落落大方,举止文雅,举手投足使家长感受到教师的素养。在家访中要耐心倾听家长的意见或建议,主动与宝宝打招呼,可伴有亲切的微笑、温柔的抚摸。

（3）注意事项。

家访时长要适宜,要围绕提前制定的谈话要点进行沟通,以防偏离家访目的。

家访时,态度要诚挚、亲切,言辞得当,不能把家访当成"控诉会"。要多反馈宝宝在园的表现,在多肯定宝宝表现的同时,委婉提出近阶段需要对宝宝加强引导的方面,在充分听取家长意见的基础上,表达教育主张,并取得家长的支持与配合。

2. 面谈。

面谈作为一种面对面的交流方式,直接而有针对性,但效率不高。由于面谈往往在宝宝入园或离园时进行,1位教师一天最多能接待2—3位家长。由于时

间仓促,双方的交流很难深入,家长得到的信息常常是笼统的、模糊的。所以,在入园或离园时的面谈要做到随机交谈和有计划的约谈相结合。

离园时,班级保教人员要合理分工,保证至少有1位教师可以与家长充分交流。对于有特殊表现的宝宝,可多次约请其家长面谈,并注重沟通技巧。

(1)面谈要建立在平等的基础上。切勿以专家自居,以居高临下、发号施令的态度教训家长,"必须""应该"等词语要尽可能少说,更不能责怪家长,而要尊重家长,多倾听家长的想法。提出需要家长配合的事项时,宜采用商量的口吻,征求家长的意见。

(2)避免笼统地评价宝宝。在家长面前评价宝宝时要采用通俗语句,让家长听得懂。在介绍宝宝的发展状况时,避免过于笼统,要尽量具体一些。比如,不要只说某某宝宝的小肌肉发展水平低于正常标准,而要补充一些实例或换成容易理解的说法,如"可以多陪宝宝串串珠子、扣扣扣子等"。

(3)要用积极的态度肯定宝宝的点滴进步,让家长体会到教师对其宝宝的关注与爱。在充分肯定宝宝进步的基础上,向家长提出需要其配合的教育计划。

(4)不要将宝宝横向比较。与家长交谈时,不要拿别的宝宝与其宝宝进行比较。

(5)谈论宝宝的缺点时要注意方式。当谈到宝宝的缺点时,教师应从正面肯定入手,创造良好的谈话氛围,委婉地指出存在的问题。家长忧虑的往往不是宝宝犯下的错误,而是教师对于宝宝所犯错误的认识与态度。因此教师要表明态度:谈论宝宝的不足,目的是希望得到家长的支持,家园形成合力更利于帮助宝宝形成良好的生活与学习习惯。

3. 电访。

(1)新入托宝宝的电访。

① 开班前两周对新入托的宝宝进行电访工作。

电访内容:确认入托时间,告知新生入托需要准备的物品、入园后接送问题等。

② 新生入园后的前两周需每日电话沟通。

电访内容:宝宝在园情况,并向家长了解宝宝回家后的情况。

(2)常态电访。

① 每两周固定与每一位宝宝的家长电访1次。

② 电访内容:宝宝在园的表现、进步的点滴,以及家长对保教的意见或建议。

（3）突发情况沟通。

电访内容：突然发生发烧、抓伤、咬伤、磕碰等意外情况时的应急沟通与处理。

（4）以祖辈接送为主的宝宝家长（父母）电访。

① 每周固定给其父母打电话沟通宝宝在园情况。

② 电访内容：宝宝在园的表现、进步的点滴以及家长对保教的意见或建议。

备注：如采用微信沟通的方式，同样做好记录。

（5）托班满意度沟通参考话术。

① ×××小朋友家长您好，我是幼儿园的×××老师，今天给您打电话是想了解一下您宝宝入托的一些情况，您现在方便吗？

② 我们今天的调查是匿名的，只是为了提升我们幼儿园对宝宝的教育服务品质，除了我们幼儿园负责人，其他人不会知道宝宝的名字，只会对您提出的问题核实并及时改善，给宝宝提供更好的成长环境。

③ 宝宝回家有没有和您聊聊玩过的游戏、吃过的东西等？

④ 班级教师有没有定时和您沟通交流宝宝在园的情况？

⑤ 您是否了解宝宝在园的饮食情况？

⑥ 您的宝宝若不来园，有没有老师打电话关心询问？

⑦ 您有参加过托班开放日活动吗？对宝宝的一日流程有什么建议吗？

⑧ 您对宝宝班级的现任带班老师满意吗？对她们的教育服务态度和方式是否满意？有什么建议？

⑨ 您对幼儿园的管理等还有什么意见和建议？

（6）托班满意度调查表。

宝宝姓名：_____ 所在园区：_____

班级教师：_____ 填写日期：_____

① 您对老师的日常教育服务态度与质量评价如何？

A. 满意 B. 比较满意 C. 一般 D. 不满意

② 您对老师在与家长的沟通方式和内容方面是否满意？

A. 满意 B. 比较满意 C. 一般 D. 不满意

③ 初入托阶段，老师对宝宝适应情况的关注度您是否满意？

A. 满意 B. 比较满意 C. 一般 D. 不满意

④ 当您的宝宝没来园，老师有打过电话关心了解情况吗？

A. 有 B. 没有

⑤ 您对老师日常保教活动中的教姿教态是否满意?
A. 满意　　B. 比较满意　　C. 一般　　D. 不满意
⑥ 您觉得宝宝入托后哪些方面有提升?
A. 社交能力　　B. 表达能力　　C. 自理能力　　D. 其他
⑦ 您还有哪些意见或建议?

_____

_____

（7）托班满意度致电《调查登记表》。

班级:	回访记录
宝宝姓名:	
回访日期:	
回访对象:	
班级:	回访记录
班级:	
回访日期:	
被访者:	
班级:	回访记录
班级:	
回访日期:	
被访者:	
班级:	回访记录

三、家长线上互动

1. 线上服务类型。

（1）建群互动。

① 建宝宝个人家庭群。

② 建班级群。

③ 家长个人私信沟通。

（2）推送咨询。

① 关注园所公众号。

② 园区抖音、视频号等。

③ 线上微课。

2.线上服务目的及意义。

（1）增进家园互动，帮助家长了解宝宝在园情况。

（2）帮助家长通过远程方式客观准确地了解宝宝现阶段发展能力及教学互动的表现。

（3）运用远程互动方式更快捷有效地与家长进行沟通，节约沟通成本，提高工作效率。

（4）通过照片及视频传递，更客观更直接地反映教学服务品质，提升家长对老师的信任度。

3.线上互动规范。

（1）托班由主班老师主动建群。

（2）添加家长微信，请修改家长微信备注名为：×××园×××宝宝家长，改标签（通过标签进行家长分组管理）。

（3）日常朋友圈发布内容请以积极向上的正能量方向为主。

（4）与家长沟通时间段为 9:00—20:00，紧急情况除外。带班期间以带班为重，非带班时段看到留言积极回复。

（5）禁止参与微商活动，禁止将微商推销类信息通过各种方式推送至家长或同事（朋友圈及私信）。如果明知故犯，经核实将给予开除处理。

（6）家长好评类留言若需截图作为宣传资料，需征求家长同意或把姓名、头像信息马赛克后再发布。发布视频或照片需特别注意保护隐私。拍摄视角应避免裸露生殖器及女宝宝上身。

（7）针对家长各类咨询请慎重回复，注意称呼准确，逻辑清晰，专业术语正确运用，对于不确定或无适宜答案的回复请与相关主管沟通整理后回复家长，建议电话或语音通话方式沟通为主。

（8）若员工离职，禁止以园所老师身份与家长进行后续互动。

四、一日联系册

1. 沟通记录宝宝每日在园活动情况。

2. 记录宝宝的童言童语。

3. 张贴本周活动安排与下周菜谱。

备注:

- 关注所有宝宝的情况。

- 书写时间:13:00—14:00。

- 不得留空白页面,对于家长的评论及时反馈。

五、成长纪念册

1. 每月月底发放给家长,每月 20 号打印照片,月底前制作完成。

2. 一次贴照片 4—6 张,以图片为主、文字为辅,并写上制作月份。

3. 在下个月的第二周工作日回收。

第七章

专 业 素 养

一、教养人员必须了解的儿童敏感期

人的发展存在敏感期。通过对幼儿自然行为的细致、耐心、系统地观察后发现：儿童在每一个特定的时期都有一种特殊的感受能力，这种感受能力促使他对环境中的某些事物很感兴趣，对有关事物的注意力很集中，很耐心，而对其他事物则置若罔闻。这种能力与印刻现象十分相似，将其称为敏感期。

什么是敏感期？儿童敏感期是儿童在成长过程中，受内在生命力的驱使，在某个时间段内，专心吸收环境中某一事物的特质，并不断重复实践的过程①。敏感期的出现使孩子对环境中的某个层面有强烈的兴趣，几乎掩盖了其他层面，并且在这期间的孩子会出现大量的、有意识性的活动。因此在敏感期内施教，事半功倍，能够提高孩子心智发展的速度！

1. 光感（视觉）的敏感期（0—5个月）。

特点：刚出生的宝宝，对明暗相间的地方感兴趣，这时宝宝需要适应白天和晚上的光线差异，所以白天要拉开窗帘，晚上要关灯睡觉，让宝宝适应自然的光线变化。

建议：可以给宝宝多看黑白图。

2. 味觉发育的敏感期（4—7个月）。

特点：宝宝的口腔可以感觉到甜、咸、酸等味觉（相关研究表明，味觉感受器官在胚胎3个月时开始发育，6个月已经形成，出生时发育已经相当完好。新生儿的味觉已经相当敏感，能够辨别不同的味道）。

建议：添加辅食的开始，一定要注意饮食的清淡，保护好宝宝味觉的敏感

---

① 孙瑞雪.捕捉儿童敏感期[M].中国妇女出版社,2009(5).

程度。

3. 口腔的敏感期(4—12个月)。

特点：宝宝用口进行的味觉、触觉的过程,也是宝宝用于感知事物、认识事物的过程,其间会不断练习使用牙齿、使用舌头。典型表现是喜欢"吃手"。

建议：给宝宝口腔发育的机会,提供干净的、不同质地的物品让宝宝吃个够,不要无情地把宝宝的手从他嘴里拿开。

4. 手臂发育的敏感期(6—12个月)。

特点：这个时候孩子喜欢扔东西,这是最早的手眼协调发育的标志。

建议：请照护者不要约束宝宝这个行为,让他扔个够。

4. 手的敏感期(5—9个月)。

特点：喜欢用手抓东西,尤其是黏稠和软的东西。

建议：鼓励婴儿用手抓东西的行为,并提供适宜物品,让其训练五指抓、三指抓、二指抓。

5. 大肌肉发育的敏感期(1—2岁),小肌肉发育的敏感期(1.5—3岁)。

特点：喜欢抓、摸、玩、扶、站、努力行走。

建议：两岁的孩子已经会走路,是活泼好动的时期,此时给予他充分的空间,在保证安全的前提下,让他熟悉更多的肢体动作,和他一起做许多游戏及运动,使各种肌肉得到训练,增进亲子关系,并且还能使左右脑均衡发展。在动作敏感期,精细动作的训练不仅有助于养成良好的动作习惯,还可以增长智力。

6. 对细微事物感兴趣的敏感期(1.5—2岁)。

特点：成人常会忽略周围环境中的微小事物,但是孩子却常能捕捉到个中的趣味。他常常会做出一些成人不理解的细小动作,比如捏起一片掉落的叶子不停地往花盆里插,或是摆弄着花手绢怎么看也不烦,成人不明白的,他们却能从中得到更多的乐趣。

建议：此时期正是成人培养孩子对事物学会观察入微的好时机,如能支持孩子带着疑问和想法去认知世界,再好不过。

7. 语言的敏感期(1.5—2.5岁)。

特点：根据蒙特梭利的教育理论,婴儿的语言敏感期通常出现在0—6岁,但1岁半到2岁半是语言的爆发期。在爆发期,孩子会模仿成人的语调和语音,即使不会说话的孩子也会叽里咕噜地说一大堆话,这是为说话做准备。0—3岁是口语敏感期,孩子通过听周围的声音来吸收知识。3—4岁是孩子开始大量说话的时期,喜欢自言自语、讲故事等,这是语言输出的高峰期。4—5 岁是孩子的词汇量和语言表达能力显著提高时期,喜欢评价事物、使用复杂句式和外语。5—6 岁:孩子善于运用词汇表达内心。

建议:大自然赋予了孩子这种能力,从观看爸爸妈妈说话的口型直到突然开口说话,这个过程就是语言敏感期。有些孩子说话晚,如果不是病症,那么就有可能是环境的影响所至,不管他会不会说话,成人都要不断给他注入"养分",多和他说话、讲故事,当他需要表达自我感受时,自然就开口说话了。同样,良好的语言教育会使幼儿的表达能力增强。

8. 自我意识的敏感期(1.5—3 岁)。

特点:区分我和你、我的和你的的界限,自我的诞生。主要表现:从排除他物(打人、咬人表示不同意)再到用语言说"不",这时的孩子出现得最多的现象是划分我的,以便排除你的,通过说"不"表现自我意志,而且我说了算是最重要的,如果发生不符合他心思的事情就会大哭大闹,孩子们的表现是完全以自我为中心,出现的年龄 2—3 岁。

建议:当孩子打人咬人的时候,成人只需制止孩子的行为,对孩子来说,"打死你"只是排除的意思,不要去谴责,也不要去说教,因为那和粗野的行为是不同的,成人就让孩子在不违反规则的情况下使用他的自我吧(注意事项:不要和孩子较劲,这是一个孩子形成自我的过程)。

9. 社会规范的敏感期(2.5—6 岁)。

特点:开始喜欢结交朋友、参与群体活动,这就说明孩子进入了社会规范的敏感期。社会规范敏感期的教养有助于孩子学会遵守社会规则、生活规范,以及日常礼节,抓住时机教养,有利于孩子将来遵守社会规范,拥有自律的生活,和他人轻松交往。

建议:和更多的孩子接触。一般 2 岁半的孩子就可以准备入托了,幼儿园可以提供良好的交友环境。

10. 空间的敏感期(从 0 岁一直持续到 6 岁)。

特点:喜欢移动物体、塞洞洞、垒高、钻箱子、从高往下跳等。

建议:可以多提供类似的玩具,同时引导孩子学习各种几何图形,奠定日后学习几何学的兴趣基础。

11. 色彩的敏感期(3—4 岁)。

特点:开始对色彩产生感觉和认识,开始在生活中不断寻找不同的色彩。

人类认知的发展正是从感觉训练开始的。

建议：给孩子提供多彩的颜料及相关书籍，为日后绘画奠定兴趣基础。

12. 逻辑思维的敏感期(3—4岁)。

特点：不断追问"为什么?""天为什么黑了?""为什么会下雨?""小朋友为什么要上幼儿园?"等等。这些问题总是让家长感到应接不暇，可是孩子却不管不顾地打破砂锅问到底。当我们一次一次地给孩子解答时，孩子开始出现了逻辑思维。孩子正是通过这样一问一答，在认识客观世界的同时也发展了思维能力。

建议：保护好孩子这份珍贵的好奇心，如果家长不能回答的问题，可以和孩子一起学习，这时家里有一套百科全书是非常重要的，因为这时认知的速度是事半功倍的。

13. 剪、贴、涂等有意识使用工具的敏感期(3—4岁)。

特点：孩子从这时开始真正有意识地使用工具，也是大多数孩子建构专注品格的最好机会。无论是在活动室里还是家里，只要有充足的材料，孩子都非常乐意选择剪、贴、涂等操作。从身体发展的角度来看，这也是孩子训练小手肌肉和手眼协调的一项重要工作。

建议：家长给孩子提供所需的材料，并尽量不要打扰专心工作的孩子。

14. 藏、占有的敏感期(3—4岁)。

特点：与自我意识形成的相伴而行，开始强烈地感觉占有、支配自己所属物的快乐。孩子只有在完全地拥有物质并可以自由支配时，才可能去探索物质背后的精神，才可能超越对物质的占有。而当这些物品的所有权完全属于孩子自己时，交换就开始了。与此同时，也就拉开了人际关系的序幕。

建议：给孩子提供一个独立的空间，比如一个属于孩子自己的房间或者区域。在你进入他的房间或者区域时，一定要征得孩子的同意，尊重孩子的空间。

15. 执拗的敏感期(3—4岁)。

特点：同自我意识的敏感期一样，这个敏感期对家长来说比较有挑战性。3—4岁的孩子进入执拗的敏感期，有些孩子在快3岁时就提前进入这一敏感期。表现为事事得依他的想法和意图去办，否则，他就会哭、焦虑、表现出不可逆性，这时家长和老师要给他足够的耐心和关照，也要学会一些安抚的技巧。孩子执拗的敏感期，可能来源于秩序感。在建构秩序感这一特殊品质时，孩子的过分需求常常被认为是"任性"和"胡闹"，这就是执拗敏感期的表现。孩子在这一时期常常难以变通,有时会到难以理喻的地步。成人并不知道它的真正原因,但成人要知道,孩子的心理活动一定是有秩序的,当他没有超越这种秩序时,就会严格地执行它。

建议:解决孩子的执拗问题,一是要理解,二是要变通,三是要成功。理解不是特别难,但变通需要智慧和技巧。只有变通得好,才能成功解决问题,才有随之而来的快乐。要注意的是,幼儿对秩序的要求起初并未达到执拗的程度,一开始他会不安、哭闹,随着自我的逐渐形成,他将这一秩序上升到意识层面,才开始变得执拗、不妥协。

16. 追求完美的敏感期(3.5—4.5岁)。

特点:孩子做事情要求完美,端水时洒出一滴就很痛苦;吃的苹果上不能有斑点;厕所白色的便盆不能有任何黄渍;衣服不能少扣子等。接着又上升到对规则的要求:我遵守规则你也必须遵守,人人都要遵守;香蕉皮必须扔到垃圾桶里,没有垃圾桶就必须拿着;红灯亮了,即使马路上没有一辆车、一个人也不能过马路,已经过了必须退回来,退回来也会不依不饶!

建议:尊重孩子! 这时不要在意孩子是否将整个饼干吃掉,是否会并成为他浪费的习惯等,不要扩大孩子的问题,在某个时间段只关注特定的事。

17. 诅咒的敏感期(3—5岁)。

特点:"臭屁股蛋""屎尼尼""打死你""把你踢死"等,这些听上去既不文明又有些可怕的言辞,总是出自这个年龄段孩子的嘴里。因为孩子在这时发现语言是有力量的,而最能表现力量的话语就是诅咒,而且成人反应越强烈,孩子就越喜欢说。

建议:忽略、淡化! 不要在意孩子的语言,这并不是他真的想表达的,慢慢等待这个阶段过去。

18. 打听出生的敏感期(4—5岁)。

特点:孩子往往在这个时期开始询问自己从何处来,并且一遍又一遍地问。成人的回答不能有一丝的马虎,因为这是孩子安全感最早的来源,也是人类最古老的一个哲学问题:我从哪里来?

建议:利用百科全书,将生命形成的全部过程科学地讲给孩子听。

19. 婚姻的敏感期(4—5岁)。

特点:在人际关系敏感期后,孩子便真正进入了婚姻的敏感期。最早的时候孩子会想要和爸爸、妈妈"结婚"。之后,他们就会"爱上"自己的老师或者其他

的成人。一直到5岁左右,他们才会"爱上"一个小伙伴,比如只给自己喜欢的孩子分享好吃的东西,而且经常在一起玩,产生矛盾时也不愿意让其他人干预等。总之,他们想拥有属于自己的空间。

建议:无论孩子想"结"多少次"婚","喜欢"多少朋友,成人一定要给孩子自由的空间!

20. 身份确认的敏感期(4—5岁)。

特点:孩子会给自己一个又一个身份。这种现象是因为孩子开始崇拜某一偶像,希望自己就是那个偶像。在幼儿园里,经常有穿着白雪公主服装的小朋友,你必须叫她白雪公主她才答应你。在这个身份确认的过程中,成人可以观察到他们开始透过自己的偶像来表达自己。

建议:可以进行角色扮演游戏,孩子会很感兴趣。

21. 性别的敏感期(4—5岁)。

特点:大概4岁的孩子最重视的就是谁是男孩谁是女孩。如果有人去洗手间,他们一定要跟着去,原因是想观察那个人到底是男孩还是女孩。

建议:孩子对身体的探索和认识来自观察,成人在给孩子解释时,态度必须客观和科学,就如同认识自己的眼睛、鼻子、嘴一样。当然百科全书是最好的工具了。

22. 人际关系的敏感期(4.5—6岁)。

特点:从一对一交换玩具和食物开始,到寻找相同情趣的伙伴并开始相互依恋,从和许多小朋友玩到只和一两个小朋友交往,孩子自己经历了人际交往的全过程,而这种交往技能是与生俱来的。

建议:成人可以给一些人际关系相处方法的引导,不过身教大于言传。

23. 审美的敏感期(5—7岁)。

特点:审美是对自己的形象有了自己的愿望和审美标准,尤其女孩子对自己的衣着和服饰产生起浓厚的兴趣。

建议:孩子到了审美敏感期时总是喜欢化妆。当然,在成人眼里这些"妆"化得很离谱,但是女孩总是热情不减,并且总在所有人面前走来走去展示,直到得到你的夸奖之后,她们才会带着满足的神情离开,转身又会到其他成人面前展示。除了化妆,女孩子还喜欢漂亮的裙子和鞋子,并且要按照自己的想法穿着和打扮。在这个时候,孩子需要的是成人的肯定。此时,我们无须对美做任何评判。

24. 数学概念的敏感期(4.5—7 岁)。

特点:孩子到了 4 岁多时,总是喜欢问"这是几个,现在是几点,有几个人?"这是因为孩子对数、数量、数字产生了浓厚的兴趣。但是这时的孩子还不能完全理解逻辑,他们只是能够将数、数字、数量配上对。

建议:这是孩子数学概念的最初发展,这时可以让孩子帮助家里数点客人的数量、准备与客人数量一致的碗筷、买一些日用品等,通过数点、配对或花钱等逐步建立数的概念、感受数学的有用。

25. 认字的敏感期(5—7 岁)。

特点:此阶段孩子对文字、符号有一定的兴趣,成人可以给孩子一些图文结合的卡片,并让孩子把动作和看到的文字配合起来,感知文字符号所代表的意义,进而尝试认知。

建议:在这个阶段,孩子识字的发展顺序是从整体到部件(笔画),识字的动机是兴趣,所以,成人要理解并尊重孩子识字的兴趣,不可强迫,可多带孩子了解生活中、游戏中常见的汉字。

26. 绘画和音乐的敏感期(4—7 岁)。

特点:这是人生来俱有的技能。绘画是孩子最会使用的一种语言,他们从涂鸦开始一直到可以表达自己的感受,整个的过程都是一种自然的展现。而孩子在妈妈的肚子里就开始了听觉的发展,一岁多的孩子就能够跟着音乐的节奏扭动自己的身体,音乐是人类的语言,孩子天生就具有最高级的艺术欣赏能力。

建议:在此阶段,成人只要能够给孩子提供一个高品质的环境就可以帮助孩子的发展了。

27. 延续婚姻的敏感期(5—6 岁)。

特点:5 岁以后的这个敏感期是前一个婚姻敏感期的延续。

建议:在此阶段的孩子选择伙伴的倾向性非常明显,并且知道了一些简单的婚姻规则,比如只有相爱的人才能结婚等。

28. 社会性兴趣发展的敏感期(6—7 岁)。

特点:孩子 0—6 岁的发展是一个人宏观发展的微观缩影,到了 6 岁,他们就开始积极地了解自己和他人的基本权利,喜欢遵守和共同建立规则,形成合作意识。比如选举班长,实现自我管理,监督谁没有及时进活动室,吃饭前谁没有洗手,哪个孩子没有遵守规则……这些都是他们十分关心的事情。

建议：可以让孩子多参加一些社会活动，包括公益性的活动。比如：捡垃圾活动、做手工义卖捐助活动等，此阶段是培养社会责任感的良好时机。

29. 数学逻辑的敏感期（6—7 岁）。

特点：数学逻辑的敏感期和数学概念的敏感期是有区别的。孩子在完成了对数字、数量的认识之后，开始对数的序列、概念以及概念间的关系产生兴趣。

建议：比如通过操作数棒、群数、规律排序等活动来培养孩子的数学逻辑。

30. 动植物、科学实验、收集的敏感期（6—7 岁）。

特点：孩子开始积极地吸收一切来自自然界的知识。孩子对自然的探索兴趣比成人想象的要强烈得多，孩子在 6 岁前，总是能保持好学、好奇的品质。

建议：给孩子创造更多的机会观察、接触大自然。

31. 文化敏感期（6—9 岁）。

特点：孩子对文化学习的兴趣，始于 3 岁；而 6—9 岁则出现想探究事物奥秘的强烈需求。因此，这时期孩子的心智就像一块肥沃的土地，准备接受大量的文化播种。

建议：成人可在此时提供丰富的文化资讯，以本土文化为基础，延展至中国以及世界优秀文化。

二、教养人员必须了解的月龄段发展特征（6—36 个月）

（一）6—9 个月的婴幼儿

1. 找掉落的物体。

2. 找到被掩盖的物品。

3. 故意扔东西。

4. 自己拿奶瓶。

5. 玩纸。

6. 用力地敲打物品。

7. 坐在高脚椅上。

8. 把物品从一只手换到另一只手（无法直接换手）。

9. 吃固体食物。

10. 伸出一只手拿物品。

11. 没有支撑的情况下坐。

12. 站立姿势时，双脚能支撑一些重量。

13. 扶着物体站立。

14. 独自坐下。

15. 开始模仿一些熟悉的声音。

16. 晃手和蹬腿。

17. 模仿一些熟悉的动作。

18. 有意识地用一些物品发出声音。

19. 捡起小物品并放进嘴里。

20. 自己吃固体小食物。

21. 会"呀呀"地表示需求。

22. 模仿听过一次的新音节。

23. 从容器中取出物品。

24. 视线转向成人说的图片。

25. 能捡、推、挤大件物品。

(二) 9—12个月的婴幼儿

1. 听懂熟悉的词汇。

2. 爬着站起来但不会坐下。

3. 探索容器里的物品。

4. 把物品放到一个小容器里。

5. 挥手表示再见。

6. 很快地从一个地方爬到另一个地方。

7. 爬过障碍物。

8. 拿着物品爬。

9. 遵从简单的指令。

10. 用食指戳洞。

11. 看书中的图片。

12. 开始弯腰。

13. 想要滚球。

14. 呀呀地说话,像是在说一个完整的句子,也像在问问题。

15. 撕纸。

16. 说一些简单的词汇,但不标准。

17. 模仿看过一次的某个手势。

18. 开始翻纸板书,数书页。

19. 开始涂鸦。

20. 滚球或推球。

21. 花更长的时间做某件事。

22. 叠两块积木的塔。

23. 对远处的物品感兴趣。

24. 帮着脱简单的衣物。

25. 把一个物体套入另一个物体。

26. 知道熟悉的物品放在哪里。

(三) 12—18个月的婴幼儿

1. 在房间中移动。

2. 模仿一些简单的动作或声音。

3. 做一些手势,如摆手。

4. 理解一些词汇的意思。

5. 玩简单的角色游戏。

6. 从容器里掏出物品,把物品放入容器。

7. 向有音乐的地方移动。

8. 使用一个字的句子。

9. 玩简单的乐器。

10. 把玩具拿给别人。

11. 在协助下穿脱衣服。

12. 滚球。

13. 正确地使用一些词,如"妈妈""噢噢"或"不"。

14. 喜欢看书。

15. 拿回滚出视线的球。

16. 喜欢重复做同一件事。

17. 在别人的帮助下上楼梯。

18. 感受到不同温度、口感和气味的区别。

19. 试着唱歌。

20. 喜欢手指画。

21. 指出或说出熟悉的事物。

22. 拥抱、亲吻喜欢的人。

23. 认出镜子里的自己。

24. 把两个或更多的物品粘在一起。

25. 用杯子喝水。

26. 一下子翻两三页纸。

27. 理解许多词语和简单的指令。

28. 试着踢球。

29. 探索事物时会把它放进嘴里。

30. 指出某个身体部位。

31. 将同种玩具配对。

32. 走路时推、拉、拿着玩具。

33. 将六个大圆钉摁到钉板上。

34. 用勺子铲东西。

(四) 18—24 个月的婴幼儿

1. 扔球。

2. 试着上下台阶。

3. 表现出许多情绪。

4. 喜欢童谣、歌曲和手指游戏。

5. 较好地咀嚼食物。

6. 拉上和解开简单拉链。

7. 模仿家务动作。

8. 指认五个以内的身体部位。

9. 容易有挫败感。

10. 使用面团、颜料和纸。

11. 骑小的坐骑玩具。

12. 能正确摆放熟悉的图片,不会颠倒方向。

13. 能使用自己的名字。

14. 能在宽的平衡木上走。

15. 试着单脚站立。

16. 在协助下洗手、把手擦干。

17. 听一个短小的故事。

18. 串大珠子。

19. 说两个词的句子。

20. 拆包装或剥已经剥开头的香蕉。

21. 用语言解释发生了什么事。

22. 用语言谈论一些人和事。

23. 把动物和叫声配对。

24. 跑得很快。

25. 认出照片中的自己。

26. 试着安慰别人。

27. 一次翻一页纸。

28. 尝试模仿对折的动作。

29. 喜欢玩水和沙。

30. 玩3片以内的拼图。

31. 将图片与实物配对。

32. 重复成人所说的四个词。

33. 试着跳到规定的地方。

34. 跟着节奏唱些歌词。

(五) 24—30个月大的婴幼儿

1. 在小伙伴的旁边玩耍。

2. 随音乐摆动,耍弄简单的乐器。

3. 玩沙,玩水。

4. 记得东西放在哪里。

5. 自己看图画书。

6. 假装在玩一些他们知道的事物。

7. 用大的水笔或蜡笔涂鸦,使用颜料和画笔。

8. 唱或说出一部分简单的歌曲或旋律。

9. 把小东西放进小的开口的物品中。

10. 完成非常简单的画图和拼图。

11. 扔球或踢一个大球。

12. 可以听五分钟的故事。

13. 在他人演示下,连接一段2—4节的玩具火车,垒起3—6块的方积木。

14. 帮助移开东西。

15. 使用大珠子和夹子。

16. 讲 3 个词的句子。

17. 在他人的演示下,能按正确的顺序搭起几块积木、堆积圆圈。

18. 能说出×××拥有什么东西。

19. 知道物品的用途。

20. 按要求将熟悉物品与声音或图片进行匹配。

21. 当他人说出一个动作名称时,能指出相应的图片。

22. 能分辨"一个"和"许多""大"和"小"。

23. 能回答简单的"什么""在哪里""为什么"的问题。

24. 上下楼梯。

25. 使用 50 个或更多的词语。

26. 能画圆形、三角形、方形。

27. 接住从非常近的距离扔过来的大气球。

28. 跳 60 厘米远。

29. 倒着走。

30. 在他人的帮助下用安全剪刀剪东西。

31. 在他人的帮助下穿衣服。

(六) 30—36 个月大的婴幼儿

1. 记得自己的东西保存在哪里。

2. 能说出大多数熟悉的东西和图片上东西的名称。

3. 记住并且能遵从一些简单的规则。

4. 和成人玩简单的轮流游戏。

5. 知道"两个"是多少,能比画手指头表示年龄。

6. 能从小水壶里倒出水。

7. 开始摆弄摁扣、大纽扣和拉链。

8. 开始知道"相同"和"不同"。

9. 经过提醒后,能知道并远离一些常见的危险。

10. 按要求指出图片中的 6 个身体部位。

11. 开始理解一些反义词,比如"大"和"小"。

12. 在别人的帮助下讲故事。

13. 如果有人示范,可以根据颜色、形状、大小或外表匹配一些东西。

14. 使用小珠子和夹子。

15. 经提醒,能小心地轻拿轻放易碎物品。

16. 给罐子盖上盖子。

17. 在大人指导下抹胶水。

18. 使用很多描述事物性质的词汇(比如漂亮、大的等)。

19. 模仿搭建一个用3块积木搭成的桥。

20. 当别人说出一个东西的用途时,能说出这个东西的名称。

21. 经提醒,可以把熟悉的东西跟它的大致轮廓匹配起来。

22. 唱简单的歌曲、节奏和童谣。

23. 可以用脚尖走路。

24. 能说出自己的全名。

25. 试着模仿别人数数。

26. 知道身体各个部位的用途。

27. 能踩踏可以骑的玩具。

28. 能画一个非常简单的草图。

29. 使用300到1 000个词语。

30. 可以单脚站立一秒钟。

31. 能正确回答哪种颜色是红的,哪种是黄的,哪种是蓝的。

32. 经提醒,可以对简单的颜色和形状进行分类。

三、教养人员必须了解的每日活动指导及温馨提示

(一) 与家长的沟通

家长最关注的是孩子入托的情况,同时,期待教师为其提供科学的育儿指导及相关资讯。

1. 告诉家长他们的宝宝所喜欢的活动。

2. 从杂志上剪下关于两岁婴幼儿的文章并放在文件夹里,让家长知道他们可以从班级保教人员处借到有用的育儿资料。

3. 向有关部门、机关或民间组织申请婴幼儿养育的相关资料,供家长借阅,为其在婴幼儿的喂养、发展支持、疾病预防等方面提供支持。

4. 召开家长交流会。与家长一起讨论婴幼儿的教养方案。例如,行为处理

和亲子互动游戏等方面的经验交流与借鉴。

5. 与家长密切合作,以便婴幼儿在家园同步的环境下自然、舒适地成长、学习。例如,为让婴幼儿自主排便,家园要密切配合,要根据婴幼儿的生理需求及习惯自然地引导。

6. 及时公布近期将要开展的活动、培训以及与婴幼儿有关的趣事。

(二)帮助两岁的婴幼儿感受到自己是重要的

两岁的婴幼儿从成人友好的语气和温柔的抚摸等方面感受到来自他人的关爱。如果成人和他们说话时看着他们的眼睛并且尽快满足其需要,他们就会感觉很舒服。如果成人以粗鲁、不友好的方式对待他们,忽视他们的兴趣,他们就会变得沮丧、生气。在养育中与两岁的婴幼儿打交道的方式会影响到其如何看待自己。

"发展性保教"意味着要向婴幼儿表明成人是重视他们、喜爱他们的。如果遵循以下的原则,有益于两岁婴幼儿获得良好的自我感觉。

1. 和婴幼儿谈话时一定要看着他的眼睛,这会使他感觉到自己是重要的。

2. 和婴幼儿谈话时多叫他的名字,使用友好的语气同时温柔地抚摸,并经常拥抱他。

3. 经常找机会与婴幼儿谈话、交流。

4. 对婴幼儿的点滴成长及时给予肯定,并真心为其感到高兴,让他们为自己感到骄傲。

5. 耐心倾听婴幼儿的谈话,及时了解其想法。

6. 经常与婴幼儿谈话,这有助于与其建立愉快、和谐、融洽的关系。

7. 即使是在纠正或阻止婴幼儿的行为时,也要尊重他们,使他们仍能感受到爱。

两岁的婴幼儿,应该能懂得成人话语中的大部分词汇。他们自己通常会说50个词,有的可将两个词连在一起形成短的句子。

两岁的婴幼儿说的都是听到的、看到的、闻到的、尝到的或摸到的,所以,成人与他们谈的内容也应该围绕这些,告诉他们人、物、动作的名字或称呼,这样才能有利于他们理解并轻松交流。

两岁的婴幼儿虽然掌握的词汇不多,但是他们会以许多方式来使用这些词汇。他们会用一个单词来表达一个整句的意思。如幼儿说"苹果",可能指"那儿有个苹果",也可能指"我想要个苹果"。通过密切观察两岁婴幼儿世界中的事

情,成人可以明白他们说的是什么意思,然后给他们的句子补上余下的词,如"对,那是我们加餐用的苹果",帮他们学说更多的内容。

当两岁的婴幼儿讲话时,成人要表现出高兴的样子,以使其继续说下去。如果他们向成人要求什么或表示出对什么感兴趣,成人一定要用词语或动作来回应。尽可能地满足他们的要求。对他们的话予以补充,然后提出一个他们能用词语或动作来回答的问题。比如,婴幼儿给成人看一张猫的图片并说"猫",成人可以补充一些词,"对,那是一只猫"。接下来成人还可以指着猫的鼻子问:"这是什么?"婴幼儿会说"鼻子"。然后再问:"猫的尾巴在哪儿?"这样,婴幼儿每次说出的词汇就不止一个了,短的对话也就变成了长的对话。

成人还可以通过提问"这是什么""你在做什么"这些简单的问题来鼓励两岁婴幼儿经常使用词语。如果他们答不出来,那成人就把答案说出来。通过听成人说,婴幼儿会学到许多新词,并学会提问题。

(三)处理问题的建议

两岁的婴幼儿还不能通过语言沟通等温和的方式来解决问题,也不善于等待,总是一会儿在这儿,一会儿在那儿,乱走乱爬,似乎不懂得危险。

此阶段,给他们制定简单的、可以遵守的少量规则并予以坚持是很重要的。同时,要耐心友好地与他们相处。如果照护者发火了,他们会生气害怕。被呵斥或被打过的婴幼儿会学着打别人、向别人吼叫。惩罚会使婴幼儿感到羞辱、恐惧,也会破坏成人与孩子的关系。模仿就是他们的学习途径。因此,成人一定要采用正面积极的行为。如,提前计划:事先准备好足够的玩具、有趣的活动和安全的活动场地,这样,婴幼儿就不至于沮丧困惑。再如,在婴幼儿打人、咬人前尽可能加以阻止。如果及时阻止并教给他们处理人际问题时所需要的词语或动作,就能预防许多不愉快的情绪产生。当然,制止他的行为并明确告诉他们,他人不喜欢这种行为,并告诉他们下次应该怎么做,但也要明确表示成人仍然是爱他的。以下是应对两岁的婴幼儿常见问题的一些建议:

1. 引导婴幼儿学会做力所能及的事,如挂自己的衣服、准备饭桌、自己吃饭等。

2. 尽可能一次帮助一个婴幼儿。

3. 日常保育不要仓促行事。仓促行事会使婴幼儿感到压力,可能会予以抵触。

4. 可以通过唱歌、手指游戏、故事等活动避免消极等待现象。

5. 在轻松的氛围中处理问题。成人过分坚持效果反而不佳。

6. 尽可能让婴幼儿自己做出选择。比如,婴幼儿存在睡觉困难的问题,可以问他们是否想和一个柔软的娃娃或者其他可以搂着的玩具一起睡。

7. 在变换活动前要给婴幼儿提示,"你玩搭积木玩得很高兴,在打扫卫生以前你还可以再玩一会儿"。两分钟后再提醒一次,帮婴幼儿顺利终止活动。尽可能让他们以自己的节奏来结束他们当下所做的事情,这样利于他们愉快地转移到别的事情上。

(四) 轻松说再见

在婴幼儿入托时,园所可随时向家长开放。如果婴幼儿与父母分离困难,可及时做家访。

可让新入托的婴幼儿带着家里的随身物品。可让婴幼儿带一件家长的随身物品,比如一本书或一条围巾。可用讲述"和爸爸妈妈说再见"的故事。要反复强调妈妈或爸爸下班时一定会来接他的。

(五) 拔苗助长

婴幼儿的成长有过程性、阶段性,要让家长知道两岁的婴幼儿的合理期望值。

如,婴幼儿的如厕习惯,要和家长同步为他们做准备,家长不要操之过急。如果婴幼儿退步了,不要大惊小怪也不要担心;有规律地对他予以提醒,但要温柔以待并多加表扬。

再如,婴幼儿在园用奶瓶的时间与家庭基本保持一致,但可逐步尝试让婴幼儿在吃正餐和点心时用杯子喝水,并让其他幼儿模仿。即使婴幼儿在家需要奶嘴才能入睡,但保教人员可以尝试用一段轻柔的音乐或轻轻拍打婴幼儿的背来帮助他入睡。

(六) 咬人或打架

照护好婴幼儿,发现其有咬人或打架的苗头,要帮其温和地解决问题。对喜欢咬人的婴幼儿可提示:"说话——不要咬",提醒他通过沟通来解决问题。

适时教婴幼儿使用"请给我看看"这类的请求词语以及"伸出手"这样的请求手势。

同时,要提供有足够多的同类玩具,避免婴幼儿因争抢玩具而打架。也确保有足够大的活动空间,避免因拥挤导致打架。

(七) 发脾气

婴幼儿发脾气是很正常的。他们时常无法弄清"想要的""能得到的"和"已

拥有的"之间的差别,有时非常沮丧,以至于无法控制。而且只有当他们不再发脾气时,他们才愿意去重新开始另一件事情。

婴幼儿在饥饿、疲倦、过热、被要求做难度过高的事情或者事情太多时,更容易发脾气。

把发脾气的婴幼儿放在一个安全的地方,确保成人能看到他并且对他本人和别人都不会有伤害。成人要保持镇静,不要发火或表现出好斗的样子。等婴幼儿安静下来再让他出来或和其他孩子在一起。

如果婴幼儿经常发脾气,可以向幼儿教育专家、心理咨询师或相关社会工作者请教,也可请专业人士入园观察发脾气的婴幼儿。诊断导致婴幼儿发脾气的主客观因素。

定期和家长交流,了解婴幼儿在家里是否发脾气以及家长的应对策略并做到家园一致。

(八)"我会自己做"——自立

在给婴幼儿穿衣服时,观察他们做些什么,如提裤子、穿鞋子。当他们为了好玩而穿脱衣服时,成人要表现得有耐心,要向他们解释什么时候可以脱衣服、什么时候不可以。

如果婴幼儿要做的事情难度很大,可以帮助他,但要把最后一点事情留给他做,这样他会觉得是他自己完成了这件事。同时,给婴幼儿帮成人的机会,如,帮着放桌子、擦干桌子上的水、收拾玩具等。

(九)分享与轮流

婴幼儿还很难做到分享。所以,要有足够的同种玩具,让婴幼儿可以同时玩耍而无须分享。

如果想让婴幼儿分享或轮流,就要多表扬,让他知道分享与轮流是一件让人愉悦的事。成人在分享时,要有意引起婴幼儿的注意,"我是在和别人分享,待会儿轮到贝贝了"。常使用这些语言,婴幼儿就能对分享有意记忆了。

(十)处理安全和相处问题的建议

1. 制定安全和相处方面的明确规则,并坚持执行。

2. 如果婴幼儿在做"违规"的事情,要告诉他什么是可以做,并且大家都愉悦的事。

3. 靠近或拥抱情绪激动的婴幼儿,并及时对他进行口头指导或采取一些行动,这有利于问题的解决。

4. 鼓励婴幼儿使用语言来代替咬人和打架。成人平常要教给他们相关的沟通语言。

5. 准备两三件比较受欢迎的玩具。当婴幼儿之间有争执时,可告诉婴幼儿去取自己的玩具,而不是抢夺别人手中的玩具。

6. 将大量的玩具摆放在婴幼儿可自主取放的位置,且做到经常更新、变换。

7. 每天都要带婴幼儿到室外的安全区域进行活动。另外,也要保证室内的活动空间足够大。

8. 在同一场地活动的婴幼儿数量不宜过多,避免因拥挤发生不必要的争执。在活动室内设多个活动区域,相对独立的同时,减缓拥挤。

9. 允许婴幼儿有选择权,支持婴幼儿的独处或交往行为。

10. 为婴幼儿提供攀爬类设施,满足其攀爬的需要。帮他们学会在较低的滑梯上而不是在桌子、椅子、架子或其他游戏设施上爬行。确保一切都是安全的,不会出现倒塌。

11. 保证婴幼儿能及时吃午饭和午睡,避免他们太饿或太累。如果不得不按照固定的用餐时刻表用餐,要保证他们饥饿时能吃到有营养的、少量的零食。

12. 不要让婴幼儿处于消极等待状态,如果必须等待,可让他们看书、唱歌或玩手指游戏。

13. 运用幽默和轻柔的抚摸来防止婴幼儿情绪低落。在事情尚未失去控制前要及早干预,把婴幼儿领到户外或另一间屋子有时会使情况有所改观。

14. 对经常打人、咬人的婴幼儿要特别留意。当发现他沮丧、生气时就要及时沟通,在他对别人造成伤害之前就要及时制止。

15. 平静地安慰受伤害的婴幼儿,也要对伤人的婴幼儿保持关爱,帮助他成长。

(十一) 制定一日作息表

在制定作息表时,要兼顾保育照护及发展支持。作息安排要有一定的灵活性,要做到室内室外、动静、自由分散与集中结合。大小便、吃饭、加餐这类的日常保育要多次进行,突出个性化需求。

(十二) 婴幼儿导向的活动和教师导向的活动

婴幼儿可以自己进行的活动称为婴幼儿导向的活动。两岁的婴幼儿想自己独立做事情,成人要把那些安全的、易于操作的玩具放在婴幼儿可自主取放的位置。两岁的婴幼儿仍然非常喜新厌旧,所以要经常变换、补充玩具。活动室外应有足够的支持婴幼儿导向活动的玩具,但不要太多,避免持续的混乱使婴幼儿感

到困惑并失去兴趣。

有些活动需要教师和两岁的婴幼儿一起进行,这些活动称为教师导向的活动。用蜡笔涂写或摆弄含有许多小零件的玩具时,就需要老师的指导。如果让婴幼儿单独玩含有许多小零件的玩具,他们有可能把零件放到嘴里而发生窒息,或者是到处走动而造成零件丢失。所以,必须要有教师陪伴左右。

(十三) 如何开展面对一组婴幼儿的教师导向的活动

如果只对一个婴幼儿进行教师导向的活动,其他感兴趣的婴幼儿也想要加入进来,而对某个婴幼儿的活动不一定适合其他的婴幼儿,要想办法让这个婴幼儿不受其他人的干扰。如,在附近放些可供其他婴幼儿使用的玩具。有可能的话,让别的婴幼儿也加入进来,将活动稍作调整以适合更多婴幼儿。比如,在和某个婴幼儿做拼图游戏时,把手里另外的拼图给其他婴幼儿用,根据婴幼儿玩拼图游戏能力的不同而给予不同的帮助。和某个婴幼儿活动时,可让另一个婴幼儿说出拼图上图片的名字。和所有的婴幼儿谈论拼图游戏时,对他们都予以鼓励,但要按计划完成针对某个婴幼儿的拼图游戏。

(十四) 集体活动时间

两岁的婴幼儿注意力时间很短,可以在有限的时间内组织婴幼儿一起唱歌、玩手指游戏、听故事或进行其他大家都喜欢的活动。保教人员可分工合作,将婴幼儿分成若干个小组。组内成员越少,集体活动越愉快,婴幼儿的参与率越高。

(十五) 活动注意事项

1. 选择和婴幼儿的能力相匹配的活动,如果发现安排的活动太难,就要调整难度。

2. 安排的活动要动静结合,室内活动与户外活动相结合,小组活动和个别活动相结合。

3. 计划好每项活动开展的时间和地点。

4. 额外准备一些活动,以备不时之需。

5. 提前准备好要用的活动材料,并保证数量充足。

6. 进行个别指导时,要准备一些好玩的东西让其他婴幼儿自由分散活动。

7. 要准备婴幼儿有兴趣、愿意参与的活动。

8. 婴幼儿一天中的大部分活动都应是自由分散的。

9. 活动室分成若干个区域,但要保证成人能透过隔断看到婴幼儿的活动。

10. 活动区域包括:语言区、建构区、娃娃家、科学区、美工区等,在相对安静的区域内配设地毯和柔软枕头等。

11. 各区域材料的种类与数量要充足,要保障婴幼儿与材料互动的需求。

12. 把相对安静区域和热闹区域分隔开,让婴幼儿动静结合。

13. 在区域柜和其他玩具收纳箱上贴上图片标签,方便婴幼儿取放。

14. 经常新增、补充、更换游戏材料,保证能满足婴幼儿游戏的需要。

15. 设置一块安全的、有栅栏的户外活动区域。每次户外活动前后要及时清点人数。

16. 活动计划以自由分散活动为主,统一组织的集体活动时间应适合不同月龄段婴幼儿的发展特点,托小班(13—24 个月)每次集体活动时间 5—8 分钟,托大班(25—36 个月)每次集体活动时间 10—15 分钟。

17. 坚持个别、小组与集体相结合的活动组织形式。

18. 创设安全、宽松、快乐的情感氛围。保育人员以温暖、尊重的态度与婴幼儿积极交流互动,尽可能及时回应婴幼儿的情感需求。

19. 在生活照护中积极地通过语言交流和非语言交流,激发婴幼儿与同伴或成人的交流互动,利用机会和婴幼儿共读图书、共念儿歌,促进婴幼儿的语言发展。

20. 为婴幼儿提供丰富的感知环境和操作材料,引导和支持婴幼儿利用视、听、触、嗅等各种感觉器官探索感知,获得丰富的直接经验。

21. 根据婴幼儿的月龄特点、实际发展情况和个体差异等特点,制订多种形式的活动计划(包括年度、半年、月、周计划等)和明确的发展性目标。

22. 鼓励婴幼儿尝试完成力所能及的任务,使婴幼儿感受自己的能力,增强自信心和自主性。

23. 在日常生活与活动中向婴幼儿渗透安全教育,应确保婴幼儿受教育率达到 100%。

(十六) 安全健康小贴士

1. 让每一个婴幼儿都在保教人员的视线范围内。

2. 婴幼儿能触摸到的插座都设有保护措施。

3. 不提供带有小附件的玩具。

4. 玩具及时清洗消毒,并及时晾干。

5. 每天检查玩具部件,如有松脱现象及时加固。经常检查室内外的玩具,确保无锋利的边角、碎片和其他由于玩具老化而产生的危险。

确保所有的玩具具有安全环保标识,符合现行国家标准 GB 6675。

6. 把玩具放置在低矮、开放式、稳固的玩具架里。

7. 确保室外场地里没有高草、杂草,经常进行蚊虫消杀工作。及时把沙盘盖好,防止蚊虫、动物进入。

8. 经常检查与坚固护栏,防止婴幼儿坠落。

9. 每次使用便壶和马桶后要及时倾倒、冲洗和杀菌。

10. 为婴幼儿换过尿片、擦过鼻涕或屁股后要用肥皂及流动水洗手。

(十七)日常保育小贴士

1. 充分利用场地,置办易于收纳的物品,拓展活动空间。

2. 床位之间应该相隔 45—60 厘米,婴幼儿间头脚交错睡。

3. 给某婴幼儿换尿片的时候,应处在能环顾活动室任何地方的位置。

(十八)设立活动区角

活动区角可长期保留,亦可在配有开放式书架、桌子或地毯的位置投放材料用作临时活动区角,亦可设为移动区角。

1. 娃娃家:可配有碟子、罐子、盘子、玩具水槽、玩具炉子、小桌子和小椅子、娃娃和娃床、道具服、防碎镜子等材料。

2. 建构区:可配有不同种类、规格的积木和辅助性材料,比如小卡车和轿车、飞机、房屋等。

3. 语言区:设在舒适、柔软、光线好的地方,可配不同材质、规格、类型的纸板书。

4. 益智区:可配各种各样的拼图、串珠,能拼装和拆散的带零件(大小适合婴幼儿)的玩具等。

5. 美工区:可配纸、蜡笔、水彩笔、颜料、橡皮泥、安全剪刀等。

6. 玩水区和玩沙区:可配水管、沙盘、玩具碟子、过滤网、小铁锹和小提桶等。

7. 运动区:可配踏步机、摇摆船、小滑梯、能攀爬的柳条箱和立方体,以及带轮子的玩具等。

注意事项:

1. 各区域的材料投放要有层次性,并及时根据婴幼儿的兴趣、需要进行更替、补充。

2. 各区域的设置位置要符合班级单元的特点、面积、阳光等元素进行规划,体现室内室外、动静结合等。各区域要具有开放性,满足婴幼儿取放方便、跨区域活动等游戏需求。

（十九）户外游戏

通常，婴幼儿喜欢的户外活动区角如下：

1. 设有低矮攀爬物的攀爬区角，如摇摇船，能爬进爬出和爬上爬下的结实盒子。

2. 备有小盘子、小铁锹和小提桶的沙盘。

3. 能给娃娃洗澡和洗衣服的小水池，可配洗衣板、小水桶和浴盆、碟子和盘子等。

4. 可以用手指点画、涂鸦的美工区。

5. 一块宽敞的区域。可供婴幼儿玩带轮子的玩具与不同种类、规格的球，还可以随着音乐跳舞等。

（二十）外出游玩

带婴幼儿离开园所出外游玩，必须事先得到家长的书面同意。在出外游玩之前，要做好详细的活动方案，并让家长明确行程线路、内容、时间安排等。要有足够的成年人同行，园方可整合家长、其他义工的力量，一同陪伴出游。

（二十一）听说活动

1. 开展听说活动的重要性。

两岁的婴幼儿正在学习如何使用词语来说话和思考。他们所能理解的词语远远多于他们所能使用的。30 个月大时，他们至少会使用 50 个词语，而到差不多三岁时，这个数字就上涨到 300 至 1 000 了。

由于这段时间是词语快速增长期，因此，成人必须多给他们提供一些使用所学词语的机会。谈话、倾听、提问、把婴幼儿的话进行扩充等，都能帮助婴幼儿更好地倾听与表达。

2. 如何设置语言区。

语言区布置要舒适，采光要好，要有条理且整洁，可以放置一些枕头、小地毯、可爱的玩具和小椅子；书的外形要完好；要确保图书的内容是以积极的态度表现不同年龄、种族和文化背景下的人、事、物，最好有婴幼儿熟悉的内容；可以提供指偶、手偶和图卡等，供其选择；图书要经常更换。

（二十二）肢体活动

1. 开展肢体活动的重要性。

婴幼儿喜欢肢体活动，尤其到户外活动，通常可以让婴幼儿变得更欢乐。当婴幼儿进行肢体活动时，他们学习到的不仅仅是肢体运动的技巧，还能逐渐掌握

方位关系——上下、里外等,对语言的理解与表达能力也会随之增强。

另外,一些锻炼小肌肉的活动,比如拼图、钉板、串珠等,能帮助他们提高手眼协调能力,促进精细动作的发展。

2. 大肌肉活动(律动、早操、游戏)。

室内外都要为婴幼儿配设大肌肉锻炼的活动场地,地面上要铺设柔软的地毯、草坪或人造草皮、木屑沙子、塑胶等保护材料。

要确保供婴幼儿爬或者骑的玩具都是安全的,及时将有松动的钉子等进行加固。滑梯和其他攀爬的玩具不得超过90厘米高,并都设有护栏。

如果婴幼儿和大年龄幼儿共用一个活动场地,最好错开安排活动时间。

向家长推送一些安全有趣的大肌肉活动内容和材料,让婴幼儿在家里也可以玩。比如大纸箱子、毯子或者皮球都是很好的器具。

3. 小肌肉活动。

将由很多部件组成的玩具存放在一个牢固的盒子里,或者放在盆子和塑料碗里。一次不要拿很多出来,避免不同玩具的零部件混在一起。

经常检查玩具是否有破损或遗失,避免因破损导致婴幼儿受伤,避免因部件遗失导致婴幼儿无法完成活动。

当婴幼儿在玩小玩具时,一定要加强巡视,不要让婴幼儿把玩具的零部件放进嘴巴、耳朵、鼻子里。

引导家长利用日常生活中的物品来发展婴幼儿的小肌肉动作。如,让婴幼儿用线把线轴和通心粉串起来;把旧的钥匙或者大的纽扣放到一个塑料碗里;把螺丝钉拧到螺丝帽上等。

(二十三)创造性活动

1. 开展创造性活动的重要性。

婴幼儿的创造,属于简单的创造,虽然不具备重大的社会价值和实用价值,但是对婴幼儿一生的发展来说却具有重要的个体价值。因此,成人需要重视婴幼儿创造力培养,将创造力培养渗透于婴幼儿的一日活动中,让婴幼儿学会通过各种活动,如美工、建构、角色扮演等活动来表达自己的思想与情感,又能用自己的思维与世界互动,提高自己的观察能力和逻辑思维能力,进而在后天学习中开发、获得以及应用创造力。婴幼儿经常模仿有趣的动作、表情和声调,经常能用声音、动作、姿态模拟自然界的事物和生活情景,而模仿可以帮助婴幼儿获得用于联想和创造的间接性经验。成人要理性对待幼儿的模仿,让模仿为创造服务。

2.美工区。

（1）保证所有的材料都是无毒的。婴幼儿正处于学习控制肌肉的阶段，提供油画棒、水溶性记号笔、硬毛的画笔比较适宜。

（2）在作品上标上婴幼儿的名字，让其有成就感。

（3）引导家长在家里经常展示婴幼儿的作品，鼓励与肯定孩子的涂鸦行为。告知家长涂鸦是孩子迈向绘画的第一步，同时还能为婴幼儿以后的书写做准备。

（4）接纳婴幼儿用自己的方式摆弄美术材料的行为。当婴幼儿用油画棒涂鸦时，其学习的不仅是手眼协调，还有自我认知。

3.积木角。

（1）同规格同类型的积木数量要充足。

（2）经常检查积木和玩具，确保边缘无毛刺、生锈、碎片等。

（3）用盘子或其他容器摆放小的积木和玩具。

（4）通过示范或其他方式，让婴幼儿明白如下规则：不能将积木推倒，因为这样可能会砸到他人；在垫子上搭积木；从玩具框里取积木，而不是从别人搭好的模型上取；走路的时候要绕过别人搭的积木，防止碰倒他人搭好的积木或被别人搭好的模型因突然歪倒而砸到；活动结束后，将积木和玩具放回原处等。

（5）积木角的活动场地要足够大，至少能同时容纳三个婴幼儿活动。

（6）用来摆放积木和相关玩具的开放式柜子，高度不能超过婴幼儿的身高。

（7）区角创设初期，可提供最基本形状的积木，如正方形、圆形和三角形。

（8）玩具架的某个位子固定摆放某类积木，并在醒目位置贴上此类积木的图片作为标签。

（9）提供的辅助材料，如玩具小人、动物玩具、小卡车、飞机、房子、汽车加油站模型等。收纳整理时，要对应标识进行收拾。

（10）把比较重的积木和玩具放在玩具柜的下层，方便婴幼儿自己取放。

（11）在积木角放一块能减少噪声的、平整的垫子或大木板。活动中提醒婴幼儿要使用垫子或大木板。

（12）积木角中要有不同种类的积木：大的纸制积木、木制积木、泡沫积木、嵌套积木等。

4.角色区。

（1）每天清洗玩具，因为婴幼儿可能会用一些玩具假装吃东西或喝东西。

（2）帽子需要经常清洗。

（3）衣服尺寸要符合婴幼儿的身高，可以稍大一点儿，便于婴幼儿穿脱，但不能太长，以免婴幼儿绊倒。要经常清洗衣服。

（4）婴幼儿的角色游戏包括用娃娃、毛绒动物玩具、玩具电话、锅盆以及其他婴幼儿熟悉的物品进行装扮游戏，游戏内容是婴幼儿日常生活中所体验的。如果能提供适当的角色游戏材料，那么婴幼儿会很快进入装扮游戏的角色，自娱自乐。婴幼儿喜欢成人偶尔客串表演，或者为他们提供新的想法。

（5）下列玩具可以帮助婴幼儿开展假装游戏。

容易清洗的各种帽子；扮家家用的锅、碗、盆、娃娃、娃娃用的毯子、娃娃用的床和小推车；容易穿脱的各类服装等，要保证卫生和安全。另外，同件玩具要有一定的数量，以免婴幼儿抢夺活动中的材料。

（6）采用下列方式，角色区将更容易整理。

① 在木板上钉上钩子，用于挂衣服。保证婴幼儿能自己拿到衣服，但是不会撞到钩子。在衣物上缝上小布条，便于悬挂。

② 要有足够的敞开式柜子，这样不同的东西可以分门别类，盘子、衣物、帽子各放一处。不要使用大箱子或玩具盒收纳玩具，因为这样不方便婴幼儿取放。

③ 不仅在室内开展角色游戏，户外也行。户外，在婴幼儿能玩沙和玩水的地方安置玩具炉子，投放油漆匠、消防队员、警察等工种的帽子以及洗涤用品，以配合不同的活动，供婴幼儿给娃娃做饭、洗澡、洗衣服、洗碗等。

④ 不断增加新的创意。提供些可以让婴幼儿根据故事进行表演的相关道具材料；设置不同的装扮游戏的场景——厨房、储藏室、车库等；和婴幼儿讨论他们看到过的成人的工作，如园艺、油漆、清洁等，并为他们提供相关的游戏材料；在日常生活中，提供机会让婴幼儿进行自我服务，比如倒水、擦桌子、扫地等。

和婴幼儿讨论轮流玩游戏，分享不打扰别人，和他人一起玩等方法。使用"假装"和"好像"这样的词汇，尝试帮助其区分理解现实和虚拟。

5. 艺术（音乐）。

（1）在一日生活中要经常融入韵律活动。

（2）鼓励婴幼儿和他人一起唱歌，但是不要强迫，允许其观看倾听，或进行别的活动。

（3）接纳婴幼儿用乐器制造出的吵闹声。如果声音太大，可以引导其在户外进行演奏。

（4）一般而言，婴幼儿喜欢听成人现场的歌唱声，要多为其唱歌。如果你不会唱歌,那就使用录音机。

(5) 和家长分享歌曲。婴幼儿喜欢重复听同一首歌。

(6) 婴幼儿的音乐活动包括歌曲、韵律、摆弄乐器和音乐玩具、欣赏音乐等。他们喜欢用自己的方式跟随音乐舞动,喜欢用日常生活用品和简单的乐器演奏,喜欢唱歌。

(7) 音乐角的创设:

① 要相对封闭,可用低矮的柜子或者屏障来阻挡噪声。同时,地毯和松软的大枕头也可以减少噪声。

② 深受婴幼儿喜爱的乐器要备足数量,以免争抢。

③ 乐器的种类与数量要逐步递增,并经常和婴幼儿讨论、交流乐器的演奏方法。

④ 如果提供了口琴、口哨、喇叭等需要吹奏的乐器,要在每次用过后用肥皂清洗并自然风干。检查乐器是否有松动或破损的部分,以免婴幼儿受伤。将这些乐器收纳在一个单独的盒子中。

⑤ 保留一些会发声的玩具,因为婴幼儿仍然喜欢一些"婴儿玩具",比如咯咯作响的玩具、敲打玩具、铃铛玩具、推的玩具或者奇妙盒等。

⑥ 在足够大的场地开展需要舞动的活动,以免婴幼儿之间发生碰撞。

6. 数字(科学)。

(1) 每天都用有趣的方式和婴幼儿进行数数活动,如,和他们一起数不同的物品等,但不要强迫婴幼儿数数。

(2) 提供松果、干净但没有锋利边角的贝壳、漂亮又光滑的石子、小盒子等,用适宜的方式引导婴幼儿数数。

(3) 适于婴幼儿的数数活动包括:听成人非正式地、游戏般地数数;听数数儿歌,重复数数儿歌;注意听每天使用的量词和表示大小的词汇。

四、教养人员必须了解的家园合作生活照料指导

(一) 早晚接送

1. 婴幼儿入托前的入园参观及家庭访谈。

邀请家长及其他家庭成员带婴幼儿到园参观,并安排一次家庭访谈,让家长及婴幼儿熟悉保教人员,并建立初步的信任关系。

2. 根据家长意愿合理安排家长入园陪伴时间。

婴幼儿需要一些时间来适应新环境的人、事、物。当其跟最信任的人在一

起时,他具有安全感,进而能适应得更快、更好。保教人员可通过家访、电访等方式让家长知道过渡期的重要性,并根据家长的意愿合理安排其入园陪伴的时间,帮助婴幼儿尽快融入新环境。如陪婴幼儿玩一会儿再离开,逐渐缩短在园陪伴的时长等。

3. 在醒目位置呈现有婴幼儿和家长姓名、照片的欢迎条幅。

开学前两个月,均可在园所醒目位置呈现欢迎条幅,表达欢迎之意的同时,营造让婴幼儿有熟悉感、亲近感的氛围,让其有一定的安全感,上面的照片还可以让婴幼儿、家长、保教人员相互认识。另外,还可以制作一张通讯录,让婴幼儿家长带回家,为其相互沟通、交流等提供帮助。

4. 每天坚持在入园、离园环节与婴幼儿热情打招呼。

热情、主动地欢迎每个婴幼儿及家长,视情况告知家长今天将要或已经进行的活动。同时,尊重每个婴幼儿跟家长特有的道别方式,如在家长和婴幼儿亲吻说再见之后,能在一旁及时接过婴幼儿;陪同婴幼儿把家长送到门口再说再见。一个固定的道别方式能让婴幼儿顺利地步入在园的一日生活。

5. 每天早上安排一样有趣的东西或活动。

把一盆开满了花的植物、或在户外散步时拍的照片、或一样新玩具放在醒目位置,让家长和婴幼儿一进园门就可以一起看或一起玩,吸引婴幼儿的注意力,为顺利步入接下来的活动提供可能。

6. 对婴幼儿打招呼的表现及回应。

小婴儿(6—12个月)		
行为表现	可能的感受	可回应
似乎没有注意到父母离开。	事后会发现父母不见了,暂时可能分心了。举例来说,他可能觉得肚子饿了,或者在看他人,或者他可能还不知道父母跟他是不同的个体。	引导、鼓励家长跟孩子说再见。经过一段时间,他自然会明白再见的意思。这样他应该会较有安全感,因为他知道他的父母不会不声不响地消失。
父母离开时大声哭闹。	他可能知道父母跟他是不同的个体,而他想要和他们在一起。	让他知道老师了解他的感受,"妈妈离开你,你一定觉得很难过"。并倾听他说话,同时也要让他知道,无论他有什么样的感受都可以告诉老师。

续　表

行为表现	可能的感受	可回应
离园时,看到父母出现就哭起来了。	这可能是他表现信任父母的方式。当父母来接他时,他觉得可以和父母分享任何感觉,也可以要求父母安慰他。他也可能觉得累了或饿了;或者觉得父母回来了,终于可以松一口气了。	这种爱和信任的展现可能令家长费解,而老师可以向家长解释,孩子哭泣并不表示他不希望看到他们。让家长放心便能使家长对孩子做出适当的回应,让孩子感受到父母的爱并有安全感。

较大婴儿(13—18个月)		
行为表现	可能的感受	可回应
在家长离开后变得退缩,且开始吸手指。	他可能对大人的离开感到难过。也可能是他的行为与大人的离开无关,他是不舒服或累了等。这就表示他今早不需要太多的活动或是他需要早一点休息。	如果老师认为他的行为与大人的离开有关,可以鼓励家长与其建立一套道别的方式。可以预期将会发生的事,会让孩子觉得有一点掌控权。
忙着爬上爬下而忘了说再见。	可能对于练习新技巧感到无比欢乐。	鼓励家长跟他道别(因为他可能在他们离开后才会发现父母走了)。听到父母跟他道别(即使他正忙着玩溜滑梯),可以让他知道父母离开时一定会通知他,并由此产生对父母的信任感。
当父母来接他时不理会父母。	他可能正开心、专注地在做某件事,或者他可能是借此表达对他被留在这里的不满,或是稍早发生过什么令他感到不快的事,甚至他有可能想要借此表现出他对这件事有掌控权。	让家长知道他所表现出对父母的忽视并不表示他在幼儿园比在家里快乐。鼓励家长花点时间跟他聊聊他正在做的活动,或发生的事情。这样可以帮助他转换心情,再度觉得与父母亲近,并且觉得有掌控权。

学步儿(18个月以上)		
行为表现	可能的感受	可回应
父母准备跟他道别时,便开始抓着他们不放,又踢又叫的。	对于父母的离开可能很伤心,他知道他需要父母,对与父母分离感到害怕。	鼓励家长与其建立一套道别的方式,让他感觉有掌控权,然后帮他在父母离开后,找一件能使他心情

行为表现	可能的感受	可回应
		平复的事做。这一天内给他一些自己做决定的机会,这些选择必须是实际而容易取舍的,并请他帮忙做事,比如浇花,进而提升他对自己能力的信心。
虽然有好几次对分离与重聚已经能冷静面对,某一天却在大人离去时哭闹不休。	面对分离,他的情绪或许起伏较大,这是正常的。或许他刚发现这个有好玩的玩具及一群不错的人的神秘地方是他每天得来的地方。当新鲜感没有了,他开始怀念他爱的那些人。当然,或许他也正在为什么事情难过着。	相信孩子有能力处理好这事,他能慢慢有所进步。把焦点放在支持他并帮助他对自己有正面的看法这件事上。提醒家长,在学习面对分离这事上本来就时有进退。问问家长,孩子是不是为了家里或幼儿园的事感到难过。如果是这样,想办法处理这件事。
开心地与父母道别后,就跟朋友玩。傍晚时热情地拥抱来接他的家人,向老师挥手道别并离去。	即使与家人分开,他仍可以将家人的影像存放在脑海里,这给他相当大的安全感和安慰。	通过提供可让他想起家人的东西,鼓励他对自己的能力产生信心。和家长一起享受辛勤耕耘后的甜美果实——家园双方在共同的努力下,孩子越来越独立,并对自己感到满意。但是,成人必须了解,说不定哪天孩子还是有可能对道别感到难受。

(二) 如厕

1. 换尿布。

(1) 分工合作,从容为婴幼儿换尿布。

更换尿布,是婴幼儿的个别需求,保教人员需分工合作及时护理。即,一人负责换尿布,其他人员要知情,并照护好其他婴幼儿。

(2) 遵照一定的换尿布程序,以确保婴幼儿的安全与健康。

保教人员按照一定的步骤为婴幼儿换尿布的同时,要与其说说话,把握过渡环节中蕴含的婴幼儿的学习与发展机会,基本无消极等待时间①。

---

① 《托育机构质量评估标准》6.2生活照护——6.2.1:根据婴幼儿的生理节律科学安排哺喂、饮水、进餐、换尿布、如厕、盥洗、睡眠、活动等一日生活,各项内容时间安排相对固定,保证作息的规律性。一日生活的过渡环节组织有序,把握过渡环节中蕴含的婴幼儿的学习与发展机会,基本无消极等待时间。

① 在换尿布台上,铺上一张用完即丢的防水纸,把需要用到的物品都放在伸手可及的范围内,并把所有无关的瓶瓶罐罐都拿开。如果需用防尿布疹的护肤霜,抹一点在用过即丢的纸张上。

② 戴上一次性的防渗手套。

③ 把婴幼儿抱起来。

④ 让婴幼儿平躺在尿布台上(注意绝对不能让婴幼儿单独躺在那)。

⑤ 把弄脏的纸尿裤和衣物脱掉,放到一边。

⑥ 用湿纸巾清洁婴幼儿的屁股,由前往后擦拭,一张湿纸巾只能用一次,必要时,用干净的湿巾再擦一次,直到小屁股完全干净为止。皮肤皱褶处要清洁干净。

⑦ 把湿纸巾放在刚刚脱下的纸尿裤里。

⑧ 不要使用任何爽身粉,因为吸入这些粉尘会有危险。只有在家长有特殊要求下,才使用乳液或护肤用品。

⑨ 将用过的湿纸巾包进纸尿裤里折好,然后利用尿布本身的背胶黏起来,丢进有盖、有内桶的脚踏垃圾桶内。若是可重复使用的尿布,就放进塑料袋或容器中,密封起来,让家长带回。

⑩ 脱下一次性手套一起丢掉。

⑪ 用干净的湿纸巾擦手,擦完后丢进垃圾桶内。

⑫ 换好尿布后帮婴幼儿穿上干净的衣服。

⑬ 用肥皂和清水帮婴幼儿洗手(或用湿纸巾擦手),然后带婴幼儿回到集体中。

⑭ 将污物丢弃。把尿布装进袋子里,扎好,写上名字,放在孩子拿不到的地方,让家长带回。(不要在马桶里冲洗尿布,但尿布上的大便可以倒进马桶里冲掉。)

⑮ 将弄脏的衣物放进塑料袋里,扎好,写上名字,让家长取回。(不要让婴幼儿接触到。)

⑯ 将尿布台上铺的纸张丢进有盖、有内桶的垃圾桶内。

⑰ 用肥皂和清水将尿布台冲洗干净(每天用稀释过的漂白水消毒)。

⑱ 用肥皂和流动的清水清洗双手。

⑲ 将换尿布的情形记录下来,如有特殊情况及时告知家长(如:不寻常的颜色、气味、频率、软硬度,尿布疹等)。

（3）每天在固定时间检查婴幼儿的尿布（必要时，可以随时帮婴幼儿换尿布）。

《国家卫生和安全标准：幼儿园的指南》里建议，至少每小时检查一次婴幼儿是否已大小便。

2. 使用马桶。

（1）做必要的调整，让婴幼儿能独立使用马桶。

提供儿童尺寸的马桶和洗手池，或提供放在地上使用的马桶座椅，或是放在马桶上使用的马桶坐垫①，无论提供哪一种，均要容易清洁和消毒。

（2）提供踏脚凳，让婴幼儿上完厕所后主动洗手。

在洗手池前放置踏脚凳，让婴幼儿上完厕所后，可自己打开水龙头洗手，并在水池旁放置擦手纸，方便婴幼儿把手擦干。同时，把婴幼儿从事的各种活动，包括使用马桶的照片张贴出来。

（3）把厕所布置成一个让人感到舒服的地方。

布置一个舒服的座位，挂一幅漂亮的图画，让婴幼儿感觉到放松、舒适，进而愿意待在那里尿尿或便便。

（4）提供与儿童使用马桶有关的书籍。

在婴幼儿触手可及的位置提供《我的小马桶》等有关使用马桶的书籍，让婴幼儿通过书籍了解他人使用马桶的感受、成功经验、意外状况等，获得相应的经验。

（5）婴幼儿学坐马桶时，保教人员该如何与家长配合。

① 询问家长在家里帮助婴幼儿学坐马桶的方法。

② 让家长了解园方引导婴幼儿如厕的方法。

对于刚入托的婴幼儿要及时向家长了解其如厕的情况，以及家长引导婴幼儿如厕的想法或方法，当家庭与园方的想法或做法有很大的差异时，要做进一步的沟通与交流。

③ 婴幼儿有学坐马桶的意愿时，可能会呈现的征兆。

A. 尿布经常都是干的。

B. 想要穿着衣服坐在马桶上。

C. 经常说已经尿出来或拉出来了，或是想要尿尿或便便。

---

① 《美国国家卫生和安全标准》：保育人员提供儿童尺寸马桶，或是把适合儿童使用的马桶坐垫固定在成人马桶上，并提供安全、易清洁的踏脚凳。

D. 可以独立或在别人的帮助下把衣服脱掉。

E. 排便时,懂得如何用力。

F. 想要坐马桶,也会谈论"尿尿"和"便便"。

④ 与家长分享园方引导婴幼儿使用马桶的方法。

A. 观察婴幼儿是否可以开始学坐马桶。

B. 不断地以温和的口吻鼓励婴幼儿,不过度施压或使婴幼儿感到羞耻。

C. 适时提醒婴幼儿上厕所。

D. 婴幼儿顺利解完大小便后,给予适度的表扬。

E. 允许婴幼儿看自己的排泄物,和婴幼儿一起冲马桶。

F. 以平常心看待婴幼儿尿裤子、拉裤子等意外状况。

⑤ 帮助家长对待婴幼儿坐马桶保持平常心。

让家长知道尿裤子、拉裤子是学习过程中不可避免的,应以平常心看待。告诉家长,即使是已经可以顺利坐在马桶上大小便的婴幼儿,还是会有一段时间需要晚上包尿布;婴幼儿会因为各种原因暂时出现退步的现象;男孩和女孩学坐马桶的时长有差别;尊重个体差异,不要期望婴幼儿学坐马桶的经历会与其兄弟姐妹一模一样。

⑥ 定期与家长讨论引导婴幼儿坐马桶的事。

与家长交流婴幼儿在家和在园使用马桶的情形,彼此交换对婴幼儿特别有用的方法。保教人员可利用制作的图表或每日的笔记与家长交谈。如写下婴幼儿最近一次使用马桶的时间,记录是否排便。尿裤子、拉裤子等意外状况也要记录下来。

⑦ 婴幼儿换尿布与坐马桶事件的表现与回应。

小婴儿(6—12个月)		
行为表现	可能的感受	可回应
哭闹不休,在你怀里扭动不安。	他可能是因为尿布湿了或脏了而感到不舒服。	检查他的尿布,如果是尿布湿了或脏了,就要马上换掉,让他知道你很关心他的感受。在这个过程中给他机会表现,以提升他自尊自重与胜任感。告诉他:"我要把你抱起来喽!"但是要等他看着你时再抱起他。

续　表

行为表现	可能的感受	可回应
在你帮他换尿布时一直盯着你看。	他可能喜欢和你在一起;或者他对你正在做的事感到好奇;也有可能他是想和你"说话"。	对他微笑,跟他说你现在正在做什么。告诉他"我要把你放下来喽!首先,我们来把你的紫色袜子脱下来"。对他念首童谣,如打电话,"喂喂,请到我家吃草莓",并刻意强调可爱的语调以及与人沟通的乐趣。
在你帮他换尿布时,他想要翻身。	尿布桌上的纸可能刺刺的;或者他想看房间另一边的东西;或者他不想乖乖地躺着。	尽可能用好一点的纸铺在尿布桌上。认同他的感觉:"我知道要你躺着不动是件很难受的事。"给他一项任务,以吸引他的注意力:"帮我拿着干净的尿布好不好?"

较大婴儿(13—18个月)		
行为表现	可能的感受	可回应
拒绝躺平。	因为他才开始学走路,他可能很想站着看看他周围的世界,所以要他躺平是一件很痛苦的事。	如果可能,让他站着换尿布,以表示你了解他的感受。认同他想要站着探索世界的欲望:"我知道你想要到处走看看,我们可以换快一点。"
当你准备好帮他换尿布时,他把手伸进尿布里,想要摸自己的便便。	他可能对自己身体的排泄物感到好奇,而且想要用感官来了解它,就如同他认识其他事物一样。	向他解释他的"便便"不适合拿来玩,而是要冲掉的。帮他洗手,不需要小题大做。多给他一些运用感官的活动,包括嗅觉。
你帮他换好尿布后,他要自己扣扣子。	他可能觉得自己学了一些技巧,很了不起,便想帮忙。	认同他的努力:"你快扣上了。"对他的努力提供帮助:"我把扣子拿着,你来把扣环扣上。"如果他还不会扣扣子,建议家长给他穿容易扣合(如子母扣)的衣服,让他可以体验成功的感觉。提供其他的机会,让他发展精细动作技巧,例如:当他洗手时,让他练习开关水龙头;让他帮忙拆开尿布的包装。

学步儿（18个月以上）		
行为表现	可能的感受	可回应
坐到马桶上前，抚弄自己的生殖器官。	他可能对自己的身体及身体产生的各种感觉感到好奇；他可能正在探索一种新的兴趣，即男孩与女孩之间的不同。	帮助他接受并喜欢自己的身体；跟家长讨论他们在家里的用语，用他在家里使用的词汇。
顺利使用马桶大小便。	对于自己"长大了"觉得很自豪，也很高兴。	通过表达你的喜悦来鼓励他保持下去，但不须夸张，也不要增加无谓的压力。"你很棒!"之类的话即可。
顺利使用完马桶后却又尿尿或大便在裤子上。	他可能会觉得很丢脸或不好意思。	把它视为理所当然。"意外状况是难免的，我来帮你弄干净。"如果这种状况一再发生，甚至变得更加频繁，要询问家长是否有什么事给孩子增加了压力。如果可以，帮孩子解压或减压。

（三）点心正餐

1. 主动与家长讨论相关话题。

根据婴幼儿的月龄，主动与其家长讨论喂奶、断奶、喂辅食的话题，并且尽可能尊重家长的意愿。如婴幼儿的母亲想要继续喂母乳，就不要给婴幼儿喝太多牛奶，并为婴幼儿的母亲来园喂奶创设舒适又不受打扰的空间。

2. 和家长讨论婴幼儿一日的饮食结构。

主动向家长咨询婴幼儿在家的饮食内容；和家长讨论什么时候开始让婴幼儿吃固体食物。让家长看看幼儿园的菜单，以及婴幼儿在园进食的种类及数量等记录，和家长讨论婴幼儿一日的饮食结构。如果家长要求自己给婴幼儿做午餐，应创造条件满足，包括基于健康、文化或是个人的偏好。

合理膳食的要求①：

（1）食物搭配均衡，每日膳食由谷薯类、肉类、蛋类、豆类、乳及乳制品、蔬菜水果等组成。同类食物可轮流选用，做到膳食多样化。

（2）每日三餐两点，主副食并重。加餐以奶类、水果为主，配以少量松软面

---

① 《托育机构婴幼儿喂养与营养指南（试行）》二、24—36月龄婴幼儿喂养与营养要点——1. 合理膳食。

点。分量适宜,不影响正餐进食量。晚间不宜安排甜食,以预防龋齿。

(3) 保证幼儿按需饮水,根据季节酌情调整。提供安全饮用水,避免提供果汁饮料等。

(4) 选择安全、营养丰富、新鲜的食材和清洁水制备食物。制作过程注意卫生,进食过程注意安全。

(5) 食物合理烹调,适量油脂,少盐、少糖、少调味品。宜采用蒸、煮、炖、煨等方法,少用油炸、熏制、卤制等。

3. 征得家长的同意,为婴幼儿增添辅食。

在征得家长同意的情形下,逐步让婴幼儿尝试新的食物。婴幼儿需要一定的时间(通常五天)来验证其是否对某样食物过敏。

辅食添加原则与注意事项①:

(1) 从 6 月龄开始添加辅食,首选富含铁的泥糊状食物。

(2) 鼓励尝试新的食物,每次只引入 1 种。留意观察是否出现呕吐、腹泻、皮疹等不良反应,适应 1 种食物后再添加其他新的食物。若婴幼儿出现不适或严重不良反应,及时通知家长并就医。

(3) 逐渐调整辅食质地,与婴幼儿的咀嚼吞咽能力相适应,从稠粥、肉泥等泥糊状食物逐渐过渡到半固体或固体食物等。1 岁以后可吃软烂食物,2 岁之后可食用家庭膳食。

(4) 逐渐增加食物的种类,保证食物的多样化,包括谷薯类、豆类和坚果类、动物性食物(鱼、禽、肉及内脏)、蛋、含维生素 A 丰富的蔬果、其他蔬果、奶类及奶制品等。

(5) 辅食应选择安全、营养丰富、新鲜的食材,并符合婴幼儿喜好。婴幼儿辅食应单独制作,1 岁以内婴儿辅食应当保持原味,不加盐、糖和调味品。制作过程注意卫生,进食过程注意安全。

4. 与家长配合,培养婴幼儿良好的进餐习惯②。

(1) 营造安静温馨、轻松愉悦的就餐环境,引导婴幼儿享受食物,逐步养成规律就餐、专注就餐、自主进食的良好饮食习惯。每次正餐控制在 30 分钟内。

---

① 《托育机构婴幼儿喂养与营养指南(试行)》一、6—24 月龄婴幼儿喂养与营养要点——2.辅食添加原则与注意事项。

② 《托育机构婴幼儿喂养与营养指南(试行)》二、24—36 月龄婴幼儿喂养与营养要点——2.培养良好的习惯。

（2）安排适宜的进餐时间、地点和场景,根据婴幼儿特点选择和烹制食物,引导婴幼儿对健康食物的选择,培养不挑食不偏食的良好习惯,不限制也不强迫进食。进餐时避免分散注意力。开始培养进餐礼仪。

（3）喂养过程中注意进食安全,避免伤害。不提供易导致呛噎的食物,如花生、腰果等整粒坚果和葡萄、果冻等。

5. 与家长配合适时对婴幼儿进行食育①。

适时引导婴幼儿感受食物,通过视觉、触觉、嗅觉、味觉、听觉等感知食物的色、香、味、质地,激发其对食物的兴趣,促进其认识食物,接受新食物。可以让婴幼儿观察或参与简单的植物播种、照料、采摘等过程,并让幼儿参与食物的制作。

6. 婴幼儿对吃饭事件的表现与回应。

小婴儿（6—12个月）		
行为表现	可能的感受	可回应
吵闹不休。	他可能肚子饿。	让他坐在你的腿上喝奶。这样他可以通过视觉、听觉、嗅觉体验用餐的情形。
吃香蕉时发出咿咿呀呀的声音。	他正在表达他的喜悦和兴趣。	跟他谈论他在做的事,"我们今天的点心是香蕉"。
把手伸进碗里,抓一把地瓜泥;一边吃一边把地瓜泥在餐盘上涂抹得到处都是。	他正在认识食物的味道和质地。	即使他弄得脸上、头发、椅子上到处都是,你还是要鼓励他摸摸看、尝尝看,因为这是他学习的方法。你可以建议他使用汤匙,不过如果他还是继续用手吃,你也不必太惊讶。

较大婴儿（13—18个月）		
行为表现	可能的感受	可回应
把你拿给他的香蕉丢到地上或转开身。	他可能是在说他吃饱了,或他不喜欢香蕉。	问他是否已经吃完了,再给他一片香蕉。如果他还是不感兴趣,帮他把手和脸擦干净,让他去进行其他活动。

---

① 《托育机构婴幼儿喂养与营养指南(试行)》三、婴幼儿食育——3.感受和认识食物。

续　表

行为表现	可能的感受	可回应
从别的孩子手上把饼干抢过来。	他可能还不知道该如何跟别人要东西或如何跟别人分享。	告诉他这片饼干是别人的,"那是亮亮的饼干,这一片给你"。
从餐桌前站起来。	他吃饱了。	帮他想想看,接下来要做什么,"我想你已经吃饱了,我们一起把桌子清一清,把脸和手擦一擦,然后你就可以去玩了"。

学步儿(18个月以上)		
行为表现	可能的感受	可回应
看你放餐具。	他对你在做的事感到很好奇。	给他参与的机会,"我们把你的手洗一洗,你就可以帮忙摆盘子了"。
小心翼翼地倒果汁并用汤匙吃煮好的青菜。	对于自己可以倒果汁和进食感到自豪。	称赞他的技巧,帮助他建立自信心,"你做得真好! 你用汤匙把青菜都吃光了"。
喝完牛奶,并把盘子里所有的食物都吃光。	他已经吃完了,而且可能还觉得饿。	问他还要不要,如果他还要就给他。如果不要,就提醒他接下来该做什么,"把脏盘子放在指定的地方,然后擦脸,擦手"。鼓励他进行安静的活动直到每个人都吃完为止。

（四）午休睡眠

1. 如何营造有利于睡眠的环境?

（1）创设安静且安全的空间。

婴幼儿睡觉的房间一定要安静而且通风良好。室内温度 20℃—25℃ 为宜。白天不必过度遮蔽光线。可以播放轻柔的音乐,婴儿床或睡垫之间两两相隔约 90 厘米,并让每个婴幼儿的头向着另一个婴幼儿的脚。

（2）固定婴幼儿的床位。

一个婴幼儿如果每天都睡同一个位置的同一个婴儿床会比较有安全感。

（3）让婴幼儿抱着熟悉的物件入睡。

鼓励家长从家里带一些婴幼儿熟悉、能给其安全感的物件,如毯子或毛绒玩具,当婴幼儿抱着这些物件入睡时,会觉得有安全感,从而能安心入睡。

2. 婴幼儿每天应该什么时候睡觉,睡多久合适?

敏感识别婴幼儿睡眠信号,及时让其独立入睡,培养婴幼儿自主入睡的习惯,避免养成抱睡、摇睡、含乳头睡等不良的入睡习惯。保证婴幼儿的充足睡眠,每天总睡眠时间在婴儿期为 12—17 小时,幼儿期为 10—14 小时。婴幼儿夜间睡眠时间应达到 8 小时以上①。

3. 为什么有些婴幼儿不容易入睡?

(1) 睡觉代表要乖乖地躺着。

刚学会走路的婴幼儿,都会很想要一直走来走去。这个阶段的婴幼儿站在婴儿床里拒绝睡觉是常有的事;有时即使睡着了,腿还是一直在动,好像在走路一样。

(2) 睡觉代表分离。

有些婴幼儿觉得闭上眼睛睡觉时,是在跟这个世界上的人、事、物说再见。有些婴幼儿觉得睡觉是要跟这个世界"切断联络",所以不愿意睡觉。

(3) 借此展现个体需求或独立性。

有些婴幼儿想要得到或需要成人更多的关注,所以,用拒绝睡午觉的方式获得满足;有些婴幼儿可能发现身边的成人不用睡午觉,用"小婴儿才需要睡午觉"来"证明"自己长大了。

4. 如何让婴幼儿获得足够的睡眠?

(1) 每天带婴幼儿到户外进行活动。

合理安排幼儿的身体活动和户外活动,建议户外活动每天不少于 2 小时②。每天的运动加上新鲜的空气和阳光都能让婴幼儿的身心松弛。

(2) 敏感识别婴幼儿睡眠信号。

敏感识别婴幼儿睡眠信号,如哭闹、揉眼睛、容易无理取闹、脾气变得古怪、比平常容易受挫等。

---

① 《3岁以下婴幼儿健康养育照护指南(试行)》三、婴幼儿健康养育照护咨询指导内容——(四)生活照护指导:① 睡眠环境。卧室应安静、空气新鲜,室内温度 20℃—25℃ 为宜。白天不必过度遮蔽光线,夜晚睡后熄灯。卧室不宜放置电视或视屏类产品。② 睡眠时间。保证婴幼儿的充足睡眠,每天总睡眠时间在婴儿期为 12—17 小时,幼儿期为 10—14 小时。婴幼儿夜间睡眠时间应达到 8 小时以上。③ 入睡方式。培养婴幼儿自主入睡习惯,敏感识别婴幼儿睡眠信号,及时让其独立入睡,避免养成抱睡、摇睡、含乳头睡等不良入睡习惯。

② 《托育机构婴幼儿喂养与营养指南(试行)》二、24—36 月龄婴幼儿喂养与营养要点——2. 培养良好的习惯:合理安排幼儿的身体活动和户外活动,建议户外活动每天不少于 2 小时。

（3）建立固定的睡前模式。

在午睡前安排安静的活动，如读一本故事书、播放轻柔的音乐，以营造轻松的气氛。这样有助于让婴幼儿安静下来，并且知道午睡时间快到了。

（4）了解特殊的入睡习惯。

与家长沟通，了解婴幼儿的入睡习惯，如唱催眠曲、播放父亲或母亲讲故事或唱歌的录音带、抚摸孩子的背、说"晚安"或"好好睡"等。

5. 幼儿在午休时间哭闹怎么办？

（1）和家长一起分析婴幼儿哭泣的原因。

了解婴幼儿在家午睡的情况，与家长一起对比分析婴幼儿哭泣的原因：情绪太紧绷？太累了？在害怕什么？睡前小哭一阵是习惯等，再采取措施。

（2）辨别哭泣的强度，采取不同的策略。

婴幼儿是为了发泄情绪，还是只是"抗议"几分钟？越哭越小声了吗？如果有成人陪伴，是不是就不哭了？是被其他孩子带哭的？……答案不同，采取的策略也将不同。

6. 婴幼儿不睡觉时，该怎么办？

（1）站在婴幼儿的立场，将有助于问题的解决。

试着找出婴幼儿睡不着的原因，这有助于选择适宜的解决策略。如对于刚学会自己走路的婴幼儿，午睡是一件很困难的事。所以，不睡午觉只是一个过渡阶段，不会一直都这样的；持续又湿又冷的天气里，部分婴幼儿不睡觉的原因可能是因为运动量不够，所以可以创造条件在室内运动。

（2）如果大部分婴幼儿不想睡觉时，就要检讨整体的情况。

假设午休时间大部分婴幼儿不想睡觉，而且这种情形每天都发生，必须调整托育计划，考虑下列的问题：每天是否给了婴幼儿足够的时间从事户外活动？规划的每日作息表里，午休时间是否排得太早？在忙碌的早晨和午餐过后，是否给了婴幼儿充裕的时间放松等。

7. 如何在婴幼儿睡眠这件事上与家长配合？

（1）每天与家长聊聊婴幼儿的睡眠习惯。

主动与家长交流婴幼儿在园的睡眠情况，如之前睡了多久、最近一次睡觉的时间、睡眠习惯有没有改变，园方将如何依照婴幼儿的需要来规划午休时间等。

（2）向家长询问婴幼儿在家里的睡眠习惯。

有些婴幼儿有固定的上床时间，并固定睡在自己的婴儿床里；有些婴幼儿则随时随地都可以睡；有些婴幼儿则可以睡在地垫上或吊床里。保教人员尽可能提供与婴幼儿家中同样舒适的睡眠环境。

（3）如果婴幼儿有睡眠障碍，要给家长提供必要的协助。

让家长知道睡眠障碍是很常见的，尤其是对两岁的婴幼儿而言，而且这些问题是会自然消失的。让家长知道婴幼儿绝对会得到其所需的睡眠。

8. 婴幼儿对午休事件的表现及回应。

小婴儿（6—12个月）		
行为表现	可能的感受	可回应
揉眼睛。	他可能想睡觉。	说出他可能的感觉："你好像很困。"虽然他不见得懂你的意思，然而当你在照顾他的需要时，他会知道你是可信任的。接下来想看看他需要以哪种方法入睡，例如：他是要你抱着他坐在摆椅上摇着入睡呢，还是躺在自己的婴儿床上哭几分钟，把紧绷的情绪发泄完才能入睡？
到户外散步时，在婴儿车里睡着了。	他累了，需要睡觉。	让他睡。虽然睡着时无法学习，但是当他醒来后，因为得到了充分的休息，他会变得更机敏，更能掌握学习的机会。
醒来开始哭。	他可能是饿了，或是因为尿布湿了不舒服，或者因为刚从睡梦中醒来，需要一些安抚。	轻声对他说话并把他抱起。检查他的尿布。如果你觉得他是饿了。就给他喝奶。安抚他的情绪，"没事了，我们一起念本书清醒一下好吗？"

较大婴儿（13—18个月）		
行为表现	可能的感受	可回应
当你把他放进婴儿床时，拼命抵抗，即使你知道他应该已经很累了。	他可能是想要站起来走动，被限制在婴儿床里让他觉得很不舒服。	说出他可能的感受，"要停下手边的游戏很不容易"。轻轻哼一首歌或轻拍他背。如果他从家里带了他心爱的东西来，让他拿着，告诉他："现在是休息时间，等休息完再玩。"如果他需要哭才能安静下来，就让他哭一下。如果他抵抗得非常厉害，

续　表

行为表现	可能的感受	可回应
		完全不想睡,或许你可以考虑让他起来玩,晚点再让他睡。当他需要休息时,他自然会睡。
睡一下就醒来并开始叫大人。	他可能已经休息够了,想要起床。也有可能还想睡。	如果你认为他已经可以起床了,就让他起床,陪他做些静态的活动,等其他孩子起来。如果你认为他的睡眠受到了打扰,其实他还很累,你可以轻轻将他放回婴儿床,轻拍他的背帮助他入睡。
到幼儿园后不久就显得很困。	他可能坐了很久的车,或者他昨晚没睡好,他可能需要先睡一下。	调整你的计划,让他可以先睡一觉,例如:变更早上的计划,让他可以睡一下。如果你们出去散步,要准备一个婴儿推车,让他累了时可以坐着或躺着休息,那么等他休息够了,便有精力感知与探索周围事物。

学步儿(18 个月以上)		
行为表现	可能的感受	可回应
在睡垫上动来动去,安静不下来。	他可能是需要上厕所,或者他可能受到房间里的声音或光线的刺激。	问他是不是需要上厕所,如果是,让他去。把灯光调暗,小声地播放轻音乐。坐在他旁边,轻声地跟他说话,一边抚摸他的背或帮他盖条毯子,并让他拿着从家里带来的"宝贝"。
离开婴儿床,并发出很大的声音,吵到其他孩子。	他可能还不累,或是需要有人帮他安静下来,他也可能是找理由试探你,看你怎么回应,来表明自己的独立性。	立即介入,让他知道"其他的孩子正在睡觉,现在必须保持安静,你必须躺下来,才不会把他们吵醒"。帮助他放松并安静下来。
休息时间不睡觉。	他可能已经不再需要在白天睡觉了。	鼓励他躺在幼儿床上 10—15 分钟,看看能不能睡着。如果还是睡不着,告诉他"你可以安静地玩,或是坐在你的垫子上看书,等其他孩子醒来"。

五、教养人员必须了解的安全保育

（一）识别婴幼儿的行为及应对的安全措施

小婴儿（6—12个月）		
可能会做的事	维护安全的举措	发展的可能性
把看到的每样东西都放进嘴里。	提供消毒过的无毒材料玩具，而且确定没有会破裂或小零件。	安全的玩具能够满足婴幼儿调动所有感官（包括嘴巴）来探索和学习的需要。
用整个身体来学习，如摇摆、打滚。	让婴幼儿可以从不同的角度浏览四周的区域。	安全的空间能满足婴幼儿四处活动、探索、学习的需要。
学坐。	确定高脚椅、婴儿推车、秋千上都有安全带。	满足婴幼儿从不同的角度了解周围环境的需要。
握奶瓶。	为婴幼儿准备属于自己的奶瓶。要抱着婴幼儿，不要垫高奶瓶，让其自己喝。把奶瓶垫高让婴幼儿自己喝奶有窒息的危险。	给婴幼儿安全感。

较大婴儿（13—18个月）		
可能会做的事	维护安全的举措	发展的可能性
爬行并扶着家具站起来。	提供适合爬行的安全区域。确定家具都很稳固，不会因婴幼儿扶住便翻倒或滑开。	发展爬行或扶住东西站起来的动作。
热衷于触摸、把玩东西。	提供安全的玩具和空间。插座应盖住，电线也要加以隐藏。不要让婴幼儿离开成人的视线范围。	满足婴幼儿学习和探索的需要，与成人建立正向的关系。
不懂什么是"规则"。	用家具设定界限。跟婴幼儿反复解释规则，如用动作辅助语言："要在书柜前、放了玩具的地方玩。"	获得学习语言、理解规则的机会。
开始学走路。	在地面铺设地毯。把可能会绊倒孩子的东西移开。不要用学步车。	掌握走路的技巧。

学步儿（18个月以上）		
可能会做的事	维护安全的举措	发展的可能性
走、跑、爬，热衷于触摸、把玩东西。	提供室内外从事动态游戏的开放空间。	一旦知道自己跌倒时不会受伤，婴幼儿便能更勇于探索和主动学习。
掌握生活自理技能：如上厕所、穿衣、擤鼻涕、刷牙、洗手等。	把卫生纸、纸巾、肥皂放在婴幼儿拿得到的地方。将水温调到低于40摄氏度，并在洗手台前放个稳固的踏脚凳。	学习并运用生活自理能力。
开始了解规则，仍会去试探极限。	及时把游戏区的门或矮栅栏关上，并重复解释规则。	让婴幼儿了解什么是规则，什么是限制。

（二）避免安全隐患及创设安全环境

预防的目标是要在任何可能的问题发生之前先行阻止。只要了解伤害发生的原因并学会预防，就可以事先采取防范措施，避免婴幼儿受伤。最重要的防范措施是定期检查室内外环境，以找出潜藏的危险因素。

1. 园内、娃娃车上都备有急救箱，并在一个书包里备一个急救包，供外出活动时携带使用。

2. 在睡觉区域的外围和每层楼梯的天花板都设置火灾报警控制器。

3. 每层楼和靠近厨房炉台的地方，都必须放置灭火器。

4. 采用无毒、无铅油漆。

5. 家具尺寸要符合婴幼儿的年龄特点。

6. 婴儿床的栏杆间距不超过6厘米宽（避免婴幼儿的头被卡住），婴儿床四角床柱突出不超过0.15厘米。

7. 婴儿床的床垫与床边的距离不要超过两根手指头（避免婴幼儿窒息）。

8. 家具、布制玩具、床、地毯都要能防火。

9. 楼梯和走廊光线良好，照明充足。

10. 楼梯要有适合婴幼儿高度的扶手，阶梯采用防滑表面，浴缸要放置防滑垫或贴上防滑胶条。

11. 室内外游戏设施依照婴幼儿的身高设计（乳牙班设施高度不超过45厘米；托小班设施高度不超过60厘米；托大班的设施高度不超过90厘米）。

12. 户外游戏区域用至少120厘米高的栅栏或天然屏障围起来（底部离地空

隙不超过 9 厘米)。

13. 每项户外游戏设施均很稳固,并且维持在 270 厘米的间距(秋千之类会摇摆的设施间距在 460 厘米左右)。

14. 所有的室内外游戏设施所放置的地面均铺设弹性材料,如特别用来减震的橡皮垫。

15. 工具间、车库、工作台、阳台要上锁,禁止婴幼儿攀爬。

16. 成人运动休闲设施要收藏在婴幼儿接触不到的地方。

17. 玻璃门必须采用安全玻璃材料,在婴幼儿视线高度处要贴印花。

18. 访客进入必须登记。

19. 只有通过授权的成人才能接送婴幼儿。

20. 维持合适的成人与婴幼儿人数比例。

21. 定期检查是否采取了所有的意外伤害预防措施。

(三) 托班环境中禁止使用的设备、材料和玩具如下

1. 学步车,除非是婴幼儿的"个别家庭服务计划"所提出的(会导致跌倒和受伤)。

2. 健身弹簧垫(会导致跌倒和受伤)。

3. 直径小于 3 厘米的玩具或物体(会有噎到、窒息的危险)。

4. 有会脱落的小零件的玩具或物体(会有噎到、窒息的危险)。

5. 玩具或物体附有超过 30 厘米的绳子或线(会有勒着的危险)。

6. 不用的冰箱(会有窒息的危险)。

7. 塑胶袋(会有窒息的危险)。

8. 尼龙包装材料(会有噎到、窒息的危险)。

9. 尚未充气或已经泄气的气球(会有噎到、窒息的危险)。

10. 弹珠(会有噎到、窒息的危险)。

11. 大头针或安全别针(会使婴幼儿受到内伤)。

12. 爽身粉(会吸进婴幼儿的肺里)。

13. 不适合的食物,如整颗葡萄、含片、热狗(除非切成丁状或条状)、硬糖果、口香糖、花生(会有噎到、窒息的危险)。

14. 有毒植物,如杜鹃花、黄水仙、黛粉叶、常春藤和槲寄生等。

15. 不慎吞食会造成伤害的美劳材料,例如:粉末黏土、粉末颜料、含铅釉彩、油性颜料、冷染料、不掉色的彩色笔、纸、黏土、树脂和胶棒。

（四）照料特殊儿童的注意事项

1. 如何照顾急性病婴幼儿？

婴幼儿患病期间应当在医院接受治疗或在家护理。托育机构应当建立卫生消毒和患儿隔离制度、传染病预防和管理制度,做好疾病预防控制和婴幼儿健康管理工作①。婴幼儿有下列征兆时,就必须予以隔离：

（1）发烧（口腔温度 38.3 摄氏度以上,直肠肛门温度 38.8 摄氏度以上,腋窝温度 37.7 摄氏度以上）,伴随着行为的改变和其他的病征。

（2）结膜炎（化脓性结膜炎）伴随白色或黄色分泌物（在治疗 24 小时后方可解除隔离）。

（3）水痘（在疹子或伤口干瘪六天后方可解除隔离）。

（4）百日咳（在抗生素治疗开始五天后方可解除隔离）。

（5）腮腺炎（在腮腺肿起九天后方可解除隔离）。

（6）甲肝（病发一星期后方可解除隔离）。

（7）麻疹（出疹子六天后方可解除隔离）。

（8）德国麻疹（出疹子六天后方可解除隔离）。

（9）头虱（治疗开始后方可解除隔离）或疥疮（痊愈后方可解除隔离）。

（10）肺结核（隔离时间由卫生单位决定）。

（11）脓痂疹（治疗 24 小时后方可解除隔离）

（12）链球菌引起的喉咙痛（治疗 24 小时后而且烧退了方可解除隔离）。

（13）腹泻不止。

（14）咳嗽不止。

（15）呼吸困难或呼吸急促。

（16）在 24 小时之内呕吐两次以上。

（17）嘴巴痛,伴随流口水。

（18）出疹子,伴随发烧或正常行为的改变。

2. 如何照顾慢性病婴幼儿？

慢性的健康问题从轻微的过敏到末期的疾病都有,如哮喘、肺炎、先天性心

---

① 《托育机构管理规范（试行）》健康管理：第二十六条　婴幼儿患病期间应当在医院接受治疗或在家护理。第二十七条　托育机构应当建立卫生消毒和患儿隔离制度、传染病预防和管理制度,做好疾病预防控制和婴幼儿健康管理工作。

脏病、急性白血病、贫血、糖尿病、癫痫、慢性支气管炎、慢性肾小球肾炎等。

尽可能和患有慢性病的婴幼儿家长及医生谈谈,了解婴幼儿的状况,多吸取相关的知识,向专业机构询问或索取资料。同时,拟订一份书面的健康计划,并放在方便拿取的地方。如何应对紧急状况的处理?

（1）了解婴幼儿有什么症状,向家长、医生请教疾病可能带来的危机。

（2）了解是什么原因造成这些危机,以及发生的频率,每一次可能持续的时长。

（3）了解危机发生前会有什么征兆。

（4）向家长、医生或红十字会请教紧急状况发生时应该采取什么行动,并要求相关人员接受专门训练。

（5）将危机处理的计划写下来,列出简单的步骤,以便突发时执行无误。

（6）在健康计划书中标注避免的活动与饮食的限制,并在明显处张贴告示,让班级每位保教人员都知道。例如：×××不能吃柑橘类的水果,因为会引起严重过敏。

（五）紧急情况逃生计划与指导

逃生计划的内容,是带着婴幼儿离开园所,到另一个安全的地点。如,在安全出口附近放一个可以容得下好几个婴儿的婴儿推床,以便在发生火灾或烟雾弥漫时要同时带好几个孩子逃生用。危险发生时,首要考虑的是保住性命,而非财产。逃生计划应该要得到消防人员的认可,并让家长知道。同时也需要张贴在明显处,作为提醒。一个月进行一次逃生演练,让保教人员和婴幼儿熟悉整个过程,成为反射动作。并将演练的时间和状况记录下来。

除此之外,还要为当地可能发生的自然灾害拟订计划,如龙卷风、地震或台风(飓风)等。计划要考虑婴幼儿连续几天被困在园所里的可能性。

1.让家长知道逃生计划的内容。

家长知道计划内容,会感到安心。除此之外,在拟订逃生计划时,家长通常也能够提供有用的信息。如,在急救时需要注意,紧急情况发生,应先打哪个电话等。

2.确定备有各种和紧急事件相关的表格。

如,紧急运输许可表格、紧急用药许可表格、紧急住院或手术许可表格、最新的紧急联络表,以及伤害/意外报告表格等。

3.随时备好紧急补给。

在执行计划时,手边随时都要备有婴儿奶粉、食物、饮用水、衣服、尿布和药物。

4. 逃生计划范例。

(1) 按下警铃。

(2) 拿起随身急救包(一个黑色帆布袋),内含紧急联络电话。把急救包背在肩上。

(3) 把孩子抱到婴儿推床里。

(4) 左手牵着剩余的孩子。

(5) 如果要从前门逃生,打开门,带孩子出去。

(6) 如果要从后门逃生,推开门,带孩子到野餐区。

(7) 如果要从窗户逃生,打开窗户,带着孩子一起爬出去。

(8) 到达安全区域后,再次确认孩子都出来了。

(9) 通知消防队。

(10) 安抚孩子。

(11) 通知孩子的家长,让其知道发生了什么事,以及孩子现在是安全的。

六、教养人员必须了解的感觉统合相关知识

(一) 感统训练的概念认知

感觉是个体大脑对环境中直接作用于感觉器官的客观事物的个别属性的反应。包括视觉、听觉、嗅觉、触觉、味觉等多种类的感觉。

感觉统合是指个体在环境中,将来自不同感觉通路的信息,如视觉、听觉、嗅觉、味觉、触觉以及平衡觉、本体觉等,通过大脑中枢神经的前庭觉进行辨识和筛选,然后将重要的信息传递给大脑,通过大脑对信息进行加工处理、协调整合之后,形成知觉,再指挥身体作出正确的反应,这个过程是吸收有效信息和作出适应性反应的过程。① 简称"感统"。感觉统合主要是包含视觉统合、听觉统合、触觉统合、本体觉统合和前庭觉统合五大类。

例如,剥橘子时,视觉使我们知道它是黄色的(成熟时)、圆形的,触觉使我们知道它有粗糙的外皮和多汁的果肉,嗅觉告诉我们它有芬芳的气味,味觉告诉我们它是酸酸甜甜的,以手掂量它的重量时,运动觉告诉我们它重重的。综合了这些个体客观的感觉,才能形成对橘子整体的主观知觉,孩子通过这样的认知,知道橘子是圆的,可以当球玩,它重重的比较有分量,也知道它多汁可口,

---

① 杨霞,叶蓉.《儿童感觉统合训练实用手册》[M].第二军医大学出版社,2007.1(1):3.

可以解渴。

感觉统合训练是指为了提高个体感觉统合能力、减少感觉统合失调对个体生活、学习的全面影响而展开的有计划的训练活动。顾名思义，感觉统合训练就是指为了提高或者改善个体的感觉统合能力而进行的有计划的并且是具有针对性的训练。①

(二) 感统失调的危害

感觉统合失调又称为"神经运动机能不全症"，这是一种中枢神经系统的障碍问题，是指环境中的感觉刺激信息无法在大脑神经系统中进行正确的分析处理和反应时，大脑对身体各器官失去了控制和整合能力，使有机体不能和谐有效运作。②

感统能力的发展在孕期就已经开始了，并伴随着孩子的一生，所以孕期是非常重要的。

学龄期：感统失调的孩子学龄前可能表现不太明显，但到了学龄期就会在学习上和性格上慢慢表现出来。比如，上课走神，不能独立完成作业，人际交往能力明显吃力。

青年期：感统失调的孩子到了青年期变化明显，有的智商很高，学习成绩很好，但走上社会却无法适应，很多方面发挥不出来，工作能力、交际能力出现困难，甚至终生受限。

前庭觉不良的孩子会造成专注力不好，学龄前的孩子可能不会表现出来或不明显，孩子升入小学后，如果注意力不集中，专注力不好，会造成孩子学习成绩跟不上，造成孩子自卑自信心不足，严重影响孩子以后的学业乃至事业发展。

感受地心引力的能力不佳，会影响孩子的平衡协调能力，让孩子处于一个战战兢兢的状态，孩子身体姿态维持不佳，做事前怕狼后怕虎，这样时间久了会让孩子的情绪出现问题，影响孩子的自信心。

(三) 感统训练的最佳年龄段及益处

1. 感统训练的不同年龄段。

(1) 0—3岁是感统训练的基础期，这个阶段让孩子接受一定量的合适的感统训练，可以有效预防日后感统失调问题。

---

① 李淑英，王喜军，刘迪.《特殊儿童感觉统合训练理论与实践》[M].天津教育出版社,2014.09.
② 于帆.《中国儿童感觉统合游戏》[M].中国妇女出版社,2011.7(1)：19.

（2）3—6 岁是感统训练的黄金期，这个阶段的孩子感统能力已经有了一定的基础，再加上能够自己表达，独立意识强，所以可以进行的感统训练门类也会随之增加，训练的效果会特别明显。

（3）6—9 岁是感统训练的弥补期，这个阶段的孩子的行为模式开始固化，但可以用足够的训练时间和适宜的训练强度来弥补感统失调等问题。

（4）9—12 岁是感统训练的末尾期，相比上个阶段，这个年龄段的孩子，行为模式基本上已经固定下来了，感统训练的效果和意义并不大，效果也不明显。

2. 感统训练的益处。

（1）提高儿童学习专注力，改善其厌学情绪。

对于学习困难的儿童，经过一段时间的集中感统训练后，动作变协调，情绪变稳定，注意力改善，学习效果会显著提高。

（2）对脑神经生理抑制具有改善作用。

感统训练对提高儿童精细操作能力、视觉辨别能力、语言表达能力和反应能力均有明显作用。

（3）提高运动协调能力。

对改善儿童运动平衡能力及动作不协调效果显著。对那些运动协调能力差的儿童，训练后其协调能力能得到显著改善。

（4）促进触觉系统的发育。

无论是触觉敏感还是触觉迟钝，经过针对性强的感统训练，都可以改变孩子胆小、爱哭、脾气暴躁和人情冷漠的状态。

七、教养人员必须了解的早期阅读相关知识

（一）挑选图画书的绿色通道

1. 符合年龄段特征的书。

很多书上都会写建议年龄，但是这个年龄指的是阅读年龄，如果婴幼儿接触阅读早，1 岁的婴幼儿可以尝试阅读建议 2 岁读的图画书；而如果没接触过阅读，可能 3 岁的年龄，还要从建议 1 岁可读的书开始。

2. 选择优秀的作者或出版社。

如果婴幼儿很喜欢某一本图画书，家长可以把这个作者的系列作品都收入囊中。因为优秀图画书作家的作品，倾注的价值观是一以贯之的。另外，优秀的出版社和品牌也是一本好书的保障。

3. 选择获奖作品。

国际上对图画书作品的评选奖项较多,如凯迪克大奖、国际安徒生奖、格林纳威大奖。认准这些获奖作品,都是经典之作,值得和孩子一起品读。

(二) 阅读的益处

教养孩子有很多方式,阅读只是其中的一种。人际关系怎么处理、情绪怎么处理、情商高不高……这些是人在立足社会之后,可能比学业成绩更重要的竞争力。而这些都不是教科书完全能给的,但通过图画书的共读,可以跟婴幼儿分享阅读的快乐。

婴幼儿读过一些图画书,短时间内不会有什么改变,但读过的书总会在未来某些时候派上用场。

给孩子读一本好书,就是为他撒下了一颗种子,这些种子会发芽、开花,然后住进一个小精灵;撒下的种子越多,住进来的小精灵就越多,一个个进驻孩子的心房,它们有一个共同的名字,就叫智慧小精灵,以后在人生路上遇到酸甜苦辣、生离死别等各种问题,孩子心中的智慧小精灵就会跟他对话,帮助他做抉择。

(三) 有快乐,有智慧,就是幸福阅读

好多成年人在给孩子读图画书时会问:这个字读什么啊? 图画书绝不是识字卡! 优秀的图画书有很强的文学性。读图画书的时候,成人可以经常问问孩子:

"你在这一页里发现了什么"(诱导观察)

"你觉得小兔子为什么会哭"(鼓励思考)

"为什么你觉得这是夜晚发生的事呢"(观察环境)

"你觉得故事没发生前,小猴子在干什么"(想象力)。

多问开放式的问题,不要问"是不是""对不对""有没有"。良好的引导,会让每一本图画书发挥它最大的作用。

图画书的阅读不仅仅是读书上的文字那么简单,每一本优秀的图画书都有很多延伸拓展训练,可以帮助孩子对书的理解更加深入。比如,做手工、做配对游戏、做角色扮演等。

很多家长在买书的时候会问:我家孩子不爱吃饭,给他看什么书呢? 我家孩子总喜欢吃手,该看什么书呢? 一般这样的家庭阅读,都会拿自己的孩子和书里的情节做对比,"你看,小兔子都爱吃饭,你怎么能不吃饭呢?"久而久之,孩子就会觉得,原来妈妈(爸爸)给我看书就是为了教育我……

图画书是一件跟大自然和妈妈的怀抱同样美好的东西,每个孩子都值得拥有。

附　录

政　策　文　件

一、国务院办公厅关于促进 3 岁以下婴幼儿
照护服务发展的指导意见

国办发〔2019〕15 号

各省、自治区、直辖市人民政府，国务院各部委、各直属机构：

3 岁以下婴幼儿（以下简称婴幼儿）照护服务是生命全周期服务管理的重要内容，事关婴幼儿健康成长，事关千家万户。为促进婴幼儿照护服务发展，经国务院同意，现提出如下意见。

一、总体要求

（一）指导思想。以习近平新时代中国特色社会主义思想为指导，全面贯彻党的十九大和十九届二中、三中全会精神，按照统筹推进"五位一体"总体布局和协调推进"四个全面"战略布局要求，坚持以人民为中心的发展思想，以需求和问题为导向，推进供给侧结构性改革，建立完善促进婴幼儿照护服务发展的政策法规体系、标准规范体系和服务供给体系，充分调动社会力量的积极性，多种形式开展婴幼儿照护服务，逐步满足人民群众对婴幼儿照护服务的需求，促进婴幼儿健康成长、广大家庭和谐幸福、经济社会持续发展。

（二）基本原则。

家庭为主，托育补充。人的社会化进程始于家庭，儿童监护抚养是父母的法定责任和义务，家庭对婴幼儿照护负主体责任。发展婴幼儿照护服务的重点是为家庭提供科学养育指导，并对确有照护困难的家庭或婴幼儿提供必要的服务。

政策引导,普惠优先。将婴幼儿照护服务纳入经济社会发展规划,加快完善相关政策,强化政策引导和统筹引领,充分调动社会力量积极性,大力推动婴幼儿照护服务发展,优先支持普惠性婴幼儿照护服务机构。

安全健康,科学规范。按照儿童优先的原则,最大限度地保护婴幼儿,确保婴幼儿的安全和健康。遵循婴幼儿成长特点和规律,促进婴幼儿在身体发育、动作、语言、认知、情感与社会性等方面的全面发展。

属地管理,分类指导。在地方政府领导下,从实际出发,综合考虑城乡、区域发展特点,根据经济社会发展水平、工作基础和群众需求,有针对性地开展婴幼儿照护服务。

(三)发展目标。到 2020 年,婴幼儿照护服务的政策法规体系和标准规范体系初步建立,建成一批具有示范效应的婴幼儿照护服务机构,婴幼儿照护服务水平有所提升,人民群众的婴幼儿照护服务需求得到初步满足。

到 2025 年,婴幼儿照护服务的政策法规体系和标准规范体系基本健全,多元化、多样化、覆盖城乡的婴幼儿照护服务体系基本形成,婴幼儿照护服务水平明显提升,人民群众的婴幼儿照护服务需求得到进一步满足。

二、主要任务

(一)加强对家庭婴幼儿照护的支持和指导。

全面落实产假政策,鼓励用人单位采取灵活安排工作时间等积极措施,为婴幼儿照护创造便利条件。

支持脱产照护婴幼儿的父母重返工作岗位,并为其提供信息服务、就业指导和职业技能培训。

加强对家庭的婴幼儿早期发展指导,通过入户指导、亲子活动、家长课堂等方式,利用互联网等信息化手段,为家长及婴幼儿照护者提供婴幼儿早期发展指导服务,增强家庭的科学育儿能力。

切实做好基本公共卫生服务、妇幼保健服务工作,为婴幼儿家庭开展新生儿访视、膳食营养、生长发育、预防接种、安全防护、疾病防控等服务。

(二)加大对社区婴幼儿照护服务的支持力度。

地方各级政府要按照标准和规范在新建居住区规划、建设与常住人口规模相适应的婴幼儿照护服务设施及配套安全设施,并与住宅同步验收、同步交付使用;老城区和已建成居住区无婴幼儿照护服务设施的,要限期通过购置、置换、租赁等方式建设。有关标准和规范由住房城乡建设部于 2019 年 8 月底前制定。

鼓励通过市场化方式,采取公办民营、民办公助等多种方式,在就业人群密集的产业聚集区域和用人单位完善婴幼儿照护服务设施。

鼓励地方各级政府采取政府补贴、行业引导和动员社会力量参与等方式,在加快推进老旧居住小区设施改造过程中,通过做好公共活动区域的设施和部位改造,为婴幼儿照护创造安全、适宜的环境和条件。

各地要根据实际,在农村社区综合服务设施建设中,统筹考虑婴幼儿照护服务设施建设。

发挥城乡社区公共服务设施的婴幼儿照护服务功能,加强社区婴幼儿照护服务设施与社区服务中心(站)及社区卫生、文化、体育等设施的功能衔接,发挥综合效益。支持和引导社会力量依托社区提供婴幼儿照护服务。发挥网格化服务管理作用,大力推动资源、服务、管理下沉到社区,使基层各类机构、组织在服务保障婴幼儿照护等群众需求上有更大作为。

加大对农村和贫困地区婴幼儿照护服务的支持,推广婴幼儿早期发展项目。

(三)规范发展多种形式的婴幼儿照护服务机构。

举办非营利性婴幼儿照护服务机构的,在婴幼儿照护服务机构所在地的县级以上机构编制部门或民政部门注册登记;举办营利性婴幼儿照护服务机构的,在婴幼儿照护服务机构所在地的县级以上市场监管部门注册登记。婴幼儿照护服务机构经核准登记后,应当及时向当地卫生健康部门备案。登记机关应当及时将有关机构登记信息推送至卫生健康部门。

地方各级政府要将需要独立占地的婴幼儿照护服务设施和场地建设布局纳入相关规划,新建、扩建、改建一批婴幼儿照护服务机构和设施。城镇婴幼儿照护服务机构建设要充分考虑进城务工人员随迁婴幼儿的照护服务需求。

支持用人单位以单独或联合相关单位共同举办的方式,在工作场所为职工提供福利性婴幼儿照护服务,有条件的可向附近居民开放。鼓励支持有条件的幼儿园开设托班,招收2至3岁的幼儿。

各类婴幼儿照护服务机构可根据家庭的实际需求,提供全日托、半日托、计时托、临时托等多样化的婴幼儿照护服务;随着经济社会发展和人民消费水平提升,提供多层次的婴幼儿照护服务。

落实各类婴幼儿照护服务机构的安全管理主体责任,建立健全各类婴幼儿照护服务机构安全管理制度,配备相应的安全设施、器材及安保人员。依法加强安全监管,督促各类婴幼儿照护服务机构落实安全责任,严防安全事故发生。

加强婴幼儿照护服务机构的卫生保健工作。认真贯彻保育为主、保教结合的工作方针,为婴幼儿创造良好的生活环境,预防控制传染病,降低常见病的发病率,保障婴幼儿的身心健康。各级妇幼保健机构、疾病预防控制机构、卫生监督机构要按照职责加强对婴幼儿照护服务机构卫生保健工作的业务指导、咨询服务和监督检查。

加强婴幼儿照护服务专业化、规范化建设,遵循婴幼儿发展规律,建立健全婴幼儿照护服务的标准规范体系。各类婴幼儿照护服务机构开展婴幼儿照护服务必须符合国家和地方相关标准和规范,并对婴幼儿的安全和健康负主体责任。运用互联网等信息化手段对婴幼儿照护服务机构的服务过程加强监管,让广大家长放心。建立健全婴幼儿照护服务机构备案登记制度、信息公示制度和质量评估制度,对婴幼儿照护服务机构实施动态管理。依法逐步实行工作人员职业资格准入制度,对虐童等行为零容忍,对相关个人和直接管理人员实行终身禁入。婴幼儿照护服务机构设置标准和管理规范由国家卫生健康委制定,各地据此做好婴幼儿照护服务机构核准登记工作。

三、保障措施

(一)加强政策支持。充分发挥市场在资源配置中的决定性作用,梳理社会力量进入的堵点和难点,采取多种方式鼓励和支持社会力量举办婴幼儿照护服务机构。鼓励地方政府通过采取提供场地、减免租金等政策措施,加大对社会力量开展婴幼儿照护服务、用人单位内设婴幼儿照护服务机构的支持力度。鼓励地方政府探索试行与婴幼儿照护服务配套衔接的育儿假、产休假。创新服务管理方式,提升服务效能水平,为开展婴幼儿照护服务创造有利条件、提供便捷服务。

(二)加强用地保障。将婴幼儿照护服务机构和设施建设用地纳入土地利用总体规划、城乡规划和年度用地计划并优先予以保障,农用地转用指标、新增用地指标分配要适当向婴幼儿照护服务机构和设施建设用地倾斜。鼓励利用低效土地或闲置土地建设婴幼儿照护服务机构和设施。对婴幼儿照护服务设施和非营利性婴幼儿照护服务机构建设用地,符合《划拨用地目录》的,可采取划拨方式予以保障。

(三)加强队伍建设。高等院校和职业院校(含技工院校)要根据需求开设婴幼儿照护相关专业,合理确定招生规模、课程设置和教学内容,将安全照护等知识和能力纳入教学内容,加快培养婴幼儿照护相关专业人才。将婴幼儿照护服务人员作为急需紧缺人员纳入培训规划,切实加强婴幼儿照护服务相关法律法规培训,增强从业人员法治意识;大力开展职业道德和安全教育、职业技能培

训,提高婴幼儿照护服务能力和水平。依法保障从业人员合法权益,建设一支品德高尚、富有爱心、敬业奉献、素质优良的婴幼儿照护服务队伍。

(四)加强信息支撑。充分利用互联网、大数据、物联网、人工智能等技术,结合婴幼儿照护服务实际,研发应用婴幼儿照护服务信息管理系统,实现线上线下结合,在优化服务、加强管理、统计监测等方面发挥积极作用。

(五)加强社会支持。加快推进公共场所无障碍设施和母婴设施的建设和改造,开辟服务绿色通道,为婴幼儿出行、哺乳等提供便利条件,营造婴幼儿照护友好的社会环境。企业利用新技术、新工艺、新材料和新装备开发与婴幼儿照护相关的产品必须经过严格的安全评估和风险监测,切实保障安全性。

四、组织实施

(一)强化组织领导。各级政府要提高对发展婴幼儿照护服务的认识,将婴幼儿照护服务纳入经济社会发展相关规划和目标责任考核,发挥引导作用,制定切实管用的政策措施,促进婴幼儿照护服务规范发展。

(二)强化部门协同。婴幼儿照护服务发展工作由卫生健康部门牵头,发展改革、教育、公安、民政、财政、人力资源社会保障、自然资源、住房城乡建设、应急管理、税务、市场监管等部门要按照各自职责,加强对婴幼儿照护服务的指导、监督和管理。积极发挥工会、共青团、妇联、计划生育协会、宋庆龄基金会等群团组织和行业组织的作用,加强社会监督,强化行业自律,大力推动婴幼儿照护服务的健康发展。

(三)强化监督管理。加强对婴幼儿照护服务的监督管理,建立健全业务指导、督促检查、考核奖惩、安全保障和责任追究制度,确保各项政策措施、规章制度落实到位。按照属地管理和分工负责的原则,地方政府对婴幼儿照护服务的规范发展和安全监管负主要责任,制定婴幼儿照护服务的规范细则,各相关部门按照各自职责负监管责任。对履行职责不到位、发生安全事故的,要严格按照有关法律法规追究相关人员的责任。

(四)强化示范引领。在全国开展婴幼儿照护服务示范活动,建设一批示范单位,充分发挥示范引领、带动辐射作用,不断提高婴幼儿照护服务整体水平。

附件:促进 3 岁以下婴幼儿照护服务发展工作部门职责分工

国务院办公厅

2019 年 4 月 17 日

(此件公开发布)

附件

促进 3 岁以下婴幼儿照护服务
发展工作部门职责分工

发展改革部门负责将婴幼儿照护服务纳入经济社会发展相关规划。

教育部门负责各类婴幼儿照护服务人才培养。

公安部门负责监督指导各类婴幼儿照护服务机构开展安全防范。

民政部门负责非营利性婴幼儿照护服务机构法人的注册登记,推动有条件的地方将婴幼儿照护服务纳入城乡社区服务范围。

财政部门负责利用现有资金和政策渠道,对婴幼儿照护服务行业发展予以支持。

人力资源社会保障部门负责对婴幼儿照护服务从业人员开展职业技能培训,按规定予以职业资格认定,依法保障从业人员各项劳动保障权益。

自然资源部门负责优先保障婴幼儿照护服务机构和设施建设的土地供应,完善相关规划规范和标准。

住房城乡建设部门负责规划建设婴幼儿照护服务机构和设施,完善相关工程建设规范和标准。

卫生健康部门负责组织制定婴幼儿照护服务的政策规范,协调相关部门做好对婴幼儿照护服务机构的监督管理,负责婴幼儿照护卫生保健和婴幼儿早期发展的业务指导。

应急管理部门负责依法开展各类婴幼儿照护服务场所的消防监督检查工作。

税务部门负责贯彻落实有关支持婴幼儿照护服务发展的税收优惠政策。

市场监管部门负责营利性婴幼儿照护服务机构法人的注册登记,对各类婴幼儿照护服务机构的饮食用药安全进行监管。

工会组织负责推动用人单位为职工提供福利性婴幼儿照护服务。

共青团组织负责针对青年开展婴幼儿照护相关的宣传教育。

妇联组织负责参与为家庭提供科学育儿指导服务。

计划生育协会负责参与婴幼儿照护服务的宣传教育和社会监督。

宋庆龄基金会负责利用公益机构优势,多渠道、多形式参与婴幼儿照护服务。

二、托育机构质量评估标准

ICS 03.080.01
CCS C 50

WS

中 华 人 民 共 和 国 卫 生 行 业 标 准

WS/T 821—2023

托育机构质量评估标准

Evaluation standard for quality of childcare institutions

2023 年 10 月 21 日发布 　　　　2024 年 4 月 1 日实施

中华人民共和国国家卫生健康委员会发布

前　言

本标准由国家卫生健康委医疗管理服务指导中心负责技术审查、技术咨询、协调和格式审查,由国家卫生健康委员会人口监测与家庭发展司负责业务管理、法规司负责统筹管理。

本标准起草单位:中国儿童中心、中国疾病预防控制中心妇幼保健中心、北京师范大学中国基础教育质量监测协同创新中心、首都师范大学学前教育学院、北京中基智库教育咨询有限公司。

本标准主要起草人:杨彩霞、丛中笑、杨印、张玲玲、郑党、王瑛、徐轶群、张云运、刘昊、李晋红。

托育机构质量评估标准

1　范围

本标准规定了对托育机构的办托条件、托育队伍、保育照护、卫生保健、养育支持、安全保障、机构管理等评估的内容。

本标准适用于对为 3 岁以下婴幼儿提供全日托照护服务的机构(含幼儿园的托班)的评估。对提供半日托、计时托、临时托等照护服务的托育机构的评估可参照执行。

2　规范性引用文件

下列文件中的内容通过文中的规范性引用而构成本标准必不可少的条款。其中,注日期的引用文件,仅该日期对应的版本适用于本标准;不注日期的引用文件,其最新版本(包括所有的修改单)适用于本标准。

GB 6675 玩具安全

GB/T 3976 学校课桌椅功能尺寸及技术要求

GB/T 18883 室内空气质量标准

GB 36246 中小学合成材料面层运动场地

JGJ 39 托儿所、幼儿园建筑设计规范

GB 5749 生活饮用水卫生标准

WS/T 678 婴幼儿辅食添加营养指南

3 术语和定义

下列术语和定义适用于本标准。

3.1 托育机构 childcare institutions

由单位(事业单位、社会组织、企业等)或个人举办,由专业人员为 3 岁以下婴幼儿提供全日托、半日托、计时托、临时托等照护服务的机构。

3.2 托育工作人员 childcare providers

托育机构中的所有工作人员。托育工作人员包括托育机构负责人、保育人员、卫生保健人员、保安人员、炊事人员等。

3.3 保育人员 carers

在托育机构中通过创设适宜环境,合理安排一日生活和活动,为 3 岁以下婴幼儿提供生活照护、安全看护、平衡膳食和早期学习机会,促进婴幼儿身体和心理全面发展的人员。

3.4 照护服务 childcare service

根据婴幼儿发展的年龄特点和个体差异,由托育工作人员在托育机构直接或间接为 3 岁以下婴幼儿提供生活照护、安全看护、平衡膳食和早期学习机会,为家庭和社区提供科学育儿指导服务,促进婴幼儿身体和心理的全面发展。

4 办托条件

4.1 托育机构资质

4.1.1 应取得提供托育服务的营业执照,营业范围中应明确注明"托育服务"或"3 岁以下婴幼儿照护服务"。

4.1.2 自制婴幼儿餐食的托育机构应具有经营期内《食品经营许可证》原件,外送婴幼儿餐食的托育机构应具有加盖外送餐单位公章的《食品经营许可证》(主体业态标注"集体用餐配送单位"字样)复印件、具有与外送餐单位签订的送餐合同,配有专门的备餐间。

4.1.3 应按照国家卫生健康委《关于做好托育机构卫生评价工作的通知》要求,具有自我评价合格的托育机构卫生评价报告。

4.1.4 应具备年度内的消防安全检查合格证明。

4.1.5 应在托育机构所在地的县级卫生健康部门完成备案。

4.2 环境空间

4.2.1 设有满足婴幼儿生活游戏的生活用房及适当的辅助用房。婴幼儿生活用房应布置在3层及以下,不应布置在地下室或半地下室。配备保健观察室,建筑面积不少于6平方米,至少设有1张儿童观察床;保健观察室应与婴幼儿生活用房有适当的距离,并应与婴幼儿活动路线分开。有乳儿班(6—12个月)和托小班(12—24个月)的设有配奶的操作台或配奶室。乳儿班设有哺乳室或有布帘等遮挡的可供哺乳的空间,以及辅食调制台。设有机构的婴幼儿专用的盥洗室和厕所,盥洗室内有流动水洗手装置。有活动区、就餐区、睡眠区(可混用)。

4.2.2 为婴幼儿提供与生活游戏相适宜的室内外活动场所,面积适宜。乳儿班(6—12个月)活动区的使用面积不低于15平方米。托小班(12—24个月)和托大班(24—36个月)活动室的使用面积不低于35平方米,睡眠区与活动区合用时使用面积不小于50平方米。室外活动场地地面平整、防滑、无障碍、无尖锐突出物,采用软质地坪。有独立室外活动场地的,婴幼儿人均使用面积不小于3平方米。无独立室外活动场地的,设室内运动场地。

4.2.3 婴幼儿用房明亮,天然采光,生活用房窗洞开口面积不应小于该房间面积的20%。生活用房不宜朝西,当不可避免时,应采取遮阳措施。

4.2.4 房屋空气质量应合格,符合现行国家标准GB/T 18883。室外活动场地如果使用合成材料,应符合现行国家标准GB 36246。

4.3 设备设施

4.3.1 应配置符合婴幼儿年龄特点和安全卫生要求的生活设备设施,婴幼儿桌椅符合现行国家标准GB/T 3976。

4.3.2 婴幼儿的生活和游戏空间应安全,地面、窗户、防护栏、家具、家电等设备设施符合现行行业标准JGJ 39。

4.3.3 婴幼儿用房通风,温度和湿度适宜,符合现行行业标准JGJ 39。

4.4 玩具材料

4.4.1 配备符合不同月龄婴幼儿动作、认知、语言、情感与社会性等各个领域发展特点的玩具,数量充足、多样,具有安全环保标识,符合现行国家标准GB 6675。鼓励结合地域特点和婴幼儿特点,利用自然材料或生活材料自制玩具,玩具安全、环保。

4.4.2 配备符合不同月龄婴幼儿认知发展水平的图书,数量充足、种类多样。

每名幼儿不少于1册,种类不少于4类,且干净环保。

5 托育队伍

5.1 人员配备

5.1.1 负责人应具有大专及以上学历,有从事儿童保育教育、卫生健康等相关管理工作3年以上的经历。

5.1.2 保育人员应具有中专或普通高中及以上学历,并具有婴幼儿照护经验或相关专业背景,具备良好职业道德。合理配备保育人员,与婴幼儿的比例应不低于以下标准,乳儿班1∶3,托小班1∶5,托大班1∶7。18个月以上的婴幼儿可混合编班,每个班不超过18人,且保育人员与婴幼儿的人数比例不低于1∶5。

5.1.3 托育机构应配备卫生保健人员,卫生保健人员应具有高中以上学历,经过妇幼保健机构组织的卫生保健专业知识培训合格。收托50名及以下婴幼儿的,至少配备1名兼职卫生保健人员;收托50名以上、100名及以下婴幼儿的,至少配备1名专职卫生保健人员;收托100名以上婴幼儿的,至少配备1名专职和1名兼职卫生保健人员。卫生保健人员包括医师、护士和保健员。卫生保健人员工作期间应接受继续教育培训,且考核合格。

5.1.4 自制婴幼儿餐食的托育机构,收托50名及以下婴幼儿的,应配备1名炊事人员;收托50名以上的,每增加50名婴幼儿应增加1名炊事人员。外送婴幼儿餐食的托育机构,应有食品安全管理人员。

5.1.5 所有托育工作人员应具有健康证明,且在有效期内(每年至少健康检查一次,健康检查项目依据《托儿所幼儿园卫生保健工作规范》);不带病上岗。精神病患者、有精神病史者不得在托育机构工作。

5.1.6 所有托育工作人员应具有完全民事行为能力,有户籍地或者居住地公安派出所出具的无犯罪记录证明。

5.2 队伍建设

5.2.1 负责人应经过托育机构负责人岗位培训合格,培训总时间不少于60学时,其中理论培训不少于40学时,实践培训不少于20学时。保育人员应经过托育机构保育人员培训合格,培训总时间不少于120学时,其中理论培训不少于60学时,实践培训不少于60学时。

5.2.2 支持托育工作人员的专业提升,鼓励通过各种途径(如教研、跟岗学习等)学习发展。

5.2.3 通过建立制度、组织培训、监测、心理评估等方式,确保托育工作人员身心健康且具有良好的职业道德修养。所有托育工作人员应无任何暴力、虐待、损害婴幼儿身心健康的语言和行为(如辱骂、推搡、歧视、体罚或变相体罚、漠视等),托育机构等若发现托育工作人员有上述行为,应依法向公安、民政、卫生健康等部门报告。

5.3　权益保障

应依法与所有托育工作人员签订劳动合同。所有托育工作人员的工资应按月足额及时发放,并为所有符合条件的托育工作人员办理缴纳社会保险费。

6　保育照护

6.1　情感氛围

创设安全、宽松、快乐的情感氛围。保育人员以温暖、尊重的态度与婴幼儿积极交流互动,尽可能及时回应婴幼儿的情感需求。

6.2　生活照护

6.2.1 根据婴幼儿的生理节律科学安排哺喂、饮水、进餐、换尿布、如厕、盥洗、睡眠、活动等一日生活,各项内容时间安排相对固定,保证作息的规律性。一日生活的过渡环节组织有序,把握过渡环节中蕴含的婴幼儿的学习与发展机会,基本无消极等待时间。

6.2.2 婴幼儿的午睡或休息时间适宜,可保证不同月龄段婴幼儿有充足的睡眠时间。婴幼儿喝奶或进餐后有休息放松的时间。应为婴幼儿提供适宜、安全的睡眠环境。定期消毒婴幼儿睡眠用具,保证干净卫生。应在婴幼儿睡眠期间做好巡视和照护,并做好巡查记录。

6.2.3 根据婴幼儿的月龄特点培养自主进餐的习惯和能力,为婴幼儿营造愉快的进餐氛围并加强进餐看护,培养婴幼儿良好饮食行为和习惯,引导婴幼儿均衡膳食、规律就餐。

6.2.4 根据婴幼儿月龄特点和发展水平,提供自我照料的机会,鼓励婴幼儿发展生活自理能力,培养良好的卫生习惯。

6.3　发展支持

6.3.1 根据婴幼儿的月龄特点、实际发展情况和个体差异等特点,制订多种形式的活动计划(包括年度、半年、月、周计划等)和明确的发展性目标。活动计划以自由分散活动为主,统一组织的集体活动时间应适合不同月龄段婴幼儿的发展特点,托小班(13—24 个月)每次集体活动时间 5—8 分钟,托大班(25—36

个月)每次集体活动时间 10—15 分钟;内容涵盖动作、语言、认知、情感与社会性等方面,内容全面、相对均衡、贴近婴幼儿生活。

6.3.2 婴幼儿每日室内外活动时间不少于 3 小时,其中户外活动不少于 2 小时。乳儿班及小月龄段婴幼儿,可酌情减少户外活动时间,寒冷、炎热季节或特殊天气情况下也可酌情调整户外活动时间。提供适宜且充足的材料,开展符合婴幼儿月龄特点的活动,锻炼婴幼儿的精细动作技能。

6.3.3 在生活照护中积极地通过语言交流和非语言交流,激发婴幼儿与同伴或成人的交流互动,利用机会和婴幼儿共读图书、共念儿歌,促进婴幼儿的语言发展。

6.3.4 为婴幼儿提供丰富的感知环境和操作材料,引导和支持婴幼儿利用视、听、触、嗅等各种感觉器官探索感知,获得丰富的直接经验。

6.3.5 鼓励婴幼儿尝试完成力所能及的任务,使婴幼儿感受自己的能力,增强自信心和自主性。

7 卫生保健

7.1 卫生保健工作制度

7.1.1 卫生保健工作制度内容应完整。包括一日生活制度(包含婴幼儿照护内容)、膳食管理制度、体格锻炼制度、卫生与消毒制度、健康检查制度、传染病预防与控制制度、常见疾病预防与管理制度、伤害预防制度、健康教育制度、卫生保健信息收集制度。

7.1.2 机构对各项卫生保健工作制度落实情况定期检查和反馈,卫生保健人员、保育人员应掌握卫生保健基本要求(如消毒知识、全日观察的内容、传染病预防及处理等)。

7.2 健康管理

7.2.1 收托时查验全体入托婴幼儿的"预防接种证"和入托体检表。

7.2.2 应为每名婴幼儿建立完整的健康档案。鼓励与辖区妇幼保健机构建立相关婴幼儿绿色转诊通道,及时进行评估干预。

7.2.3 应做好每日晨检和午检,对婴幼儿进行全日健康观察及巡视,并做好记录,发现婴幼儿异常情况及时处理并完整记录。

7.2.4 做好婴幼儿的视力保护,2 岁以下不宜接触屏幕。2—3 岁幼儿在托育机构一日生活中屏幕时间累计不超过半小时,每次不宜超过 10 分钟。内容应无暴力等不健康元素。

7.3 膳食营养

7.3.1 根据婴幼儿营养需要,编制营养食谱并且每周进行更换。提供符合婴幼儿月龄特点的正餐和加餐,保证食物品种多样、食物量适宜。

7.3.2 食物烹调方式、食材加工大小等符合婴幼儿发育特点。

7.3.3 对于存在明确食物过敏婴幼儿注意食物回避。鼓励有条件的机构为存在营养问题的婴幼儿提供特殊饮食。

7.3.4 设有乳儿班的托育机构有标识清楚的奶瓶存放处和母乳储存的专用冰箱,并有专人管理,有专人负责对婴幼儿按需喂养。

7.4 传染病管理

7.4.1 应做好日常卫生和预防性消毒工作。

7.4.2 有隔离观察空间。建立与属地疾病预防控制机构(农村乡镇卫生院防保组)的联动机制,建立传染病防控的有效沟通机制。

7.4.3 有专人对缺勤婴幼儿进行患病追踪管理,并做好患病儿童记录。

7.4.4 发现传染病或疑似传染病婴幼儿,应按有关规定及时采取措施,防止传染病续发或暴发。患传染病婴幼儿返回时须持医疗卫生机构出具的健康证明。

7.5 常见病管理

7.5.1 对贫血、营养不良、超重肥胖的婴幼儿进行登记和管理,并提供相应的照护。

7.5.2 对药物过敏或食物过敏、先天性心脏病、哮喘、癫痫等疾病及心理行为异常的婴幼儿进行登记,督促家长依托社区或妇幼保健机构进行规范管理。

8 养育支持

8.1 与家长合作

8.1.1 应与家长签订协议,明确双方责任、权利义务、服务项目、收费标准以及争议纠纷处理方法等;做好新生入托登记,了解婴幼儿的基本信息。

8.1.2 应通过不同方式做好对家长的信息告知、与家长的日常沟通,在照护理念与方法上努力与家长达成共识,践行家托共育。

8.1.3 采用不同方式(如讲座、家长会、科普资料推送等)向家长传播科学育儿知识和方法,根据家长的个别化需求提供育儿咨询服务。

8.1.4 定期开展家长满意度调查,了解家长(或主要养护者)的意见与建议,并根据其意见改进托育工作。

8.2 与社区联动

积极与社区联动,为社区婴幼儿及家长提供科学育儿支持(如亲子活动、育儿宣传活动、入户指导、早期干预等)。充分利用社区资源,支持托育机构照护服务。

9 安全保障

9.1 安全领导组织建设

机构法定代表人或机构负责人是机构安全第一责任人,负责托育机构的安全管理工作。各岗位安全职责明确,层层签订安全责任书,且安全工作有计划、有要求、有总结。

9.2 安全制度建设

9.2.1 建立外来人员出入登记制度、婴幼儿接送制度、婴幼儿出行及户外活动安全规范。

9.2.2 建立消防设备检查制度、设施设备安全检查制度及维护检修制度、监控视频存储和调取制度、食品安全检查制度等。

9.3 安全隐患排查

9.3.1 每月有专人检查设备设施,并记录维护及维修情况。

9.3.2 设有消防专责人员,每月定期检查消防设备,并做好记录。确保消防设备完好、有效,且位置摆放正确。

9.3.3 设有食品安全检查专责人员。自制餐的托育机构,负责食品出入库、标准操作流程检查、食品留样、食堂卫生、饮用水质安全检查等;外送餐的托育机构,负责向送餐方索要相关凭证记录并留存,负责食品留样、分餐间卫生、饮用水质安全检查等。做好检查记录。

9.4 安全防控体系建设

9.4.1 完善人防建设。在入托和离托环节,有机构主要管理人员值班,有专人在现场维护秩序及确保婴幼儿安全,着装规范、装备齐全。

9.4.2 完善物防建设。按执勤人数至少配备以下防卫器械:防暴头盔(1顶/人)、防护盾牌(1副/人)、橡胶警棍(1支/人)。

9.4.3 完善技防建设。具备安全设施设备,安装一键式报警,配备必要的消防设施。婴幼儿生活场所安装监控设备且全覆盖。监控录像资料保存期不少于90天。

9.5 应急管理

9.5.1 制订防灾(自然灾害、事故灾难等)、防暴、预防传染性疾病等突发事件的应急预案,责任到人。

9.5.2 定期组织防灾、防暴、传染病处理的应急演习。

9.5.3 机构应配有急救物资,定期开展急救相关培训。托育工作人员掌握防范、避险、逃生、自救的基本方法,意外伤害发生时,熟悉上报流程。卫生保健人员掌握急救的基本技能(窒息、烫伤、磕碰伤、脱臼、骨折等),意外伤害发生时可按照规范进行应急处理,优先保障婴幼儿的安全。

9.6　安全教育

9.6.1 制订并落实婴幼儿安全教育工作计划,定期总结。

9.6.2 在日常生活与活动中向婴幼儿渗透安全教育,应确保婴幼儿受教育率达到100％。定期面向婴幼儿家长开展安全教育。

9.7　风险防控

9.7.1 购买至少一种托育机构责任类保险。

9.7.2 近三年未发生婴幼儿伤害事故。

10　机构管理

10.1　文化建设

注重文化建设,有明确的办托理念以及正确的照护理念。理念符合国家的婴幼儿照护工作方针和相关法律法规。

10.2　组织架构与岗位职责

10.2.1 设置合理、规范、健全的组织架构。组织架构包括但不限于保育照护、卫生保健、后勤保障与安全等,应有专兼职人员负责。

10.2.2 所有托育工作人员岗位职责明确。

10.3　人事管理

人事管理符合相关法律法规的要求,没有劳动纠纷,定期进行岗位考核,人事档案健全、信息翔实。

10.4　费用公示

执行费用公示制度。对家长公开收费项目、收退费标准及膳食费专款专用情况。

11　等级评估

11.1　评估原则

全面客观,质量为重,注重实效,独立公正,以评促建。

11.2 评估方法

质量评估总分为 1000 分,包括办托条件 100 分,托育队伍 140 分,保育照护 200 分,卫生保健 210 分,养育支持 80 分,安全保障 200 分,机构管理 70 分。

评估时按"A 级(优秀)""B 级(合格)""C 级(不合格)""D 级(需要重大改进)"进行评估,评估内容见附录 A。

A 级(优秀):16 项基础标准指标全部评为"通过",同时根据附录 A 评估总得分不低于 900 且每一个一级指标得分不低于该一级指标总分的 60%。

B 级(合格):16 项基础标准指标全部评为"通过",同时根据附录 A 评估总得分不低于 600 且每一个一级指标得分不低于该一级指标总分的 60%。

C 级(不合格):16 项基础标准指标全部评为"通过",但根据附录 A 评估总得分低于 600 或某一个一级指标得分低于该一级指标总分的 60%。

D 级(需要重大改进):16 项基础标准指标有任何 1 项被评为"不通过"。

11.3 评估机构

具有专业性,熟悉办托规律和婴幼儿年龄特点,经主管部门认可或推荐的事业单位、高校、研究机构等。

11.4 评估人员

11.4.1 熟悉有关法律和政策,熟悉托育机构照护服务工作的卫生健康系统工作人员或经质量评估培训合格的第三方机构评估人员。

11.4.2 具有维护质量评估工作客观、公平、公正的职业道德与操守。

11.4.3 参与质量评估工作之前应向有关方面申明利益相关性。

11.5 质量评估

评估机构根据托育机构质量评估标准(评估工具)(附录 A)开展评估,并出具评估报告。

附录 A (规范性)

托育机构质量评估标准(评估工具)

托育机构质量评估标准(评估工具)见表 A.1。

表 A.1　托育机构质量评估标准（评估工具）

一级指标	一级指标分值	二级指标	二级指标分值	三级指标	三级指标分值	指标内容	指标分值	评估方式	参考依据	评估方式与信息采集	解释说明
4 办托条件	100	4.1 托育机构资质	32	4.1.1 营业资质	10	应取得提供托育服务的营业执照。	10	查阅资料	国家卫生健康委、中央编办、民政部、市场监督总局《托育机构登记和备案办法(试行)》(国卫人口发[2019]25号)	查阅资料：营业执照（营业范围中明确注明"托育服务"或"3岁以下婴幼儿照护服务"）。	指标说明：营业范围中应明确注明"托育服务"或"3岁以下婴幼儿照护服务"。评分说明：该指标达到10分；没有达到，不得分。
				4.1.2 餐饮资质	8	应取得《食品经营许可证》。	8	查阅资料 现场查看	国家卫生健康委《托育机构管理规范(试行)》(国卫人口发[2019]58号)	查阅资料：自制婴幼儿餐食的托育机构查阅期内《食品经营许可证》原件，外送婴幼儿餐的托育机构加盖有外送餐单位公章的《食品经营许可证》复印件（食品经营许可证"字样"）复印件与外送餐单位签订的送餐合同原件。现场查看：厨房或备餐间。	评分说明：1.自制婴幼儿餐食的托育机构具有经营期内《食品经营许可证》原件，得8分。2.外送婴幼儿餐的托育机构具有加盖有外送餐单位公章的《食品经营许可证》(食品经营许可证"字样")具有与外送餐单位在主体业态标注"集体用餐配送单位"复印件，且有与外送餐单位签订的送餐合同及专门配备有专门的备餐间，均达到得6分。
				4.1.3 卫生评价资质	5	应具备合格的托育机构卫生评价报告。	5	查阅资料	国家卫生健康委《关于做好托育机构卫生评价工作的通知》(国卫办妇幼[2022]11号)	查阅资料：自我评价合格的托育机构卫生评价报告。	指标说明：按照国家卫生健康委《关于做好托育机构卫生评价工作的通知》要求，提供自我评价合格的托育机构卫生评价报告。评分说明：该指标达到5分；没有达到，不得分。
				4.1.4 消防安全资质	6	应具备年度内的消防安全等符合合格证明。	6	查阅资料	国家卫生健康委、应急管理部《托育机构消防安全指南(试行)》(国卫人口函[2022]21号)	查阅资料：消防安全当地消防检查等符合和标准的相关资料。	评分说明：有年度内的消防安全合格证明，得6分；若无合格证明，依据《托育机构消防安全指南(试行)》指标出具的自评报告和整改措施，得4分。
				4.1.5 备案	3	在托育机构所在地的县级卫生健康部门完成备案。	3	查阅资料	国家卫生健康委《托育机构管理规范(试行)》(国卫人口发[2019]58号) 国家卫生健康委、中央编办、民政部、市场监督总局《托育机构登记和备案办法(试行)》(国卫人口发[2019]25号)	查阅资料：备案书、备案	评分说明：该指标达到3分；没有达到，不得分。
		4.2 环境空间	28	4.2.1 活动区域	9	婴幼儿生活用房应布置在3层及以下，不应布置在地下室或半地下室。	2	现场查看	JGJ 39—2016托儿所、幼儿园建筑设计规范(2019年版)	现场查看：婴幼儿生活用房设置楼层情况。	指标说明："托儿所生活用房应布置在首层"《幼儿园建筑设计规范》(2019年版)中规定，当布置在首层有困难时，可将托大班布置在二层，其人数不应超过60人，并应符合有关防火

续 表

一级指标	一级指标分值	二级指标	二级指标分值	三级指标	三级指标分值	指标内容	指标分值	评估方式	参考依据	评估方式与信息采集	解释说明
4 办托条件	100	4.2 环境空间	28						《托育机构消防安全指南（试行）》（国卫办人口函〔2022〕21号）		安全疏散的规定"，但目前托育机构尚处于发展之中，很多托儿所的选址参照了幼儿园。选址在《托育机构设置标准（试行）》（国卫办人口函〔2022〕21号）要求"托育机构不得设置在四层及四层以上、地下或半地下。具体设置楼层应符合现行国家标准《建筑设计防火规范》（GB 50016）的有关规定"。综上，本标准规定了婴幼儿生活用房用房的楼层要求。评分说明：该指标达到，得2分；没有达到，不得分。
				4.2.1 活动区域	9	配保健观察室，面积不少于6平方米。至少配备1张儿童观察床。保健观察室应与婴幼儿生活用房有适当的距离，并应与婴幼儿活动路线分开。有乳儿班（6～12个月）托小班（12～24个月）的操作台或配奶室或有等等遮挡的可供哺乳的空间，以及有配奶的婴幼儿专用的盥洗室和厕所。盥洗室有流动水洗手装置。就餐区，睡眠区（可混用）。	7	现场查看	《关于做好托育机构卫生评价工作的通知》（国卫妇幼发〔2022〕11号）	现场查看，婴幼儿辅助用房的配备、设施情况。	指标说明：1. 保健观察室的通风采光性，至少配备1张儿童观察床，有流动水装置，有应急处置的物品（口罩，一次性手套）等。2. 哺乳室：供母亲直接哺乳的空间。3. 设有婴幼儿专用的盥洗室和厕所，是指这些场仅供机构内部有婴幼儿专用。评分说明：（1～5项可累计计分）1. 有保健观察室，面积不少于6平方米，且有保健观察室说明中的设施设备，得1分。2. 保健观察室与婴幼儿生活用房有适当的距离，并与婴幼儿活动路线分开，得1分。3. 有哺乳室或婴幼儿专用的盥洗室和厕所，盥洗室内有流动水洗手装置分开，得1分。4. 有活动区，就餐区，睡眠区（可混用），得2分。5. 机构根据以下三种情况得分：（1）对于只接收12个月以下婴幼儿的机构，有符等遮挡的可供哺乳的空间，有辅食调制台，得1分。（2）对于只接收12～24个月的婴幼儿的机构，设有配奶的操作台或或有配奶室，得2分。（3）对于既接收12个月以下婴幼儿，又招收12～24个月的婴幼儿，辅食调制台，设有哺乳室或有符等遮挡的可供哺乳的操作台或有配奶室，得1分。[（1）（2）（3）项不可累计计分]
				4.2.2 活动面积	11	乳儿班（6～12个月）活动区的使用面积不低于15平方米。托小班（12～24个月）和托大班（24—	6	现场查看	JGJ 39—2016《托儿所、幼儿园建筑设计规范》（2019年版）	现场查看；结合设计图纸进行评估。	指标说明：乳儿班和托小班的活动室的使用面积标准参考，JGJ 39—2016《托儿所、幼儿园建筑设计规范》2019年版。根据该规范中托大班的要求参考幼儿园幼儿园活动室说明最小使用面积是70平方米。该要求对于当前托育机构的最小使用面积偏高。因此，托大班项目

续表

一级指标	一级指标分值	二级指标	二级指标分值	三级指标	三级指标分值	指标内容	指标分值	评估方式	参考依据	评估方式与信息采集	解释说明
											前参照托小班的要求，有条件的可参考幼儿园标准执行。评分说明：（1—3项可累计计分）对于只招收乳儿班或者招收12个月以下婴幼儿的机构，乳儿班的活动面积符合要求的，得6分。对于只招收托小班和托大班或者只招收12个月以上婴幼儿的机构，活动面积符合要求的，得6分。对于既招收12个月以下婴幼儿，又有托小班或者（和）托大班的机构：（1）乳儿班的活动面积符合要求，得2分。（2）托小班的活动面积符合要求，得2分。（3）托大班的活动面积符合要求，得2分。[（1）（2）（3）项累计计分]
4 办托条件	100	4.2 环境空间	28	4.2.2 活动面积	11	36个月以下活动室的使用面积不低于35平方米，睡眠区与活动区合用时使用面积不小于50平方米。	5	现场查看	JGJ 39—2016《托儿所、幼儿园建筑设计规范》（2019年版）国家卫生健康委《关于做好托育机构卫生评价工作的通知》（国卫办妇幼发〔2022〕11号）	现场查看：结合设计图纸和托育机构花名册进行评估。	指标说明：参考JGJ 39—2016《托儿所、幼儿园建筑设计规范》（2019年版）中规定，城市人口密集地区改、扩建的托儿所，设置室外活动地确有困难时，室外活动地人均面积不应小于2平方米。对于使用公共场地作为室外活动地的，要有相应的安全防护措施，例如活动期间要有围栏等。评分说明：1. 室外活动地地面平整，防滑，无障碍，无尖锐凸出物，采用软质地坪，得1分。2. 有独立、自有的室外活动场地的安全防护措施，得4分。3. 有独立、自有的室外活动场地，且室外活动地人均使用面积不小于3平方米，得3分。4. 不符合有自有的室外活动场地（如利用小区公共场地），婴幼儿人均使用面积不小于3平方米，且活动期间有安全防护措施，得3分。5. 不符合2、3项的要求，但有独立、非自有的室外活动场地（如利用小区公共场地），婴幼儿人均使用面积不小于3平方米，且独立使用期间有安全防护措施，得2分。6. 不符合2、3、4、5项的要求，无独立室外活动地，得1分。（2—5项不累计计分）
				4.2.3 房屋采光	4	婴幼儿用房明亮，天然采光，生活用房窗洞开口面积不小于...	4	现场查看	JGJ 39—2016《托儿所、幼儿园建筑设计规范》（2019年版）	现场查看：结合设计图纸进行评估。	评分说明：1. 生活用房的窗洞开口面积比均达到要求，得2分；没有达到要求，不得分。

续表

一级指标	一级指标分值	二级指标	二级指标分值	三级指标	三级指标分值	指标内容	指标分值	评估方式	参考依据	评估方式与信息采集	解释说明
4 办班条件	100	4.2 环境空间	28	4.2.3 房屋采光	4	应小于该房间面积的20%。生活用房不宜朝西，当不可避阳朝西时，应采取遮阳措施。	4	查阅资料	国家卫生健康委《关于做好托育机构卫生评价工作的通知》(国卫办妇幼发〔2022〕11号)		2. 生活用房不朝西，或者朝西房间内有遮阳措施，得2分；生活用房朝西且没有遮阳措施，不得分。(1—2项可累计分)
				4.2.4 空气质量	4	房屋空气质量合格，符合GB/T 18883。室外活动场地使用合成材料质量应符合GB 36246。	4	查阅资料	GB/T 18883—2022《室内空气质量标准》JGJ 39—2016《托儿所、幼儿园建筑设计规范》(2019年版) GB 36246—2018《中小学合成材料面层运动场地》	查阅资料：装修1年之内的房屋可提供当地的室内空气质量检测报告；室外活动场地如果使用合成材料，查阅相关合格证明。	指标说明：1. 装修未满1年以上的房屋，需要提供空气质量监测报告。装修满1年及以上的房屋且一年度内未进行改造或购置家具则视为合格。2. 室外活动场地如果使用合成材料，其施工材料（如胶粘剂）的质量合格，需要提供采购材料合格说明。评分说明：房屋空气质量和室外活动场地都符合要求，得4分；如果其中有任何一项不符合，不得分。
		4.3 设备设施	20	4.3.1 家具与洁具配备	9	应配置适合婴幼儿身高的桌、椅、玩具柜床(巢)、专用清毒电柜(巢)、饮水设施和毛巾间距合理。配置的家具有环保标识，其中婴幼儿桌椅符合GB/T 3976。	2	现场查看	GB/T 3976—2014《学校课桌椅功能尺寸及技术要求》	现场查看：家具配备情况及家具的相关标识或环保合格证明。	指标说明：适合婴幼儿身高是指婴幼儿坐在桌前时，整个身体的姿势保持自然状态：身体坐直，肘部弯曲，两肩松平放在桌面，两肘前臂放在桌面上，小腿与大腿成直角。评分说明：所有桌、椅、玩具柜均为该年龄段婴幼儿身体水平的发展水平的情况，得2分；有任何一项没有达到要求则视不得分。
						一人一巾一杯一床(巢)，不应床上下床。	2	现场查看		现场查看，结合婴幼儿花名册进行评估。	评分说明：该指标内各项内容都达到要求，得2分；有任何一项没有达到要求则不得分。
						有符合婴幼儿身高的洗手槽(盆)、坐便池、小便斗等生活照护设施及清洁设施、配备的洁具符合环保要求。	2	现场查看		现场查看：洁具配备情况及洁具的相关环保标识或环保合格证明。	评分说明：1. 生活照护设施及清洁设施符合婴幼儿身高，得1分。2. 洁具照护设施及清洁设施配备符合环保要求，得1分。(1—2项可累计分)

续　表

一级指标	一级指标分值	二级指标	二级指标分值	三级指标	三级指标分值	指标内容	指标分值	评估方式	参考依据	评估方式与信息采集	解释说明
4 办托条件	100	4.3 设备设施	20	4.3.1 家具洁具与配备	9	托小班（12—24个月）和托大班（24—36个月）的幼儿和便器比例不小于5∶1，幼儿和水龙头的数量比例不小于5∶1。乳（6—12个月）设备盥洗台或冲浴设施、尿布台。	3	现场查看	JGJ 39—2016《托儿所、幼儿园建筑设计规范》(2019年版)	现场查看：结合婴幼儿龙名册现场评估。	指标说明：1.JGJ 39—2016《托儿所、幼儿园建筑设计规范》(2019年版)中，规定托小班每班至少有2个大便器，2个小便器之间设有隔断；每班至少设有3个适合婴幼儿使用的洗手池。托大班每班用房的使用面积要求应宜与幼儿生活用房相同。幼儿园每班至少有6个大便器，2个小便器，6个水龙头。结合当前托育机构"婴幼儿和便器比例不小于5∶1、婴幼儿和水龙头的数量比例不小于5∶1"。2.现场评估时可计算婴幼儿人数与便器或水龙头的总数量的比例。评分说明：（1—3项不可累计得分）1.只招收乳幼儿班或者招收12个月以下婴幼儿的机构；设有盥洗台或冲浴设施、尿布台，得3分。2.对于只招收托大班和托小班或者招收12个月以上婴幼儿的机构：(1)幼儿与便器的数量比例达到7∶1，得1分；幼儿与水龙头的数量比例达到5∶1，得1.5分。(2)幼儿与水龙头的数量比例达到5∶1，得1.5分。[（1）（2）项可累计计分]3.对于既招收乳幼儿班，又招收12个月以下婴幼儿班，又有托小班或者托大班的机构：(1)乳幼儿既有乳幼儿班，尿布台得1分。(2)幼儿与便器的数量比例达到7∶1，得0.7分，幼儿与便器的数量比例达到5∶1，则得1分。(3)幼儿与水龙头的数量比例达到5∶1，得0.7分，幼儿与水龙头的数量比例达到5∶1，则得1分。[（1）（2）（3）项可累计计分]
				4.3.2 安全防护设施	9	交地面无尖锐突出物；墙角、窗台合招处圆滑无棱角或有防护；家具棱角处有防护；乳幼儿班和托小班应有安全围栏和地垫。	3	现场查看		现场查看：建筑、设施安全及防护情况。	评分说明：所有安全防护均做到，得3分，有任何一项没有做到不得分。
						外廊、室内回廊、内天井、阳台、上人屋面、平台、看台以及室外楼梯等临空处。	4	现场查看	JGJ 39—2016《托儿所、幼儿园建筑设计规范》(2019年版)	现场查看：可采用量尺测量。	评分说明：所有安全防护均做到，得4分，有任何一项没有做到不得分。

续表

一级指标	一级指标分值	二级指标	二级指标分值	三级指标	三级指标分值	指标内容	指标分值	评估方式	参考依据	评估方式与信息采集	解释说明
4 办托条件	100	4.3 设备设施	20	4.3.2 安全防护设施	9	的防护栏杆高度从可踏部位顶面算起净高不小于1.3米。对于防护栏杆净高小于1.3米的情况，应进行拉网或隔挡，且让婴幼儿无法爬上。对于室内窗台面高度低于0.9米的情况，防护栏杆采用垂直杆件时，其杆间净距离不大于0.09米。					
						电源插座采用安全型，安装高度不低于1.8米。低于1.8米时有安全防护设施。	2	现场查看	JGJ 39—2016《托儿所、幼儿园建筑设计规范》（2019年版）	现场查看：电源插座情况。	指标说明：JGJ 39—2016《托儿所、幼儿园建筑设计规范》2019年版中，规定"插座应采用安全型，安装高度不应低于1.8米"。评分说明：1.电源插座采用安全型，得1分。2.电源插座安装高度不低于1.8米，或低于1.8米但做好安全防护，得1分。（1—2项可累计分）
				4.3.3 通风与温度	2	室内装有窗帘、电暖风、电暖器或空调等制冷或采暖设施，且电暖设施放置安全。温湿度计可有效监控室内温度和湿度在适宜范围。	2	现场查看		现场查看：室内窗帘、室内通风与温湿度情况、相应的设施设备情况。	评分说明：1.室内装有窗帘，得0.5分。2.设有电风扇、电暖器或空调等制冷或采暖设施，且电暖设施设置安全，得0.5分。3.温湿度计可有效监控室内温度和湿度在适宜范围，则得0.5分。（1—3项可累计分）
		4.4 玩具材料	20	4.4.1 玩具的种类与数量	15	每班配备符合不同月龄段婴幼儿动作认知、语言、情感与社会性等各个领域发展特点的玩具	10	现场查看、查阅资料	GB 6675—2014《玩具安全》、国家卫生健康委员会《托育机构设置标准（试行）》（国卫人口发〔2019〕58号）	现场查看：玩具的种类、安全性等。查阅资料：查看采购玩具的安全证明、玩具出入库登记记录、玩具使用登记。	评分说明：1.配备玩具种类不少于5类得1分、种类不全不得分。2.有1类玩具数量至少3件得1分、有2类玩具数量均至少3件得0.5分、有3类玩具数量均至少3件得1.5分、有4类玩具数量均至少3件得2分、有5类玩具数量均至少3件得2.5分。

续　表

一级指标	一级指标分值	二级指标	二级指标分值	三级指标	三级指标分值	指标内容	指标分值	评估方式	参考依据	评估方式与信息采集	解释说明
4 办托条件	100	4.4 玩具材料	20	4.4.1 玩具的种类与数量	15	具（如搭建类、拼插类、镶嵌类、拖拉类、扮演类、认知类、感知觉类、运动类、美工工具等）玩具不少于5类（因地制宜可自制），且玩具有安全环保标识或符合安全卫生要求。				记录:玩具安全检查记录、玩具卫生消毒记录等；自制玩具的安全检查记录、安全使用登记记录、卫生消毒记录等。	3.结合地域特点和婴幼儿特点，利用自然材料或生活材料自制玩具，得2分。 4.配备玩具（含自制玩具）符合安全卫生要求，得1.5分。(1～4项可累计计分)
				4.4.2 图书的种类与数量	5	配备的图书符合不同月龄婴幼儿的认知发展水平，每名幼儿不少于4类，种类不少于4类，且干净环保。	5	现场查看 查阅资料	国家卫生健康委员会《托育机构设置标准（试行）》(国卫人口发〔2019〕58号)	现场查看:玩具的种类等，查阅资料:查看采购玩具的安全证明，玩具出库登记记录，玩具安全检查记录、玩具卫生消毒记录等。	指标说明: 锻炼婴幼儿钻、爬、跳、投、攀、平衡等能力的玩具，滚筒、钻简、球、滑梯等等。 评分说明: 1.该指标全部内容（含钻、爬、跳、投、攀、平衡等）都达到，得4分;有任何一项有任何一项没有达到,则不得分。 2.玩具安全卫生，得1分。(1～2项可累计计分)
							5	现场查看	国家卫生健康委员会《托育机构设置标准（试行）》(2019〕58号)	现场查看:图书的种类与数量。	指标说明: 种类可涉及认知类、感知觉类、习惯培养类、情绪情感类等。每个班级配备图书数量不超过2册。 评分: 1.配备的图书不符合不同月龄婴幼儿的认知发展水平的，按以下要求评分: (1)每个班级配备的图书达到每名生不少于1册图书，得0.5分;每生不少于2册图书，得1分;每生不少于3册图书，得1.5分。 (2)每个班级的图书复本数量基本满足不超过2类，得1分;种类达到3类，得1.5分;种类达到4类，得2分;种类达到4类，得2.5分。[(1)(2)(3)项可累计计分]
5 托育队伍	140	5.1 人员配备	52	5.1.1 负责人员的配备	8	负责人具有大专以上学历，有从事儿童保育教育、卫生保健等相关管理工作3年以上的经历。	8	查阅资料	国家卫生健康委员会《托育机构设置标准（试行）》(国卫人口发〔2019〕58号) 国家卫生健康委负责人培训	查阅资料:托育机构负责人的学历证、岗位责任书等。	指标说明: 1.托育机构负责人负责全面工作。 2."有从事儿童保育教育、卫生保健等相关管理工作3年以上的经历"指作为托育机构负责人之前的工作经历。 评分说明: 1.有大专学历证书,得4分。

续 表

一级指标/分值	二级指标/分值	三级指标/分值	指标内容	指标分值	评估方式	参考依据	评估方式与信息采集	解释说明
						大纲(试行)》(国卫办人口函[2021]449号)		2. 有工作履历表,且履历表的个人工作经历中可体现从事儿童保育、卫生保健等相关工作满3年,得4分;不满3年,得2分。(1-2项可累计计分)
5 托育队伍 140	5.1 人员配备 52	5.1.1 负员人的配备 8	保育人员应具有中专或普通高中及以上学历,具有幼儿照护经验或相关专业背景,具备良好职业道德。	6	查阅资料	国家卫生健康委员会《托育机构设置标准(试行)》(国卫人口发[2019]58号)	查阅资料:保育人员的花名册、学历证、工作履历表、劳动合同、岗位责任书等。	指标说明:1. 保育人员指在托育机构中通过创设适宜环境、合理安排一日生活和早期学习机会、促进婴幼儿身体和心理全面发展的人员。相关专业指学前教育学、心理学。评分说明:1. 保育人员具备普通高中及以上学历,得2分。2. 具有幼儿照护经验或相关专业背景,得2分。3. 具备良好职业道德,得2分。(1-3项可累计计分)
		5.1.2 保育人员的配备 12	应合理配备保育人员,保育人员与婴幼儿的比例应不低于以下标准:乳儿班1:3,托小班1:5,托大班1:7,18个月以上的婴幼儿可混合编班。每个班级不超过18人,且每个混合编班的保育人员与婴幼儿的人数比例不低于1:5。	12	现场查看	国家卫生健康委员会《托育机构设置标准(试行)》(国卫人口发[2019]58号)	现场查看:结合保育人员、在岗名册、花名册、婴幼儿花名册进行评估。	评估说明:各班型保育人员与婴幼儿的人数与比例、混合编班人数和比例都达到要求,得6分;各班型保育人员超过18人或者混合编班的保育人员与婴幼儿的人数低于要求的,均不得分。
		5.1.3 卫生保健人员的配备 12	应合理配备卫生保健人员。卫生保健人员应具有中以上学历,经过妇幼保健机构组织的卫生保健专业知识培训合格。	6	查阅资料	国家卫生健康委《托育机构设置标准(试行)》(国卫人口发[2019]58号)	查阅资料:卫生保健人员培训证。	评分说明:该指标全部内容都符合达到要求,得6分;有任何一项没有达到,则不得分。
			收托50名婴幼儿以下的,至少配备1名兼职卫生保健人员;收托50名	6	现场查看	《中华人民共和国人口与计划生育法》、教育部《托儿所、幼儿园卫生保健管理办法》(卫生部、教育部令第76号)	现场查看:卫生保健人员、劳动合同、岗位责任书。查阅资料:培训记录、培训合格证。巡	指标说明:1. 卫生保健人员应履行岗位职责要求。2. 专职卫生保健人员是负责该机构主要工作是负责婴幼儿的卫生保健工作。

续　表

一级指标	一级指标分值	二级指标	二级指标分值	三级指标	三级指标分值	指标内容	指标分值	评估方式	参考依据	评估方式与信息采集	解释说明
5 托育队伍	140	5.1 人员配备	52	5.1.3 卫生保健人员的配备	12	以上,100名及以下婴幼儿的,至少配备1名专职卫生保健人员;收托幼儿100名以上的,至少配备1名专职和1名兼职卫生保健人员。卫生保健人员包括医师、护士和保健员。卫生保健人员工作期间应接受继续教育培训,且考核合格。		查阅资料		班记录表。	评分说明: 1.卫生保健人员配备符合要求,且履行工作职责(如巡班指导、专题培训等),得4分。 2.工作期间接受继续教育培训,且考核合格,得2分。(1~2项可累计计分)
				5.1.4 炊事人员的配备	6	自制婴幼儿餐食的托育机构,收托50名以下幼儿,应配备1名食品安全管理人员;收托50名以上的,应增加1名炊事人员。外送婴幼儿餐食人员,外送婴幼儿餐食的托育机构,应有食品安全管理人员。	6	查阅资料 现场查看(或观看视频)	教育部、国家市场监督管理总局、国家卫生健康委员会《学校食品安全与营养健康管理规定(试行)》(教育部、国家市场监督管理总局、国家卫生健康委员会令第45号)	查阅资料:炊事人员或从业人员(食品类)健康证明、劳动合同,岗位责任书。现场查看:分餐过程(或查看视频、分餐过程)。随机抽取一天监控录像中段查看分餐过程)。	评分说明: 自制婴幼儿餐食的托育机构符合指标要求,得6分;外送婴幼儿餐食的托育机构符合指标要求,得4分。有任何一项没有达到,则不得分。
				5.1.5 从业人员健康管理	8	文件所有托育工作人员,应当具有健康证明,且在有效期内每年至少健康检查一次;健康检查项目依据《托儿所幼儿园卫生保健工作规范》不得照护婴幼儿;有精神病患者、有精神病史者不得在托育机构工作。	8	查阅资料 人员访谈	国家卫生健康委员会《托育机构管理规范(试行)》(国卫人口发〔2019〕58号) 中华人民共和国卫生部《托儿所幼儿园卫生保健工作规范》(卫妇社发〔2012〕35号)	查阅资料:所有托育工作人员的健康证明应是当地妇幼保健机构出具的工作人员健康证。患传染病返岗时有医院健康返岗时无精神病史、无精神病史证明、有相关病历证明、有相关病历书面承诺。人员访谈:访谈托育工作人员是否存在在带病上岗等情况;访谈人员中的疾病类、访谈人员是否存在有精神问题的员工。	指标说明: 1.在岗人员无患急性呼吸系统、消化系统、皮肤病等传染病上岗情况。 2.在岗人员不能是精神病患者和有精神病史者。 3.如果工作人员的健康返岗时有医院健康检查发现异常,有相关病历登记。 4.患传染病知晓离岗岗有医院隔离岗岗人员相关的疾病岗岗类。 5.评分说明:该指标全部内容都达到要求,得8分;有任何一项没有达到,则不得分。

续 表

一级指标	一级指标分值	二级指标	二级指标分值	三级指标	三级指标分值	指标内容	指标分值	评估方式	参考依据	评估方式与信息采集	解释说明
5 托育队伍	140	5.1 人员配备	52	5.1.6 从业人员的民事行为能力	6	所有托育工作人员应具有完全民事行为能力，有户籍地或者户籍地公安派出所出具的无犯罪记录证明。	6	查阅资料	国家卫生健康委员会《托育机构管理规范(试行)》(国卫人口发〔2019〕58号)	查阅资料：户籍地或者居住地公安派出所出具的无犯罪记录证明。	评分说明：该指标全部内容都达到要求，得6分；有任何一项没有达到要求，则不得分。
		5.2 队伍建设	58	5.2.1 队伍培训	17	负责人经过托育机构负责人岗位培训合格。培训总时间不少于120学时，其中理论培训不少于40学时，实践培训不少于20学时。	9	查阅资料	国家卫生健康委员会《托育机构负责人培训大纲(试行)》(国卫办人口函〔2021〕449号)	查阅资料：培训记录、培训合格证明等。	指标说明：国家卫生健康委员会《托育机构负责人培训大纲(试行)》规定了托育机构负责人培训的内容。评分说明：1.负责人参加过托育机构负责人岗位培训且培训合格(但没有达到托育机构负责人培训大纲(试行)规定的培训内容要求)，得5分。2.负责人参加过托育机构负责人岗位培训且培训合格，其中培训内容和学时达到《托育机构负责人培训大纲(试行)》规定的要求，得9分。(1~2项不累计计分)
						保育人员经过托育机构保育人员培训合格。培训总时间不少于120学时，其中理论培训不少于60学时，实践培训不少于60学时。	8	查阅资料	国家卫生健康委员会《托育机构保育指导大纲(试行)》(国卫办人口函〔2021〕449号)	查阅资料：培训记录、培训合格证明等。	指标说明：国家卫生健康委员会《托育机构保育指导大纲(试行)》规定了托育机构保育的内容。评分说明：1.所有保育人员培训合格，得4分。否则该项不得分。2.所有保育人员至少接受过婴幼儿保育相关培训和心理健康知识培训且培训合格，其中50%～89%的保育人员至少接受过婴幼儿保育相关培训和心理健康知识培训且培训合格，其中培训内容和学时达到《托育机构保育人员培训大纲(试行)》规定的要求，得6分。3.所有保育人员至少接受过婴幼儿保育相关培训和心理健康知识培训且培训合格，其中90%及以上的保育人员至少接受过婴幼儿保育相关培训和心理健康知识培训且培训合格，其中培训内容和学时达到《托育机构保育人员培训大纲(试行)》规定的要求，得8分。(1~3项不累计计分)
				5.2.2 专业发展支持	21	支持托育工作人员的专业提升。鼓励通过各种途径(如教研、跟岗学习等)学习实践。	21	查阅资料，人员访谈		查阅资料：培训方案、培训记录、培训视频、培训资料、工作记录等反映性资料，外出学习或者学习者学历进修的相关资料等。	指标说明：支持的方式包括：机构内部围绕日常保育照护实践问题等组织的教研、机构组织外出跟岗学习的机会、提供丰富的学习资源，如专业类期刊书籍、线上学习资源等。为工作人员参加学历提升提供便利(如支持利用工作时间参加学习)或者考试，报销一定比例学费等。

续表

一级指标	一级指标分值	二级指标	二级指标分值	三级指标	三级指标分值	指标内容	指标分值	评估方式	参考依据	评估方式与信息采集	解释说明
5 托育队伍	140	5.2 队伍建设	58	5.2.2 专业发展支持	21					人员访谈：访谈各岗位托育工作人员的专业成长和自我发展的情况。	评分说明： 1. 每年定期组织内部教研，且有过程性资料，得3分。 2. 教研的内容全面，涵盖卫生保育照护、安全等，得5分。 3. 教师的内容专业、科学，得4分。 4. 每年所有托育工作人员均接受在职专业培训或跟岗学习，得3分，如果未接受在职专业培训或跟岗学习（但人员比例不足50%），得1分。 5. 提供丰富的学习资源，如专业类报刊书籍、线上学习资源等，得2分。 6. 为工作人员学历提升提供便利，得2分。（1—6项可累计计分）
				5.2.3 职业道德建设	20	通过建立制度、组织培训、监测、心理评测等方式，确保托育工作人员具有良好的职业道德修养。	10	查阅资料	国家卫生健康委员会《托育机构管理规范（试行）》（国卫人口发〔2019〕58号）	查阅资料：职业道德建设的相关制度、培训以及监测的相关过程性资料。	指标说明：托育机构有具体的职业道德建设的制度，培训以及通过观察、谈话、问卷等调研方式来评估托育工作人员的职业道德情况。 评分说明： 1. 有托育工作人员职业道德建设方面相关制度，得1分。 2. 有托育工作人员职业道德建设方面的培训，得5分。 3. 有托育工作人员职业道德的监测（如通过谈话、问卷调查或测评等途径），且提供评测及帮助，如对托育工作人员心理状态、按需疏导情绪等，得4分。（1—3项可累计计分）
		5.3 权益保障	30	合法权益保障	30	☆所有托育工作人员应无任何暴力、虐待、损害婴幼儿身心健康的语言和行为（如辱骂、挖苦、体罚或变相体罚、歧视等）。托育机构若发现托育工作人员身上进行此行为，应依法向公安、民政、卫生健康等部门报告。	10	现场查看 人员访谈	国家卫生健康委员会《托育机构管理规范（试行）》（国卫人口发〔2019〕58号）	现场查看：托育工作人员身心是否出现虐待婴幼儿言和行为。人员访谈：根据出现的语言和行为举报信息，对托育工作人员和家长进行访谈、核查进行访谈、核查信息。	指标说明：对托育机构开展评估期间，评估单位会向社会进行公示。包括托受家长投诉和举报等信息。 评分说明：该指标全部内容都达到要求，得10分；有任何一项没有达到，则不得分。
						☆依法与所有托育工作人员签订劳动合同。	12	查阅资料	国家卫生健康委员会《托育机构管理规范（试行）》（国卫人口发〔2019〕58号）	查阅资料：托育工作人员花名册、劳动合同原件。	评分说明：该指标全部内容都达到要求，得12分；有任何一项没有达到，则不得分。

续 表

一级指标	一级指标分值	二级指标	二级指标分值	三级指标	三级指标分值	指标内容	指标分值	评估方式	参考依据	评估方式与信息采集	解释说明
5 托育队伍	140	5.3 权益保障	30	合法权益保障	30	公办有托育工作人员的工资应按月足额及时发放，并为所有符合条件的托育工作人员办理缴纳社会保险费。	18	查阅资料 人员访谈	《中华人民共和国劳动法》	查阅资料：社会保险缴费记录。人员访谈：访谈各岗位人员的工作发放情况。	指标说明：《中华人民共和国劳动法》第七十二条规定："社会保险基金按照保险类型确定资金来源，逐步实行社会统筹。用人单位和劳动者必须依法参加社会保险，缴纳社会保险费。"托育机构招聘已经从工作单位退休的人员，则不需要再缴纳。评分说明：该指标全部内容都应达到要求，得18分；有任何一项没有达到，则不得分。
6 保育照护	200	6.1 情感氛围	18	情感支持与互动	18	保育人员以温暖、尊重的态度与婴幼儿积极交流互动，尽可能满足婴幼儿的情感需求。	18	现场查看 查看视频	国家卫生健康委员会《托育机构保育指导大纲（试行）》（国卫人口发〔2021〕2号）	现场查看：保育人员对婴幼儿的情感支持和互动情况。查看视频：随机抽查一天的监控录像，了解某片段中保育人员与婴幼儿互动交流情况。	评分说明：1. 保育人员与婴幼儿互动时语调是温暖且积极的（具体表现为：微笑、欢声笑语、击掌、拥抱婴幼儿的手等，表达喜爱之情。如表扬婴幼儿有热情、用拥抱安慰婴幼儿，较好得5～6分。2. 在交往互动中，保育人员对婴幼儿使用有尊重语言（具体表现为：称呼婴幼儿的名字、与婴幼儿有眼神交流，语气是温暖且平和的，对婴幼儿使用有尊重语言，如"请""谢谢"等，语气平和的位置），较好得5～6分，中等得2～4分，较差得0～1分。3. 保育人员通过恰当的方式及时回应婴幼儿的情感需求（例如：轻轻拍婴幼儿，回应他们的拥抱、话语引导等），较好得5～6分，中等得2～4分，较差得0～1分。（1～3项可累计得分）
		6.2 生活照护	99	6.2.1 一日生活组织	15	根据婴幼儿的生理节律和科学哺喂饮水、进餐、换尿布、睡眠、活动等一日生活，如喝水、进餐、睡眠、活动等各项内容的安排相对固定，保证作息相对的规律性。	10	查阅资料 现场查看 人员访谈 查看视频	国家卫生健康委员会《托育机构管理规范（试行）》（国卫人口〔2019〕58号）	查阅资料：各月龄段婴幼儿一日生活作息时间表。现场查看：婴幼儿一日生活组织情况。人员访谈：选取某一时间段，查看某一周任何一天的监控录像片段。	指标说明：作息时间表指根据季节制订的婴幼儿一日生活作息安排表（自由游戏、集体游戏、睡眠、换尿布等，室外大体能活动。且室外活动时间满足不同月龄的要求，身体活动满足以下条件：6～12个月龄婴幼儿活动时间至少30分钟，13～36个月婴幼儿活动时间至少3小时。评分说明：1. 有符合婴幼儿各月龄特点的作息时间表，较好得4～5分。2. 作息时间各环节相对固定，婴幼儿熟悉各环节的流程，较好得0～1分。3. 一日时间表内安排具有相对合理性和灵活性，以满足每个婴幼儿的需求，较好得0～1分，中等得2～3分，较差得4～5分。（1～2项可累计得分）

续 表

一级指标	一级指标分值	二级指标	二级指标分值	三级指标	三级指标分值	指标内容	指标分值	评估方式	参考依据	评估方式与信息采集	解释说明
6 保育照护	200	6.2 生活照护	99	6.2.1 一日生活组织	15	一日生活的过渡环节组织有序，把握过渡环节中蕴含的婴幼儿的学习与发展机会，基本无消极等待时间。	5	现场查看		现场查看：查看半日活动中室内外各环节的过渡情况，以及过渡环节幼儿的参与状态。	指标说明：过渡环节指幼儿在一日生活中从一个环节转换到另一个环节时的过程。评分说明：过渡环节幼儿无所事事的时间不超过3分钟（如遇当日的其他处待个体，全班或小组在看书或者坐在桌旁等待午餐、排队等候外出或谈话、看绘本故事，玩玩具等，使用洗手间）。过渡环节中，幼儿专心致志参与，较好得4—5分，中等得2—3分，较差得0—1分。
				6.2.2 睡眠	46	午睡或休息时间适宜，保证不同月龄婴幼儿有充足的睡眠时间。	10	现场查看 人员访谈 查看视频	国家卫生健康委员会《托育机构保育指导大纲（试行）》（国卫人口发〔2021〕2号）	现场查看：婴幼儿开始午睡/休息时间点。人员访谈：访谈保育人员班级婴幼儿睡眠时长。查看视频：随机抽看一天的监控录像中婴幼儿午睡时段。	评分说明：1. 遵循不同月龄段婴幼儿的睡眠需求，保证睡眠时间，1岁以下婴儿白天可随困随睡，1—2岁幼儿白天午睡次数2—3次，2岁以上幼儿每天1次午睡，托大班幼儿无需午睡时间过久（超过2.5小时）情况。较差得0—1分，中等得2—3分，较好得4—5分。2. 对婴幼儿的睡眠习惯有一天帮助入睡，轻柔的音乐帮助婴幼儿入睡、提供可依托的玩具。较差得0—1分，中等得2—3分，较好得4—5分。（1—2项可累计分）
						婴幼儿喝奶或进餐后有休息放松时间。	5	现场查看 人员访谈 查看视频		现场查看：婴幼儿喝奶或进餐后的情况。人员访谈：访谈保育人员进餐后到睡眠前的安排。查看视频：随机抽看一天的监控录像中婴幼儿喝奶后和午饭后的视频片段。	评分说明：1. 乳儿班婴幼儿喝奶后有休息，托小班和托大班幼儿进餐后，散步时间大于等于10分钟，得3分。2. 抬哺和散步时间，有哼唱或者播放歌谣等活动让幼儿情绪愉快，得2分。（1—2项可累计分）
						睡眠环境有助于休息。	10	现场查看 人员访谈 查看视频	国家卫生健康委员会《托育机构保育指导大纲（试行）》（国卫人口发〔2021〕2号）	现场查看：婴幼儿睡眠环境。人员访谈：保育人员对婴幼儿睡眠环境的设置情况。查看视频：随机抽看一天的监控录像中婴幼儿午睡片段。	评分说明：1. 睡眠环境光线柔和、非黑暗环境（近距离巡视时可看清每个幼儿的面部表情），得2分。2. 温度适宜，22—26摄氏度，得2分。3. 睡眠环境安静、无明显噪音干扰，得2分。4. 睡眠空间空气流通，无交叉污染状态，得2分。5. 儿童床安排适宜，所有床或床垫相隔一定距离，无紧挨在一起的现象，得2分。（1—5项可累计分）

续　表

一级指标分值	二级指标分值	三级指标分值	指标内容	指标分值	评估方式	参考依据	评估方式与信息采集	解释说明
6 保育照护 200	6.2 生活照护 99	6.2.2 睡眠 46	婴幼儿睡眠用具干净卫生，定期消毒。被褥定期清洗，睡床安全，无易引发危险的隐患。	8	现场查看 人员访谈	国家卫生健康委员会《托育机构保育指导大纲（试行）》（国卫人口发〔2021〕2号）	现场查看：睡眠用具安全、卫生情况。人员访谈：访谈看护人员每日睡眠用具的消毒情况、被褥清洗的时间或清洗周期。访谈家长床褥等清洗说明。	评分说明：1.所有婴幼儿的睡眠用具（床、床垫、褥子等）干净卫生，无明显污迹，得1分。2.睡眠用具（床栏杆、床垫等）定期消毒：每天擦拭干净，每周消毒至少一次，得2分。3.被褥定期清洗：最少2周清洗一次，得1分。4.睡床上无引发危险的物品，例如小石头、小珠子等颗粒状或者尖锐物品，得2分。5.睡床至围栏有防跌落或碰撞措施，得2分。（1—5项可累计计分）
			睡眠过程中有保育人员的看护、观察婴幼儿的脸色、呼吸体温等，防范窒息等危险发生，并有午睡巡查记录。	13	现场查看 查阅资料 人员访谈 查看视频	国家卫生健康委员会《托育机构保育指导大纲（试行）》（国卫人口发〔2021〕2号）	现场查看：婴幼儿睡眠过程中的看护、巡查情况。查阅资料：午睡看护记录表。人员访谈：访谈班级看护睡眠的保育人员关于婴幼儿午睡看护的要求或具体内容。查看视频：监控录像中查看前一天的婴幼儿睡眠过程。	评分说明：1.午睡过程中始终有本班级有看护婴幼儿的午睡，得5分；存在保育人员离开无人看护的情况，得0分。2.午睡过程中，保育人员随时观察、巡查每名婴幼儿睡眠情况（检查呼吸、面色、遮盖被褥情况等），6个月以下婴幼儿保持仰睡姿势，得6分。3.登记午睡情况，得2分。（1—3项可累计计分）
		6.2.3 进餐 20	根据婴幼儿的月龄特点培养自主进餐的能力。	5	现场查看	国家卫生健康委员会《托育机构保育指导大纲（试行）》（国卫人口发〔2021〕2号）	现场查看：保育人员培养婴幼儿自主进餐的情况。	指标说明：自主进餐指幼儿以自己做用餐具进餐为主。保育人员进行进餐引导，而不是全程由保育人员喂。评分说明：乳儿班和托小班婴幼儿能够尝试自己进食，大班幼儿能点心时间有分餐到自主进餐、托大班幼儿在正餐或点心时间帮忙，可参与分餐、摆放餐具等。较差得0—1分，中等得2—3分，较好得4—5分。
			营造愉快的进餐氛围。	5	现场查看	国家卫生健康委员会《托育机构保育指导大纲（试行）》（国卫人口发〔2021〕2号）	现场查看：婴幼儿进餐的环境氛围。	评分说明：正餐或点心时间没有引导婴幼儿紧张的情绪氛围。通过播放轻音乐、轻柔地和幼儿进行沟通、营造良好的进餐氛围。较差得0—1分，中等得2—3分，较好得4—5分。

续 表

一级指标	一级指标分值	二级指标	二级指标分值	三级指标	三级指标分值	指标内容	指标分值	评估方式	参考依据	评估方式与信息采集	解释说明
6 保育照护	200	6.2 生活照护	99	6.2.3 进餐	20	帮助婴幼儿建立良好的用餐方式并引导婴幼儿均衡饮食。	10	现场查看	国家卫生健康委员会《托育机构保育指导大纲(试行)》(国卫人口发〔2021〕2号)	现场查看：婴幼儿进餐中保育人员的引导情况和幼儿的进餐状况及情况。	评分说明：1. 保育人员向婴幼儿主动介绍食物的名称、营养情况等基本信息。较差得0—1分、中等得2—3分、较好得4—5分。2. 保育人员鼓励婴幼儿进行引导、帮助婴幼儿形成均衡饮食的好习惯。较差得0—1分、中等得2—3分、较好得4—5分。(1—2项可累计计分)
				6.2.4 卫生与生活习惯	18	指导婴幼儿学习盥洗、穿脱衣服等生活自理能力。	9	现场查看 人员访谈	国家卫生健康委员会《托育机构保育指导大纲(试行)》(国卫人口发〔2021〕2号)	现场查看：查看保育人员指导幼儿盥洗是否卫生规范,如喝环节是否及托小班、托大班婴幼儿是否有致鼓励托小班、托大班婴幼儿自己穿脱衣服等情况。人员访谈：询问保育人员,说明引导和操作婴幼儿学习洗漱的步骤和流程。	指标说明：生活自理能力指保育人员有意识地根据婴幼儿月龄特点培养他们生活自理能力。例如：按照保育人员规范指导地培养婴幼儿用规范的洗手法洗手,指导托小班婴幼儿自己穿脱衣物、鞋袜等。评分说明：保育人员能根据婴幼儿月龄的特点指导其生活自理能力。较差得0—2分、中等得3—5分、较好得6—9分。
		6.3 发展支持	83	6.3.1 活动内容与形式	32	根据婴幼儿的月龄特点、实际发展情况和个体差异(包括年度、半年、月、周计划等),把定明确,符合婴幼儿月龄特点的发展性目标。	8	查阅资料 现场查看		查阅资料：班级年或半年工作计划、班级每月、每周工作计划。现场查看：当日活动是否按照周工作计划开展。	评分说明：1. 有不同月龄段幼儿的活动计划(包括年度、半年、月、周工作计划)等,各个计划齐全得3分。每一项得1分。2. 计划活动符合月龄特点,且与目标明确、目标与内容密切相关。较差得0—1分、目标得4—5分。(1—2项可累计计分)
						各项活动内容涵盖运动、语言、认知、情感与社会性等方面,相对全面均衡,贴近婴幼儿生活。	10	查阅资料 人员访谈	国家卫生健康委员会《托育机构保育指导大纲(试行)》(国卫人口发〔2021〕2号)	查阅资料：周活动计划。人员访谈：访谈保育人员关于本周组织开展的活动内容。	评分说明：1. 每周活动内容涵盖运动、语言、认知、情感与社会性等各个领域,得5分。2. 各领域活动安排均衡,较差得0—1分、中等得2—3分、较好得4—5分。(1—2项可累计计分)

续表

一级指标	一级指标分值	二级指标	二级指标分值	三级指标	三级指标分值	指标内容	指标分值	评估方式	参考依据	评估方式与信息采集	解释说明
6 保育照护	200	6.3 发展支持	83	6.3.1 活动内容与形式	32	为婴幼儿安排的活动包含动与静、集体/小组/个别、室内/室外等不同形式。活动计划以自由分散活动为主，由不同一组织的集体活动时间应适合婴幼儿发展月龄段特点。	14	查阅资料 现场查看		查阅资料：周工作计划。现场查看：半日活动内容。	评分说明：1.每日活动包含动与静、集体、小组、个别、室内/室外等不同形式，得2分。2.集体活动。托小班（13-24个月）每次集体活动时间5-8分钟，托大班（25-36个月）均可做到，有一种班型做不到，不得分。3.自由分散的游戏活动时间每日累计不少于1小时，得2分。4.在自由分散的游戏活动时间，有老师的观察与支持，得3分。5.活动可促使做使婴幼儿通过亲身体验，动手操作等符合认知年龄特点，看，而不是受多数时间在听、看，得5分。（1—5项可累计计分）
				6.3.2 动作发展支持	18	婴幼儿每日室内外活动时间不少于3小时，其中户外活动不少于2小时。婴冷、发热季节或特殊天气情况下可做相应的调整。	10	查阅资料 现场查看 查看视频	国家卫生健康委员会《托育机构管理规范（试行）》（国卫人口发〔2019〕58号）	查阅资料：周工作计划。现场查看：户外活动开展情况。查看视频：随机抽取监控录像中活动片段的一致性。与计划的一致性。	指标说明：1.活动时间指身体活动的时间，不包括静坐参与活动等。2.乳儿班及小月龄婴幼儿，可酌情减少户外活动时间。评分说明：1.托小班和托大班的婴幼儿每日户外活动时间少于1小时得4分，达到1到2小时之间得6分，达到2小时或超过2小时得8分。2.制定有特殊天气（雨雪、大风、多霜等）活动方案，并符合婴幼儿月龄特点得2分。（1—2项可累计计分）
				6.3.2 动作发展支持	18	提供适宜且充足的材料，开展符合婴幼儿各年龄月龄特点的活动，锻炼婴幼儿的精细动作技能。	8	现场查看	国家卫生健康委员会《保育指导大纲（试行）》（国卫人口发〔2021〕2号）	现场查看：精细活动的材料数量和种类，满足各年龄段精细动作发展需要。	指标说明：精细动作技能包括婴幼儿使用手臂、手以及手指上的小肌肉的能力。评分说明：1.可根据不同月龄婴幼儿动作发展，提供相符合的材料，例如，1岁以下的婴儿可提供满足抓握、捏、拍、旋转、穿等动作的材料。1岁以上的幼儿可提供满足更精细动作的材料。较差得0—2分，中等得3—4分，较好得5分。2.活动材料充足，没有因材料不足而引发婴幼儿之间的争抢为，得3分。
				6.3.3 语言发展支持	14	积极与婴幼儿进行语言或非语言交流，适当发起主动交流并及时予以发回应。	6	现场查看 查看视频	国家卫生健康委员会《托育指导大纲（试行）》（国卫人口发〔2021〕2号）	现场查看：一日生活中保育人员与婴幼儿交流情况。查看视频：随机抽取监控录像中活动片段的保育人员与婴幼儿互动情况。	评分说明：可用语言和肢体动作、面部表情等与婴幼儿积极交流互动、交流过程中注重倾听、观察婴幼儿的语言和表情，并可积极地进行回应。较差得0—1分，中等得2—3分，较好得4—6分。

续表

一级指标	一级指标分值	二级指标	二级指标分值	三级指标	三级指标分值	指标内容	指标分值	评估方式	参考依据	评估方式与信息采集	解释说明
6 保育照护	200	6.3 发展支持	83	6.3.3 语言发展支持	14	利用机会和幼儿共念图书、共念儿歌。	8	现场查看	国家卫生健康委员会《托育机构保育指导大纲（试行）》（国卫人口发〔2021〕2号）	现场查看：半日活动中保育人员与婴幼儿共念图书、共念儿歌的情况。	评分说明：保育人员每日和婴幼儿有共读图书、念儿歌、手指谣。幼儿感兴趣并可参与互动。较好得3—5分，中等得0—2分。中等得6—8分。
				6.3.4 认知发展支持	14	婴幼儿可自主取用玩具材料。在自由活动时间可自主玩耍。	6	现场查看	国家卫生健康委员会《托育机构保育指导大纲（试行）》（国卫人口发〔2021〕2号）	现场查看：婴幼儿自主取用玩具材料情况。	评分说明：1.婴幼儿可任意活动室内的玩教具材料自主取放。可自主取用，得3分。2.婴幼儿每天有自由游戏时间，可根据自己兴趣探索玩具材料。较好得3分。（1—2项可累计计分）
						提供有利于视、听、触、嗅觉的材料供婴幼儿自主操作、观察、探究。	8	现场查看	国家卫生健康委员会《托育机构保育指导大纲（试行）》（国卫人口发〔2021〕2号）	现场查看：提供的视觉、听觉、触觉、嗅觉的材料及婴幼儿探索使用的情况。	评分说明：环境中有涮婴幼儿视觉、听觉、触觉、嗅觉的材料。婴幼儿对材料感兴趣，可主动探索。较差得0—2分，中等得3—5分，较好得6—8分。
				6.3.5 情感与社会性发展支持	5	鼓励婴幼儿尝试完成一些力所能及的小任务，培养婴幼儿感受自己的能力，增强自信心和自主性。	5	现场查看、人员访谈	国家卫生健康委员会《托育机构保育指导大纲（试行）》（国卫人口发〔2021〕2号）	现场查看：婴幼儿完成一些力所能及的小任务情况。人员访谈：访谈育教保育人员为鼓励支持婴幼儿做了哪些力所能及的小任务。	评分说明：保育人员可鼓励婴幼儿做力所能及的小任务，例如让乳儿拿自己的小勺的的幼儿自己拿奶瓶喝奶，协助托小班的幼儿自主进餐，穿脱简单衣物等，语言是正向激励的，如"你已经吃饱了""你能尝试自己把裤子穿上非常好"等。较差得0—1分，中等得2—3分，较好得4—5分。
7 卫生保健	210	7.1 卫生保健工作制度	32	7.1.1 卫生保健制度建设	20	有（包含婴幼儿照护内容）膳食管理制度、卫生与消毒制度、健康检查制度、体格锻炼制度、常见病预防与控制制度、传染病预防制度、伤害预防制度、健康教育制度、卫生保健信息收集制度。	20	查阅资料	国家卫生健康委员会《托育机构管理规范（试行）》（国卫人口发〔2019〕58号）、中华人民共和国国务院、教育部部令第76号《托儿所幼儿园卫生保健管理办法》（2012）、中华人民共和国国家卫生和计生委《托儿所幼儿园卫生保健工作规范》（卫妇社发〔2012〕35号）、国家卫生健康委关于做好托育机构卫生评价工作的通知（国卫办妇幼发〔2022〕11号）	查阅资料：工作制度。	评分说明：制度是卫生保健工作的基本要求。每有一项制度得2分，制度齐全得20分。

续　表

一级指标	一级指标分值	二级指标	二级指标分值	三级指标	三级指标分值	指标内容	指标分值	评估方式	参考依据	评估方式与信息采集	解释说明
7 卫生保健	210	7.1 卫生保健工作制度	32	7.1.2 制度实施	12	机构对各项卫生保健工作制度落实情况定期检查和反馈,记录完整。卫生保健人员、保育人员掌握其基本要求(如卫生保健知识,全日观察预案的内容、传染病预防及处理等)。	12	查阅资料 人员访谈	中华人民共和国卫生部、教育部《托儿所幼儿园卫生保健管理办法》(卫生部令第76号)《托儿所幼儿园卫生保健工作规范》(卫妇社发[2012]35号)	查阅资料:制度落实情况、培训记录。 人员访谈:卫生保健人员和保育人员关于消毒知识、全日观察预案内容、传染病应急预案的内容和处理办法。	评分说明: 1. 有健康检查记录、卫生检查记录、卫生保健人员巡查记录、传染登记录记录、卫生消毒记录等日常工作记录,无错误得7分。 2. 各项记录完整,无错漏一项可累计分。(1~2项可累计分)
		7.2 健康管理	54	7.2.1 婴幼儿健康记录	16	为收托婴幼儿建立入托时查验或入园的"预防接种证"和入托体检表。	16	查阅资料	中华人民共和国卫生部、教育部《托儿所幼儿园卫生保健管理办法》(卫生部令第76号)《托儿所幼儿园卫生保健工作规范》(卫妇社发[2012]35号)	查阅资料:本学期入托婴幼儿名单、入托体检表和预防接种证复印件。	评分说明: 1. 1岁以上婴幼儿入托体检表(1岁以下婴幼儿童保健记录进行替代)和预防接种证复印件保存完整,得16分。 2. 任何一项不符合要求,不得分。
				7.2.2 健康档案	14	每名婴幼儿具有健康档案、内容完整。包括:既往疾病史、传染病史、过敏反应史、定期体检记录等。鼓励与辖区妇幼保健机构建立相关联系及绿色转诊通道。及时进行评估干预。	14	查阅资料	中华人民共和国卫生部、教育部《托儿所幼儿园卫生保健管理办法》(卫生部令第76号)《托儿所幼儿园卫生保健工作规范》(卫妇社发[2012]35号)	查阅资料:婴幼儿健康档案。	评分说明: 1. 有婴幼儿健康档案,得8分。 2. 健康档案内容详细、过敏史记录等,得6分。(1~2项可累计分)
				7.2.3 全日健康观察	20	做好婴幼儿晨检、午检和班级全日健康观察,并做好记录。发现婴幼儿异常情况及时处理并制定完善记录。	20	查阅资料 人员访谈	中华人民共和国卫生部、教育部《托儿所幼儿园卫生保健管理办法》(卫生部令第76号)《托儿所幼儿园卫生保健工作规范》(卫妇社发[2012]35号)	查阅资料:婴幼儿晨检记录、午检记录和全日健康观察记录。 人员访谈:访谈每日晨检、午检和全日观察的内容,及异常情况及时的处理办法。	评分说明: 该指标内容各项内容都达到要求得20分,有任何一项没有达到要求,则不得分。

续表

一级指标	一级指标分值	二级指标	二级指标分值	三级指标	三级指标分值	指标内容	指标分值	评估方式	参考依据	评估方式与信息采集	解释说明
7 卫生保健	210	7.2 健康管理	54	7.2.4 视力保护	4	做好婴幼儿视力的保护，2岁以下不宜直接触屏幕，2~3岁幼儿在托育机构中屏幕时间一日累计不超过半小时，每次不宜超过10分钟，内容应以无暴露力等不健康元素。	4	现场查看 人员访谈 查看视频	世界卫生组织《5岁以下儿童的身体活动、久坐行为和睡眠指南》	现场查看：婴幼儿在托育机构中的屏幕时间。人员访谈：访谈保育人员，了解班次致婴幼儿每日屏幕使用时间和频次。查看视频：根据访谈情况查看监控录像中婴幼儿的屏幕使用时间。	评分说明：婴幼儿屏幕使用时间、频次、内容都达到要求得4分，有任何一项没有达到要求，则不得分。
		7.3 膳食营养	54	7.3.1 婴幼儿食谱	16	根据婴幼儿营养需要，编制营养食谱并且每周进行更换，提供符合婴幼儿月龄特点的正餐和加餐，保证食物品种多样，食物量适宜。	16	查阅资料 现场查看	中华人民共和国卫生部、教育部《托儿所幼儿园卫生保健管理办法》（卫生部、教育部令第76号）《托儿所幼儿园卫生保健工作规范》（卫计妇社发〔2012〕35号）中国营养学会《中国居民膳食指南》2022年版	查阅资料：食谱。现场查看：婴幼儿的餐食。	评分说明：1.托育机构每周更换营养食谱，每天菜品不重复得4分。2.每周食谱中粗细搭配合理、食物种类达到25种或以上，并符合婴幼儿月龄特点，得4分。3.托育机构食谱符合婴幼儿年龄特点，并每季度开展营养计算，其中优质蛋白每日膳食入量达到要求，得8分。（1~3项可累计计分）
				7.3.2 烹调方式	16	食物烹调方法以蒸、煮为主，少盐少油，软烂合适，食材加工大小等符合婴幼儿发育特点。	16	查阅资料 现场查看	中国营养学会《中国居民膳食指南》2022年版	查阅资料：食谱。现场查看：婴幼儿的餐食。	评分说明：该指标内各项内容都达到要求得16分，有任何一项没有达到要求，则不得分。
				7.3.3 特殊饮食	6	对有食物过敏的婴幼儿注意回避，或对有特殊营养问题的婴幼儿提供特殊饮食。	6	查阅资料 现场查看	中国营养学会《中国居民膳食指南》2022年版 WS/T 678—2020《婴幼儿辅食添加营养指南》	查阅资料：食谱、食物对敏的婴幼儿对食物有特殊需求的记录表。现场查看：对敏的婴幼儿或膳食特殊需求的餐食、替代餐。	评分说明：1.对于有食物过敏的婴幼儿或婴幼儿对食物的特殊需求进行记录，得3分。2.对于有食物过敏的婴幼儿注意食物回避，且在餐食中提供替代食物，得3分。（1~2项可累计计分）

续表

一级指标	一级指标分值	二级指标	二级指标分值	三级指标	三级指标分值	指标内容	指标分值	评估方式	参考依据	评估方式与信息采集	解释说明
		7.3 膳食营养	54	7.3.4 母乳、配方奶管理	16	设有乳儿班的托育机构有标识清楚的奶瓶存放处的奶瓶存放处和冰箱，并有专人管理。有专人负责对婴幼儿按需喂养。	16	现场查看		现场查看：母乳存放专用冰箱、母乳调制配方奶和使用母乳流程及使用用冰箱。奶具、眼养记录表。	评分说明： 1. 设有乳儿班的托育机构有标识清楚的奶瓶存放处和母乳储存的奶瓶存放处。得2分。 2. 专用冰箱放置温度显示器。得2分。 3. 母乳瓶有标明日期及使用用者。得2分。 4. 有喂养记录表，且标明喂养时间和有专人签字。得4分。 5. 有专人管理调制配方奶，且有配方奶调制同步骤和有专人签字。得2分。 6. 配方奶调制配备保温瓶，或者保温瓶水温不低于70℃。得2分。 （如果托育机构未有母乳，配方奶，则全不得分。）
7 卫生保健	210	7.4 传染病管理	60	7.4.1 卫生消毒	25	整体环境卫生整洁，水杯、毛巾、餐具每日用消毒等消毒设施进行消毒。各类预约卫生检查记录和预防性消毒工作记录完整。消毒方法、频次及时间符合要求。	25	查阅资料 现场查看 人员访谈	中华人民共和国卫生部、教育部《托儿所幼儿园卫生保健管理办法》(卫生部 教育部令第76号)《托儿所幼儿园卫生保健工作规范》(卫妇社发[2012]35号)	查阅资料：卫生检查记录、消毒工作记录。现场查看：机构环境卫生情况、消毒工作情况等。人员访谈：卫生保育人员玩具消毒要求、地面消毒要求、卫生间马桶消毒要求等。	评分说明： 1. 有卫生检查记录。得5分。 2. 有消毒柜等专用消毒设备，有班级消毒记录。得5分。有任何一项没有，则不得分。 3. 卫生检查记录内容翔实，且有整改措施和反馈记录。得10分。 4. 消毒记录时间准确。得5分。（1—4项可累计计分）
				7.4.2 传染病防控	6	有隔离观察空间与属地疾病预防控制机构（农村乡镇卫生院防保组）建立联动机制。有传染病防控的有效沟通机制。	6	现场查看 人员访谈		现场查看：隔离观察空间设置情况。人员访谈：访谈卫生保健人员与社区卫生服务机构建立联动机制的情况。	评分说明： 1. 有隔离观察空间。得2分。 2. 隔离观察空间内有流动水设施。得2分。 3. 通过人员访谈等方式确认机构与社区卫生服务机构建立联动机制的内容。得2分。（1—3项可累计计分）
				7.4.3 缺勤追踪	10	有专人对缺勤婴幼儿进行患病追踪管理，并做好患病儿童记录。	10	查阅资料 人员访谈	中华人民共和国卫生部、教育部《托儿所幼儿园卫生保健管理办法》(卫生部 教育部令第76号)《托儿所幼儿园卫生保健工作规范》(卫妇社发[2012]35号)	查阅资料：婴幼儿缺勤记录表。人员访谈：访谈保育人员关于因病缺勤追踪的方法。	评分说明： 1. 有婴幼儿缺勤记录。得4分。 2. 缺勤记录内容详细，有症状、就诊信息，追访人签字。得6分。（1—2项可累计计分）

续表

一级指标	一级指标分值	二级指标	二级指标分值	三级指标	三级指标分值	指标内容	指标分值	评估方式	参考依据	评估方式与信息采集	解释说明
7 卫生保健	210	7.4 传染病管理	60	7.4.4 传染病处理	19	有婴幼儿常见传染病应急预案及上报流程，传染病登记完整准确。发现传染病疑似或似传染病患儿，应按有关规定，循有关规定，无因园所采取措施不力造成的传染病续发或暴发。	19	查阅资料 现场查看	中华人民共和国卫生部、教育部《托儿所幼儿园卫生保健管理办法》(卫生部令第76号) 《托儿所幼儿园卫生保健工作规范》(卫妇社发[2012]35号)	查阅资料：传染病登记、婴幼儿常见传染病应急预案及上报流程和上报记录。现场查看：婴幼儿常见传染病应急预案及处置流程在机构内部的相关位置张贴情况。	指标说明：传染病续发指在托育机构中第一个病例发生后，在该病的最短潜伏期到最长潜伏期指间之间，易感接触者中受其感染而发病。传染病暴发指在局限的区域范围和短时间内突然发生多个同类传染病例的现象。评分说明：1. 有传染病应急预案，应急预案符合机构实际情况，得4分。2. 有传染病上报流程及上报流程符合传染病管理要求，得4分。3. 有传染病登记完整且登记准确（包括返回园所的传染病续发或暴发登记记录），得8分。4. 无因园所防控不力造成的传染病续发或暴发，得3分。(1~4项可累计计分)
		7.5 常见病管理	10	7.5.1 营养性常见病管理	5	对贫血、营养不良、超重肥胖的婴幼儿，进行登记和管理，并提供相应的照护。	5	查阅资料	中华人民共和国卫生部、教育部《托儿所幼儿园卫生保健管理办法》(卫生部令第76号) 《托儿所幼儿园卫生保健工作规范》(卫妇社发[2012]35号)	查阅资料：对贫血、营养不良、超重肥胖的婴幼儿登记和管理记录。	评分说明：1. 有指标中指出病的登记，得2分。2. 有相应的照护措施，得3分。(1~2项可累计计分)
				7.5.2 其他常见病管理	5	对药物过敏或食物过敏、先天性心脏病、哮喘、癫痫等疾病及心理行为异常的婴幼儿，由家长依托社区或妇幼保健机构进行规范管理。	5	查阅资料	中华人民共和国卫生部《托儿所幼儿园卫生保健工作规范》(卫妇社发[2012]35号)	查阅资料：对过敏和其他疾病的婴幼儿的登记记录。	评分说明：有登记记录，得5分。
8 养育支持	80	8.1 与家长合作	68	8.1.1 与家长签订协议	15	与家长签订协议明确双方责任、权利和义务、服务项目、收费标准以及争议纠纷处理方法等，做好新生入托登记，了解婴幼儿的基本信息。	15	查阅资料	国家卫生健康委员会《托育机构管理规范(试行)》(国卫人口发[2019]58号)	查阅资料：与家长签订的协议。	指标说明：托育机构与婴幼儿的监护人签订协议的，可以依据具体协议模板。地方有具体协议模板的，可以依据相应要求执行。评分说明：该指标内各项都达到要求得15分，有任何一项没有达到要求，则不得分。

续表

一级指标	一级指标分值	二级指标	二级指标分值	三级指标	三级指标分值	指标内容	指标分值	评估方式	参考依据	评估方式与信息采集	解释说明
8 养育支持	80	8.1 与家长合作	68	8.1.2 家长信息告知与日常沟通	28	通过不同方式（如家长手册、公示栏、微信公众号、与家长联系的手机软件等）主动告知家长让家长知晓：婴幼儿作息时间安排、餐点提供、活动开展、不同月龄婴幼儿的培养目标和任务等信息。	8	现场查看 查阅资料 人员访谈		现场查看：对家长进行信息告知情况。查阅资料：对家长进行信息告知的相关资料。人员访谈：访谈保育人员对家长进行信息告知的内容与方式。	评分说明： 1. 托育机构至少采用1种方式向家长进行信息告知，得2分。 2. 托育机构告知家长不同月龄婴幼儿的培养目标和任务，科学、目标具体，得3分。 3. 所有家长可方便及时查看到婴幼儿当日入托活动、餐食等信息，得3分。（1—3项可累计计分）
						每日送托时向家长询问婴幼儿的健康状况，对于婴幼儿的记录、在托期间遇有特殊需求做好记录。在托期间遇有特殊情况（如身体发痒、意外伤害等）及时与家长做好联系关怀（如保育、医护）。离托时向家长反馈婴幼儿在托育机构中的进餐、如厕、睡眠、情绪状态等情况。	10	查阅资料 人员访谈		查阅资料：与家长沟通、反馈或家长联系特殊需求记录、关怀婴幼儿特殊需求的相关记录。人员访谈：访谈保育人员关于离托时与家长沟通的内容。	评分说明： 1. 每日送托时向家长询问婴幼儿的情况，每日离托向家长反馈婴幼儿的情况，得5分。 2. 对于婴幼儿的特殊需求做好记录，得2分。 3. 有特殊情况及时做好与家长联系，并做好救助工作，记录完整，得3分。（1—3项可累计计分）
						设有公开途径，供家长向机构反馈意见和建议。	6	现场查看 查阅资料	国家卫生健康委员会《托育机构管理规范（试行）》（国卫人口发〔2019〕58号）	现场查看：家长向机构反馈意见和建议的途径和内容。查阅资料：托育机构根据家长意见和建议落实的过程资料。	评分说明： 1. 设有公开途径，供家长向机构反馈意见和建议，得3分。 2. 托育机构根据家长意见及时并改进工作，向家长反馈意见和建议的落实情况，得3分。（1—2项可累计计分）
						定期组织家长通过多种方式（如开放活动、亲子活动等）了解婴幼儿在托情况。	4	查阅资料 人员访谈	国家卫生健康委员会《托育机构管理规范（试行）》（国卫人口发〔2019〕58号）	查阅资料：定期组织家长了解婴幼儿在托情况的相关资料。人员访谈：访谈保育人员关于家长参与托育机构活动的情况。	评分说明：托育机构每年组织1次活动让家长了解婴幼儿在托情况，只得2分；每半年至少组织2次的，可得4分。

续　表

一级指标	一级指标分值	二级指标	二级指标分值	三级指标	三级指标分值	指标内容	指标分值	评估方式	参考依据	评估方式与信息采集	解释说明
8 育支持	80	8.1 与家长合作	68	8.1.3 家庭育儿支持	12	采用不同方式（如讲座、家长会、科普资料推送等）向家长传播科学育儿知识和方法，根据家长的个别化需求提供育儿咨询服务。	12	查阅资料		查阅资料：向家长提供育儿支持的相关资料。	评分说明：1.每年向家长提供科学育儿知识和方法，定期向家长提供科学育儿知识和方法，且每年有不少于4次。得8分。2.每年都为每个家庭提供个别化的育儿咨询服务，得4分。（1—2项可累计计分）
				8.1.4 家长满意度	13	每年进行1次家长满意度调查，家长满意度率在85%及以上，并根据调查情况改进托育工作。	13	查阅资料 人员访谈		查阅资料：家长满意度调查。人员访谈：对家长进行随机访谈。	指标说明：满意度调查是托育机构对家长的调查，满意度调查中应包括调查家长对以下方面的满意程度：婴幼儿在托育机构的情感愉悦程度、卫生保健工作、安全保障工作，以及学习环境、保育照护服务等各个方面的满意程度。评分说明：1.做到每年进行1次家长满意度调查，得5分。满意率达到90%及以上，得7分；满意率达到95%及以上，得9分。2.家长满意率达到85%及以上，得1分。3.托育机构有家长反馈满意度调查情况及调查意见的改进情况，得2分。（1—3项可累计计分）
		8.2 与社区联动	12	与社区联动	12	积极与社区联动，开放托育机构活动场地或利用社区资源为社区婴幼儿及家长提供科学育儿支持（如亲子活动、育儿宣传活动、入户指导、早期干预等）。	6	查阅资料	国家卫生健康委员会《托育机构管理规范（试行）》（国卫人口发〔2019〕58号）	查阅资料：与区县联动相关资料。	指标说明：托育机构为社区提供的资源包括：利用社区的户外场地让婴幼儿活动、社区保障托育机构安全、社区卫生保健、社区居委会为托育机构提供服务等。评分说明：托育机构有计划地定期开展科学育儿支持，得3分；如果做到有计划地定期开展科学育儿支持，且每年不少于2次，得6分。
						充分利用社区资源，支持托育照护服务。	6	人员访谈		人员访谈：访谈保育人员关于利用社区资源开展照护服务的情况。	指标说明：托育机构利用社区的育儿资源支持托育照护服务。评分说明：托育机构利用社区资源支持托育机构照护服务，得3分；利用2种及以上资源，得6分。

续 表

一级指标	一级指标分值	二级指标	二级指标分值	三级指标	三级指标分值	指标内容	指标分值	评估方式	参考依据	评估方式与信息采集	解释说明
9 安全保障	200	9.1 安全领导组织建设	34	安全责任机制及安全工作	34	机构法定代表人或机构负责人是机构人、负责托育机构安全管理、各岗位安全职责明确、逐层签订安全责任书、且实施户外活动工作、有要求、有总结。	34	查阅资料		查阅资料：安全管理相关资料、各岗位签订的安全责任书、安全工作年度计划、总结。	指标说明：1. 机构法定代表人或机构负责人要签订安全承诺书，明确自己是机构安全第一责任人，机构安全管理相关培训（如区级及园所消防安全、食品安全等机构负责人应参与机构安全第一责任人、机构法定代表人或机构负责人参与机构安全培训包含消防安全、食品安全等）有相关培训工作。（安全培训包含消防安全、食品安全等记录等资料和体现即可。） 评分说明：1. 机构法定代表人或机构负责人签订安全承诺书，得3分。2. 托育机构各岗位人员签订安全责任书，得8分。3. 安全工作有计划，得6分。4. 安全工作有过程性资料，得6分。5. 安全工作有总结，得6分。（1～5项可累计计分）
		9.2 安全制度建设	26	9.2.1 安全防护制度	13	建立外来人员出入登记制度、婴幼儿接送制度和婴幼儿出行及户外活动安全规范。	13	查阅资料	国家卫生健康委员会《托育机构管理规范（试行）》（国卫人口发〔2019〕58号） 中华人民共和国《托儿所幼儿园卫生保健管理办法》（卫生部 教育部令第76号） 中华人民共和国《托儿所幼儿园卫生保健工作规范》（卫妇社发〔2012〕35号）	查阅资料：出入登记管理办法、婴幼儿接送相关记录表等、及访客登记表等、及婴幼儿出行及户外活动安全规范。	评分说明：1. 有外来人员出入登记制度，得3分。2. 有访客登记制度，得3分。3. 有婴幼儿接送制度，得3分。4. 有婴幼儿出行及户外活动安全规范，得4分。（1～4项可累计计分）
				9.2.2 安全检查制度	13	建立消防设备检查制度、设备（桌椅、玩教具、饮水机等）安全检查及维修制度、监控视频存储和调取制度、建立食品安全检查制度。	13	查阅资料		查阅资料：消防设备检查制度、设施设备安全检查制度及维修制度、监控视频存储和调取制度、食品安全检查制度。	评分说明：1. 建立消防设备检查制度，得4分。2. 建立设施设备（桌椅、玩教具、饮水机等）安全检查及维修制度，得3分。3. 建立监控视频存储和调取制度，得3分。4. 建立食品安全检查制度，得3分。（1～4项可累计计分）

续表

一级指标	一级指标分值	二级指标	二级指标分值	三级指标	三级指标分值	指标内容	指标分值	评估方式	参考依据	评估方式与信息采集	解释说明
9 安全保障	200	9.3 安全隐患排查	37	9.3.1 设备设施隐患排查	9	每月有专人检查设施设备，并做好维护及维修情况。	9	查阅资料	国家卫生健康委员会《托育机构设置标准(试行)》(国卫人口发〔2019〕58号)	查阅资料：设施设备检查、维修记录。	指标说明：设备设施包含家具、洁具、室内外活动场所及配备的游戏设施等。评分说明：1.有机构设施设备安全检查记录，得3分。2.安全检查记录有检查日期、检查情况、维修记录等内容，得6分。(1~2项可累计计分)
				9.3.2 消防隐患排查	14	☆设有消防专责人员，每月定期检查消防设施，确保消防设备完好、有效，且处置放正确。	14	现场查看查阅资料	国家卫生健康委员会《托育机构管理规范(试行)》(国卫人口发〔2019〕58号)	现场查看：消防器材数量、质量、摆放情况等。查阅资料：消防器材数量、有效期和消防设施检测记录及消防检查过程性资料。	指标说明：应急照明、消防泵源、自动灭火设施完好有效，消防栓箱门合理、水带、水枪完好且放置到位，灭火器按照规定配置、分布合理。逃生标志清晰、消防通道畅通、安全出口指标标志位置准确并可正常使用。评分说明：各项全部达标判定得14分，有任一项没做到则不得分。
				9.3.3 食品安全隐患排查	14	☆设有食品安全检查专责人员，自制餐的托育机构负责食品出入库、标准操作流程检查、食品留样、食堂安全检查等；外送配餐的托育机构，负责向送餐方索要相关凭证并留存食品留样、分餐同卫生、饮用水质安全检查记录，做好检查记录。	14	查阅资料	GB 5749－2022《生活饮用水卫生标准》	查阅资料：食品安全检查记录、食品供应商相关资质、水质安全检查记录。	指标说明：留样食品应按品种分别盛放于清洗消毒后的密闭专用容器内，在冷藏条件下存放48小时以上，每个品种留样量不少于125g。集中式供水外的生活饮用水水质符合GB 5749－2022《生活饮用水卫生标准》要求，饮水机专所有涉及饮用水质的产品，应当取得卫生许可。评分说明：各项全部达标判定得14分，有任一项没做到则不得分。
		9.4 安全防控体系建设	35	9.4.1 人防建设	9	在入托和离托环节，有专人负责管理入托和离托幼儿情况。有人在现场维护秩序及确保婴幼儿安全。着装规范、装备齐全。	9	现场查看	国家卫生健康委员会《托育机构设置标准(试行)》(国卫人口发〔2019〕58号)	现场查看：人托、离托情况。查看人员：保安人员值班班。	指标说明：值班人员、维持秩序人员熟悉掌握机构及周边治安特点及安全防范工作重点，执勤时维持秩序并按有关规定着装备，并熟悉使用方法。评分说明：各项全部达标判定得9分，有任一项没做到则不得分。

185

续　表

一级指标	一级指标分值	二级指标	二级指标分值	三级指标	三级指标分值	指标内容	指标分值	评估方式	参考依据	评估方式与信息采集	解释说明
9 安全保障	200	9.4 安全防控体系建设	35	9.4.2 物防建设	10	公共区域人数至少配备以下防卫器械：防暴头盔(1顶/人)、防护背心(1副/人)、橡胶警棍(1支/人)。	10	现场查看		现场查看：防卫器械配备种类及数量。	评分说明：防卫器械种类齐全、且数量达标，得10分，否则不得分。
				9.4.3 技防建设	16	公共安全设施建设，安装一键式报警设备，配备必要的消防设施。婴幼儿生活场所安装全覆盖的监控设备。监控录像资料保存期限不少于90天。	16	现场查看	国家卫生健康委员会《托育机构管理规范(试行)》(国卫人口发〔2019〕58号)	现场查看：安全设备设施、一键式报警设备。调取必要的安全设备。查看监控保存时间。	评分说明：全部配备设施包括一键式报警，必要的消防设施、且运行，配备齐全、视频监控全覆盖、监控录像资料保存时间不少于90天，以上内容全部做到，得16分，有任一项没做到不得分。
		9.5 应急管理	36	9.5.1 应急预案	9	制订防灾害、事故灾害等，防暴、预防传染性疾病应急预案，责任到人。	9	查阅资料 人员访谈	国家卫生健康委员会《托育机构管理规范(试行)》(国卫人口发〔2019〕58号) 中华人民共和国教育部《托儿所幼儿园卫生保健管理办法》(卫生部 教育部令第76号) 中华人民共和国卫生部《托儿所幼儿园卫生保健工作规范》(卫妇社发〔2012〕35号)	查阅资料：防灾、防暴、培训记录、传染性疾病通报及处理流程。人员访谈：托育工作人员了解上报及应急处理方法。及防灾害方法；访谈卫生保健人员和保育人员，了解传染性疾病上报及处理流程。	指标说明：1.自然灾害类应急预案根据地域特点制订相应的预案(如洪水、地震、地质灾害、台风、森林草原火灾等)；事故灾难类应急预案包括火灾、拥挤踩踏、建筑物倒塌、大型群体活动安全事故、师生集体外出活动安全类预案等。2.应急预案中应写明联系人及联系方式。评分说明：1.制订防灾、防暴、预防传染病应急预案，每种预案得2分。(1~2项可累计计分) 1.制订防灾、防暴、预防传染病应急预案，每种预案得3分。最高可得6分。2.每个预案中都写明责任人得3分。
				9.5.2 应急演习	15	各种防灾演习每季度进行1次。演习人员以托育工作人员为主；应对带领婴幼儿熟悉应急撤离路线及方式。每半年进行1次防暴演习1次传染应急演习。	15	查阅资料		查阅资料：防灾、防暴、传染应急演习记录。	评分说明：防灾、防暴、传染应急演习，每一类按时保质完成，可得5分。三类最高可得15分。

续表

一级指标	一级指标分值	二级指标	二级指标分值	三级指标	三级指标分值	指标内容	指标分值	评估方式	参考依据	评估方式与信息采集	解释说明
9 安全保障	200	9.5 应急管理	36	9.5.3 应急教护	12	机构均配有急救物资，每年半年至少开展1次急救相关培训。	6	查阅资料	国家卫生健康委员会《托育机构管理规范（试行）》（国卫人口发2019 58号）中华人民共和国卫生部、教育部《托儿所幼儿园卫生保健工作规范》《卫妇社发[2012]35号》	查阅资料：急救培训记录。	指标说明：急救培训需要由具备相关领域资质专业人员进行。评分说明：1.急救相关培训按时按量完成，得4分，否则不得分。2.机构均配有急救物资，得2分，否则不得分。（1—2项可累计计分）
						托育工作人员掌握防范、避险、逃生、自救的基本方法。意外伤害发生时，熟悉卫生保健人员掌握意外伤害基本技能（窒息、擦碰、跌倒、骨折等），意外伤害发生时可按照规范进行应急处理，优先照顾到婴幼儿的安全。	6	查阅资料 人员访谈	国家卫生健康委员会《托育机构管理规范（试行）》（国卫人口发[2019]58号）	查阅资料：各项应急制度及流程、演习和培训相关记录。人员访谈：访谈卫生保健人员、了解应急处理方法。	评分说明：1.卫生工作人员掌握防范、避险、逃生、自救的基本方法，全部做到，得3分。2.卫生保健人员掌握意外伤害的基本技能（窒息、擦碰、跌倒、骨折等）、意外伤害发生时可按规范进行应急处理，优先保障婴幼儿的安全，全部做到得3分。（1—2项可累计计分）
		9.6 安全教育	12	9.6.1 安全教育计划	6	制订1半年/学期婴幼儿安全教育计划，每年对安全教育工作进行总结。	6	查阅资料	中华人民共和国卫生部、教育部《托儿所幼儿园卫生保健工作规范》《卫妇社发[2012]35号》	查阅资料：半年/学期婴幼儿安全教育计划和总结。	评分说明：1.制订婴幼儿安全教育计划，得3分。2.进行婴幼儿安全教育总结，得3分。（1—2项可累计计分）
				9.6.2 安全教育活动	6	在日常生活与活动中向婴幼儿渗透安全教育，每月至少开展一次以安全为主题的教育活动，包含婴幼儿安全意识、自我保护及防灾等，确保婴幼儿受教育率达到100%，定期面向婴幼儿家长开展安全教育。	6	现场查看 查阅资料	中华人民共和国卫生部、教育部《托儿所幼儿园卫生保健管理办法》《卫生保健工作规范》《卫妇社发[2012]35号》	现场查看：安全教育活动开展情况。查阅资料：婴幼儿安全教育计划、婴幼儿安全活动记录。	评分说明：1.在日常生活与活动中向婴幼儿渗透安全教育，得2分。2.每月开展一次以安全为主题的教育活动，得1分。3.确保婴幼儿受教育率达到100%，得1分。4.定期面向婴幼儿家长展开安全教育，得2分。（1—4项可累计计分）

续 表

一级指标	一级指标分值	二级指标	二级指标分值	三级指标	三级指标分值	指标内容	指标分值	评估方式	参考依据	评估方式与信息采集	解释说明
9 安全保障	200	9.7 风险防控	20	9.7.1 机构保险	10	立购买至少一种托育机构责任类保险。	10	查阅资料		查阅资料：相关保险购买证明。	评分说明：购买至少一种符合要求的保险，得10分；没有购买或者保险种类不符合要求，则不得分。
				9.7.2 安全责任	10	近三年未发生婴幼儿伤害事故。	10	人员访谈	《学生伤害事故处理办法》（教育部令第12号）	人员访谈：访谈托育机构负责人相关内容。	指标说明：婴幼儿伤害事故指在托育机构负有管理责任的校舍、场地，其他活动设施中，以及在托育机构开展的保育照护活动和户外活动中，生活设施中发生的，造成在托婴幼儿人身损害后果的事故。评分说明：近三年未发生婴幼儿伤害事故，得10分；否则不得分。
10 机构管理	70	10.1 文化建设	8	办托理念	8	有明确的办托理念以及正确的照护理念，理念符合国家的婴幼儿照护工作方针和相关法律法规。	8	查阅资料 现场查看 人员访谈	国家卫生健康委《托育机构保育指导大纲（试行）》（国卫人口发〔2021〕2号）	查阅资料：办托理念等相关资料。现场查看：机构自然环境和人文环境的创设中对理念的体现。人员访谈：机构办托理念以及理念在机构管理、照护中的落实情况。	指标说明：托育机构应遵循以下照护原则，提出符合机构实际情况的办托理念和照护理念：尊重儿童、安全健康、积极回应、科学规范。评分说明：1. 托育机构工作人员可通过机构的办托理念和理念在保育照护工作中的具体落实情况，得4分。2. 机构的理念符合国家的婴幼儿照护管理保得2分。3. 机构环境创设中有理念的体现，得2分。（1~3项可累计计分）
		10.2 组织架构与岗位职责	24	10.2.1 机构组织架构	12	设置合理、规范、健全的组织架构，组织架构包括行政、卫生保健、后勤保障与安全等，应有专人负责。	12	查阅资料	国家卫生健康委《托育机构管理规范（试行）》（国卫人口发〔2019〕58号）	查阅资料：组织架构图及相应人员花名册、开展工作的会议记录。	指标说明：缺少某个专门组织，但其职能由其他组织承担，则视为有该组织。保育照护、卫生保健、后勤保障与安全三类组织，设置每一类组织得4分，最高可得12分。
				10.2.2 岗位职责	12	所有托育工作人员岗位职责明确。	12	查阅资料 人员访谈		查阅资料：各岗位责任书（各岗位合同中体现）。人员访谈：岗位职责包含哪些内容。	指标说明：岗位职责在劳动合同中体现。评分说明：托育机构的岗位职责（岗位责任书）齐全，包括保育照护、卫生保健、后勤保障与安全，且岗位责任书签订齐全，得12分。任何岗位责任书签订不全，则不得分。

续　表

一级指标	一级指标分值	二级指标	二级指标分值	三级指标	三级指标分值	指标内容	指标分值	评估方式	参考依据	评估方式与信息采集	解释说明
10 机构管理	70	10.3 人事管理	24	人事手续档案及考核	24	托育工作人员的入职、续聘、离职、解聘等手续符合相关法律法规要求，没有劳动纠纷。	12	查阅资料 人员访谈		查阅资料、托育工作人员人事档案。人员访谈：访谈托育工作人员关于入职、续聘、离职、解聘等手续是否符合法律法规。	评分说明：1. 托育工作人员的入职、续聘、离职、解聘等手续符合相关法律法规的要求，得6分。2. 没有劳动纠纷，得6分。（1—2项可累计计分）
						对托育工作人员定期考核，人事档案齐全，信息翔实。	12	查阅资料		查阅资料、人员身份证明、基本情况、学历证明、职业资质证明、考核表、社保缴纳证明等相关资料。	指标说明：人事档案应包含人员身份证明、基本情况、学历证明、职业资质证明、考核表、社保等相关资料。评分说明：1. 对托育工作人员定期进行岗位考核，考核表信息完整，得6分。2. 人事档案齐全，资料齐全、信息翔实，得6分。（1—2项可累计计分）
		10.4 费用公示	14	费用公示执行情况	14	执行费用公开公示，对家长公示收费项目、收退费费用标准及膳食费专款专用情况。	14	现场查看 人员访谈	国家卫生健康委员会《托育机构管理规范（试行）》（国卫人口发〔2019〕58号） 中华人民共和国卫生部《托儿所幼儿园卫生保健工作规范》（卫妇社发〔2012〕35号）	现场查看：查看收费公示情况、膳食费使用及其公示的情况。人员访谈：访谈家长、托育机构收取费用是否对外公示、收取多少费用等哪些费用是否对外公示、以及是否有做到对婴幼儿以及每月的膳食费用情况是否向家长公示。	指标说明："执行费用公开公示"指收费项目（需单独列出膳食费这一类目、收退费及膳食费专用款专用情况向家长公示、接受监督。婴幼儿膳食费专用款专用。视为膳食费没有单独做账的账目。评分说明：1. 对家长公开收费项目，得5分。2. 对家长公示有收退费标准，得5分。3. 对家长公示开膳食费专用情况，得4分。（1—3项可累计计分）

注：1. 本附件表格中设置有16项基础标准指标（评估工具中标记"☆"）。
2. 本附件中评估方式与信息采集中查阅资料的时间范围为评估前一年之内的材料（有特别说明的除外）。

189

参 考 文 献

［1］JGJ 39《托儿所、幼儿园建筑设计规范》.

［2］GB 36246《中小学合成材料面层运动场地》.

［3］GB/T 18883《室内空气质量标准》.

［4］GB/T 3976《学校课桌椅功能尺寸及技术要求》.

［5］GB 6675《玩具安全》.

［6］GB 5749《生活饮用水卫生标准》.

［7］WS/T 678《婴幼儿辅食添加营养指南》.

［8］国务院办公厅《国务院办公厅关于促进3岁以下婴幼儿照护服务发展的指导意见》（国办发〔2019〕15号）.

［9］国家卫生健康委员会办公厅、中央编办综合局、民政部办公厅、市场监管总局办公厅《关于印发托育机构登记和备案办法（试行）的通知》（国卫办人口发〔2019〕25号）.

［10］国家卫生健康委员会《托育机构设置标准（试行）》（国卫人口发〔2019〕58号）.

［11］国家卫生健康委员会《托育机构管理规范（试行）》（国卫人口发〔2019〕58号）.

［12］国家卫生健康委员会《关于做好托育机构卫生评价工作的通知》（国卫办妇幼发〔2022〕11号）.

［13］国家卫生健康委员会、应急管理部《托育机构消防安全指南（试行）》（国卫办人口函〔2022〕21号）.

［14］教育部、国家市场监督管理总局、国家卫生健康委员会《学校食品安全与营养健康管理规定》（教育部、国家市场监督管理总局、国家卫生健康委员会令第45号）.

［15］国家卫生健康委员会《托育机构负责人培训大纲（试行）》（国卫办人口函〔2021〕449号）.

［16］国家卫生健康委员会《托育机构保育人员培训大纲（试行）》（国卫办人口函〔2021〕449号）.

［17］中华人民共和国卫生部《托儿所幼儿园卫生保健工作规范》（卫妇社发〔2012〕35号）.

［18］《中华人民共和国劳动法》（中华人民共和国主席令第28号）.

[19] 国家卫生健康委员会《关于印发托育机构保育指导大纲(试行)的通知》(国卫人口发〔2021〕2号).

[20] 中华人民共和国卫生部,中华人民共和国教育部《托儿所幼儿园卫生保健管理办法》(卫生部 教育部令第76号).

[21] 世界卫生组织《5岁以下儿童的身体活动,久坐行为和睡眠指南》2019年版.

[22] 中国营养学会《中国居民膳食指南》2022年版.

[23] 中国营养学会《中国学龄前儿童膳食指南》2022年版.

[24] 中华人民共和国教育部《学生伤害事故处理办法》2002年版.

三、关于印发托育机构消防安全指南(试行)的通知

国卫办人口函〔2022〕21号

各省、自治区、直辖市卫生健康委、应急管理厅(局)、消防救援总队,新疆生产建设兵团卫生健康委、应急管理局:

为贯彻落实《国务院办公厅关于促进婴幼儿照护服务发展的指导意见》(国办发〔2019〕15号),根据《托育机构管理规范(试行)》要求,进一步加强托育机构消防安全管理工作,确保婴幼儿的安全和健康,国家卫生健康委、应急管理部组织制定了《托育机构消防安全指南(试行)》(以下简称《安全指南》),现予以印发,请认真执行。

各地卫生健康部门、消防救援机构要主动向当地政府汇报,健全相关部门联合工作机制,严管严控托育机构火灾风险,坚决防止发生有影响的火灾事故。要组织开展托育机构消防安全培训,做好《安全指南》内容讲解和答疑释惑。要指导托育机构对照《安全指南》进行自查自改,落实火灾风险分级管控机制,强化消防安全自主管理,接受社会监督。

国家卫生健康委办公厅

应急管理部办公厅

2022年1月14日

(信息公开形式:主动公开)

托育机构消防安全指南(试行)

本指南中的托育机构,是指为3岁以下婴幼儿提供全日托、半日托、计时托、临时托等托育服务的机构。为规范托育机构消防安全工作,提升消防安全管理水平,制定如下指南。

一、消防安全基本条件

(一)托育机构不得设置在四层及四层以上、地下或半地下,具体设置楼层应符合《建筑设计防火规范》(GB 50016)的有关规定。

(二)托育机构不得设置在"三合一"场所(住宿与生产、储存、经营合用场所)和彩钢板建筑内,不得与生产、储存、经营易燃易爆危险品场所设置在同一建筑物内。

(三)托育机构与所在建筑内其他功能场所应采取有效的防火分隔措施,当需要局部连通时,墙上开设的门、窗应采用乙级防火门、窗。托育机构与办公经营场所组合设置时,其疏散楼梯应与办公经营场所采取有效的防火分隔措施。

(四)托育机构楼梯的设置形式、数量、宽度等设置要求应符合《建筑设计防火规范》(GB 50016)的有关规定。疏散楼梯的梯段和平台均应采用不燃材料制作。托育机构设置在高层建筑内时,应设置独立的安全出口和疏散楼梯。托育机构中建筑面积大于50平方米的房间,其疏散门数量不应少于2个。

(五)托育机构室内装修材料应符合《建筑内部装修设计防火规范》(GB 50222)的有关规定,不得采用易燃可燃装修材料。为防止婴幼儿摔伤、碰伤,确需少量使用易燃可燃材料时,应与电源插座、电气线路、用电设备等保持一定的安全距离。

(六)托育机构应按照国家标准、行业标准设置消防设施、器材。大中型托育机构(参照《托儿所、幼儿园建筑设计规范》JGJ 39的有关规定)应按标准设置自动喷水灭火系统和火灾自动报警系统(可不安装声光报警装置);其他托育机构应安装具有联网报警功能的独立式火灾探测报警器,有条件的可安装简易喷淋设施。建筑面积50平方米以上的房间、建筑长度大于20米的疏散走道应具备自然排烟条件或设置机械排烟设施。托育机构应设置满足照度要求的应急照明灯和灯光疏散指示标志。托育机构每50平方米配置1具5 kg以上ABC类干粉灭火器或2具6 L水基型灭火器,且每个设置点不少于2具。

（七）托育机构使用燃气的厨房应配备可燃气体浓度报警装置、燃气紧急切断装置以及灭火器、灭火毯等灭火器材，并与其他区域采取防火隔墙和防火门等有效的防火分隔措施。

（八）托育机构应根据托育从业人员、婴幼儿的数量，配备简易防毒面具并放置在便于紧急取用的位置，满足安全疏散逃生需要。托育从业人员应经过消防安全培训，具备协助婴幼儿疏散逃生的能力。婴幼儿休息床铺设置应便于安全疏散。

（九）托育机构应安装 24 小时可视监控设备或可视监控系统，图像应能在值班室、所在建筑消防控制室等场所实时显示，视频图像信息保存期限应不少于 30 天。

（十）托育机构电气线路、燃气管路的设计、敷设应由具备电气设计施工资质、燃气设计施工资质的机构或人员实施，应采用合格的电气设备、电气线路和燃气灶具、阀门、管线。

二、消防安全管理

（十一）托育机构应落实全员消防安全责任制。法定代表人、主要负责人或实际控制人是本单位的消防安全第一责任人，消防安全管理人应负责具体落实消防安全职责。托育从业人员应落实本岗位的消防安全责任。托育机构与租赁场所的业主方、物业方在租赁协议中应明确各自的消防安全责任。

（十二）托育机构应制定安全用火用电用气、防火检查巡查、火灾隐患整改、消防培训演练等消防安全管理制度。

（十三）托育机构应严格落实防火巡查、检查要求，及时发现并纠正违规用火用电用气和锁闭安全出口等行为，对检查发现的火灾隐患，应及时予以整改。

（十四）托育机构应定期开展消防安全培训，从业人员培训合格后方可上岗，上岗后每半年至少接受一次消防安全培训，尤其是加强协助婴幼儿疏散逃生技能的培训。

（十五）托育机构应定期检验维修消防设施，至少每年开展一次全面检测，确保消防设施完好有效，不得遮挡、损坏、挪用消防设施器材。

三、用火用电用气安全管理

（十六）托育机构不得使用蜡烛、蚊香、火炉等明火，禁止吸烟，并设置明显

的禁止标志。

（十七）设在高层建筑内的托育机构厨房不得使用瓶装液化气,每季度应清洗排油烟罩、油烟管道。

（十八）托育机构的电气线路应穿管保护,电气线路接头应采用接线端子连接,不得采用铰接等方式连接。不得采用延长线插座串接方式取电。

（十九）托育机构不得私拉乱接电线,不得将电气线路、插座、电气设备直接敷设在易燃可燃材料制作的儿童游乐设施、室内装饰物等内部及表面。

（二十）托育机构内大功率电热汀取暖器、暖风机、对流式电暖气、电热膜等取暖设备的配电回路,应设置与线路安全载流量匹配的短路、过载保护装置。

（二十一）托育机构内冰箱、冷柜、空调以及加湿器、通风装置等长时间通电设备,应落实有效的安全检查、防护措施。

（二十二）电动自行车、电动平衡车及其蓄电池不得在托育机构的托育场所、楼梯间、走道、安全出口违规停放、充电;具有蓄电功能的儿童游乐设施,不得在托育工作期间充电。

四、易燃可燃物安全管理

（二十三）托育机构的房间、走道、墙面、顶棚不得违规采用泡沫、海绵、毛毯、木板、彩钢板等易燃可燃材料装饰装修。

（二十四）托育机构不得大量采用易燃可燃物挂件、塑料仿真树木、海洋球、氢气球等各类装饰造型物。

（二十五）除日常用量的消毒酒精、空气清新剂外,托育机构不得存放汽油、烟花爆竹等易燃易爆危险品。

（二十六）托育机构应定期清理废弃的易燃可燃杂物。

五、安全疏散管理

（二十七）托育机构应保持疏散楼梯畅通,不得锁闭、占用、堵塞、封闭安全出口、疏散通道。疏散门应采用向疏散方向开启的平开门,不得采用推拉门、卷帘门、吊门、转门和折叠门。

（二十八）托育机构的常闭式防火门应处于常闭状态,并设明显的提示标识。设门禁装置的疏散门应当安装紧急开启装置。

（二十九）托育机构疏散通道顶棚、墙面不得设置影响疏散的凸出装饰物,不得采用镜面反光材料等影响人员疏散。

（三十）托育机构不得在门窗上设置影响逃生和灭火救援的铁栅栏等障碍物，必须设置时应保证火灾情况下能及时开启。

六、应急处置管理

（三十一）托育机构应制定灭火和应急疏散预案，针对婴幼儿疏散应有专门的应急预案和实施方法，明确托育从业人员协助婴幼儿应急疏散的岗位职责。

（三十二）托育机构应每半年至少组织开展一次全员消防演练，尤其是要针对婴幼儿没有自主疏散能力的特点，加强应急疏散演练。

（三十三）托育机构应与所在建筑的消防控制室、志愿消防队或微型消防站建立联勤联动机制，建立可靠的应急通讯联络方式，并每年开展联合消防演练。

（三十四）托育机构的从业人员应掌握简易防毒面具和室内消火栓、消防软管卷盘、灭火器、灭火毯的操作使用方法，知晓"119"火警报警方法程序，具备初起火灾扑救和组织应急疏散逃生的能力。

（三十五）婴幼儿休息期间，托育机构应明确2名以上人员专门负责值班看护，确保发生火灾事故时能够快速处置、及时疏散。

四、国家卫生健康委办公厅关于印发托育机构婴幼儿喂养与营养指南（试行）的通知

国卫办人口函〔2021〕625号

各省、自治区、直辖市及新疆生产建设兵团卫生健康委：

为进一步加强对托育机构工作的指导，提高托育机构服务质量，保障婴幼儿安全健康成长，国家卫生健康委组织编写了《托育机构婴幼儿喂养与营养指南（试行）》。现印发给你们，供参照执行。

国家卫生健康委办公厅

2021年12月28日

（信息公开形式：主动公开）

托育机构婴幼儿喂养与营养指南(试行)

根据《国务院办公厅关于促进 3 岁以下婴幼儿照护服务发展的指导意见》(国办发〔2019〕15 号)、《托育机构设置标准(试行)》和《托育机构管理规范(试行)》、《托儿所、幼儿园建筑设计规范(2019 年版)》、《婴幼儿辅食添加营养指南》(WS/T 678—2020)、《中国居民膳食指南(2016)》、《婴幼儿喂养健康教育核心信息》,我委组织编写了《托育机构婴幼儿喂养与营养指南(试行)》。

本指南适用于经有关部门登记、卫生健康行政部门备案,为 3 岁以下婴幼儿提供全日托、半日托、计时托、临时托等托育服务的机构。

一、6—24 月龄婴幼儿喂养与营养要点

托育机构应与家庭配合,为实现母乳喂养提供便利条件,尽量采用亲喂母乳喂养。在母乳喂养同时为婴幼儿提供适宜的辅食。

1. 支持母乳喂养。

托育机构在妇幼保健机构、基层医疗卫生机构的指导下,做好母乳喂养宣教。按照要求设立喂奶室或喂奶区域,并配备相关设施、设备。鼓励母亲进入托育机构亲喂,做好哺乳记录,保证按需喂养。

2. 辅食添加原则与注意事项。

(1) 从 6 月龄开始添加辅食,首选富含铁的泥糊状食物。

(2) 鼓励尝试新的食物,每次只引入 1 种。留意观察是否出现呕吐、腹泻、皮疹等不良反应,适应 1 种食物后再添加其他新的食物。若婴幼儿出现不适或严重不良反应,及时通知家长并送医。

(3) 逐渐调整辅食质地,与婴幼儿的咀嚼吞咽能力相适应,从稠粥、肉泥等泥糊状食物逐渐过渡到半固体或固体食物等。1 岁以后可吃软烂食物,2 岁之后可食用家庭膳食。

(4) 逐渐增加食物种类,保证食物多样化,包括谷薯类、豆类和坚果类、动物性食物(鱼、禽、肉及内脏)、蛋、含维生素 A 丰富的蔬果、其他蔬果、奶类及奶制品等 7 类。

(5) 辅食应选择安全、营养丰富、新鲜的食材,并符合婴幼儿喜好。婴幼儿辅食应单独制作,1 岁以内婴儿辅食应当保持原味,不加盐、糖和调味品。制作

过程注意卫生,进食过程注意安全。

3. 自带食物管理。

如家长要求使用自带食物,托育机构应与家庭充分沟通,并做好接收和使用记录。如使用特殊医学用途婴儿配方食品,家长应提供医生或临床营养师的建议。

4. 顺应喂养。

托育机构应根据不同年龄婴幼儿的营养需要、进食能力和行为发育需要,提倡顺应喂养。喂养过程中,应及时感知婴幼儿发出的饥饿和饱足反应(动作、表情、声音等),及时做出恰当的回应,鼓励但不强迫进食。从开始辅食添加起,引导婴幼儿学习在嘴里移动、咀嚼和吞咽食物,逐步尝试自主进食。

二、24—36 月龄幼儿的喂养与营养要点

1. 合理膳食。

(1) 食物搭配均衡,每日膳食由谷薯类、肉类、蛋类、豆类、乳及乳制品、蔬菜水果等组成。同类食物可轮流选用,做到膳食多样化。

(2) 每日三餐两点,主副食并重。加餐以奶类、水果为主,配以少量松软面点。分量适宜,不影响正餐进食量。晚间不宜安排甜食,以预防龋齿。

(3) 保证幼儿按需饮水,根据季节酌情调整。提供安全饮用水,避免提供果汁饮料等。

(4) 选择安全、营养丰富、新鲜的食材和清洁水制备食物。制作过程注意卫生,进食过程注意安全。

(5) 食物合理烹调,适量油脂,少盐、少糖、少调味品。宜采用蒸、煮、炖、煨等方法,少用油炸、熏制、卤制等。

2. 培养良好的习惯。

(1) 规律进餐,每次正餐控制在 30 分钟内。鼓励幼儿自主进食。

(2) 安排适宜的进餐时间、地点和场景,根据幼儿特点选择和烹制食物,引导幼儿对健康食物的选择,培养不挑食不偏食的良好习惯,不限制也不强迫进食。进餐时避免分散注意力。开始培养进餐礼仪。

(3) 喂养过程中注意进食安全,避免伤害。不提供易导致呛噎的食物,如花生、腰果等整粒坚果和葡萄、果冻等。

(4) 合理安排幼儿的身体活动和户外活动,建议户外活动每天不少于 2 小时。

三、婴幼儿食育

食育有益于身心健康,增进亲子关系。托育机构与家庭配合开展食育,让婴幼儿感受、认识和享受食物,培养良好进食行为和饮食习惯,启蒙中华饮食文化。

1. 感受和认识食物。

适时引导婴幼儿感受食物,通过视觉、触觉、嗅觉、味觉、听觉等感知食物的色、香、味、质地,激发对食物的兴趣,促进认识食物,接受新食物。可以让幼儿观察或参与简单的植物播种、照料、采摘等过程,并让幼儿参与食物的制备。

2. 培养饮食行为。

营造安静温馨、轻松愉悦的就餐环境,引导婴幼儿享受食物,逐步养成规律就餐、专注就餐、自主进食的良好饮食习惯。正确选择零食,避免高糖、高盐和油炸食品。

3. 体验饮食文化。

培养用餐礼仪、感恩食物、珍惜食物。结合春节、元宵、端午和中秋等传统节日活动,让幼儿体验中华饮食文化。

四、喂养和膳食管理

1. 规章制度建设。

按照《食品安全法》《食品安全法实施条例》等要求,严格落实各项食品安全工作,强化责任意识,制定食品安全应急处置预案,做好食源性疾病防控工作。

(1)托育机构应建立完善的母乳、配方食品和商品辅食喂养管理制度和操作规范,包括喂奶室管理制度,配方食品和商品辅食的接收、查验及储存、使用制度,及相关卫生消毒制度。

(2)托育机构从供餐单位订餐的,应当建立健全机构外供餐管理制度,选择取得食品经营许可、能承担食品安全责任、社会信誉良好的供餐单位。对供餐单位提供的食品随机进行外观查验和必要检验,并在供餐合同(或者协议)中明确约定不合格食品的处理方式。

(3)鼓励母乳喂养,为哺乳母亲设立喂奶室,配备流动水洗手等设施、设备。

(4)托育机构乳儿班和托小班设有配餐区,位置独立,备餐区域有流动水洗手设施、操作台、调配设施、奶瓶架,配备奶瓶清洗、消毒工具,配备奶瓶、奶嘴专用消毒设备,配备乳类储存、加热设备。

（5）托育机构应配备食品安全管理人员，并制订食堂管理人员、从业人员岗位工作职责，食品安全管理人员及从业人员上岗前应当参加食品安全法律法规和婴幼儿营养等专业知识培训。

（6）婴幼儿膳食应有专人负责，班级配餐由专人配制分发，工作人员与婴幼儿膳食要严格分开。

（7）做好乳类喂养、辅食添加、就餐等工作记录。

2. 膳食和营养要求。

食品应储存在阴凉、干燥的专用储存空间。标注配方食品的开封时间，每次使用后及时密闭，并在规定时间内食用。配方食品应按照产品使用说明按需、适量调配，调配好的配方奶 1 次使用，如有剩余，直接丢弃。配方食品在规定的配餐区完成。调配好的配方奶，喂养前需要试温，做好喂养记录。

（1）托育机构应根据不同月龄（年龄）婴幼儿的生理特点和营养需求，制定符合要求的食谱，并严格按照食谱供餐。

（2）食谱按照不同月龄段进行制定和实施，每 1 周或每 2 周循环 1 次。食谱要具体到每餐次食物品种、用量、烹制或加工方法及进食时间。

（3）主副食的选料、洗涤、切配、烹调方法要适合不同月龄（年龄）婴幼儿，减少营养素的损失，符合婴幼儿清淡口味，达到营养膳食的要求。烹调食物注意色、香、味、形，提高婴幼儿的进食兴趣。

（4）食谱中各种食物提供的能量和营养素水平，参照中国营养学会颁布的《中国居民膳食营养素参考摄入量（DRIs）（2013）》推荐的相应月龄（年龄）婴幼儿每日能量平均需要量（EER）和推荐摄入量（RNI）或适宜摄入量（AI）确定。

（5）食谱各餐次热量分配：早餐提供的能量约占一日的 30%（包括上午 10 点的点心），午餐提供的能量约占一日的 40%（含下午 3 点的午后点），晚餐提供的能量约占一日的 30%（含晚上 8 点的少量水果、牛奶等）。

（6）食谱中各种食物的选择原则以及食物用量，参照中国营养学会颁布的《7—24 月龄婴幼儿喂养指南（2016）》《学龄前儿童膳食指南（2016）》中膳食原则，以及《7—24 月龄婴幼儿平衡膳食宝塔》《学龄前儿童平衡膳食宝塔》中建议的食物推荐量范围。

（7）半日托及全日托的托育机构至少每季度进行一次膳食调查和营养评估。提供一餐的托育机构（含上、下午点）每日能量和蛋白质供给量应达到相应建议量的 50% 以上；提供两餐的托育机构，每日能量和蛋白质供给量应达到相

应建议量的 70％以上;提供三餐的托育机构,每日能量和蛋白质和其他营养素的供给量应达到相应建议量的 80％以上。

(8) 三大营养素热量占总热量的百分比是蛋白质 12—15％,脂肪 30—35％,碳水化合物 50—65％。优质蛋白质占蛋白质总量的 50％以上。

(9) 有条件的托育机构可为贫血、营养不良、食物过敏等婴幼儿提供特殊膳食,有特殊喂养需求的,婴幼儿监护人应当提供书面说明。

(10) 定期进行生长发育监测,保障婴幼儿健康生长。

附件:建议每日食物量参照

附件

建议每日食物量参照

年 龄	7—8 月龄	9—12 月龄	12—24 月龄	24—36 月龄
餐次安排	母乳喂养 4—6 次,辅食喂养 2—3 次。	母乳喂养 3—4 次,辅食 2—3 次。	学习自主进食,逐渐适应家庭的日常饮食。幼儿在满 12 月龄后应与家人一起进餐,在继续提供辅食的同时,鼓励尝试家庭食物,类似家庭的饮食。	三餐两点。
母乳喂养	先母乳喂养,婴儿半饱时再喂辅食,然后再根据需要哺乳。随着婴儿辅食量增加,满 7 月龄时,多数婴儿的辅食喂养可以成为单独一餐,随后过渡到辅食喂养与哺乳间隔的模式。	600 mL。	1—2 岁幼儿在母乳喂养的同时,可以逐步引入鲜奶、酸奶、奶酪等乳制品。不能母乳喂养或母乳不足时,仍然建议以合适的幼儿配方奶作为补充,可引入少量鲜奶、酸奶、奶酪等,作为幼儿辅食的一部分奶量应维持约 500 mL。	
奶及奶制品	>600 mL。	600 mL。	500 mL。	300—500 mL。

年 龄	7—8月龄	9—12月龄	12—24月龄	24—36月龄
鱼畜禽蛋类	开始逐渐每天添加1个蛋黄或全蛋和50 g肉禽鱼,如果对蛋黄/鸡蛋过敏,需要额外再增加肉类30 g。	鸡蛋50 g,肉禽鱼50 g。	鸡蛋25—50 g、肉禽鱼50—75 g。	鸡蛋50 g、肉禽鱼50—75 g。
谷物类	20—50 g。	50—75 g。	50—100 g。	75—125 g。
蔬菜、水果类	根据婴儿需要适量。	每天碎菜50 g—100 g,水果50 g,水果可以是片块状或手指可以拿起的指状食物。	蔬菜50—100 g,水果50—150 g。	蔬菜100—200 g,水果100—200 g。
大豆				5—15 g。
烹调油	0—5 g。	5—10 g。	5—15 g。	10—20 g。
精盐			0—1.5 g。	<2 g。
水				600—700 mL。

五、国家卫生健康委办公厅关于印发托育机构负责人培训大纲(试行)和托育机构保育人员培训大纲(试行)的通知

国卫办人口函〔2021〕449号

各省、自治区、直辖市及新疆生产建设兵团卫生健康委:

为深入贯彻《国务院办公厅关于促进3岁以下婴幼儿照护服务发展的指导意见》(国办发〔2019〕15号)精神,切实加强托育服务人才队伍建设,我委组织制定了《托育机构负责人培训大纲(试行)》和《托育机构保育人员培训大纲(试行)》。现予以印发,请遵照执行。

一、强化统筹规划

各级卫生健康部门要统筹做好托育机构负责人和保育人员岗位培训总体规划,确立托育机构负责人和保育人员岗位培训制度,将其作为急需紧缺人员纳入培训规划,分批次开展培训工作。

二、建设培训资源

各级卫生健康部门要遴选一批基础较好的优质教材和课程资源,推进托育机构负责人和保育人员培训相关教材建设,充分发挥高校、行业学(协)会和示范托育机构力量,开发高质量培训指导教材和资源库。

三、加强培训监管

各级卫生健康部门要对托育机构负责人和保育人员培训机构加强监管,建立定期评估机制,形成动态管理、有进有出的竞争管理机制。

附件:1. 托育机构负责人培训大纲(试行)
　　　2. 托育机构保育人员培训大纲(试行)

国家卫生健康委办公厅
2021 年 8 月 19 日

附件1

托育机构负责人培训大纲(试行)

一、培训对象

拟从事或正在从事托育机构管理工作的负责人。

二、培训方式

采用理论和实践相结合、线上与线下相结合的方式。培训总时间不少于 60 学时,其中理论培训不少于 40 学时,实践培训不少于 20 学时。

三、培训目标

通过培训,使参训托育机构负责人端正办托思想,正确理解贯彻党和国家的托育服务方针政策;规范办托行为,具备履行岗位职责必备的基本知识与能力;增强管理能力,能够科学组织与管理托育机构。

(一)端正办托思想

1. 熟悉并执行托育服务相关政策法规,增强法治意识,履行岗位职责,遵守行业规范。

2. 具备良好的职业道德,树立正确科学的儿童观、保育观。

(二)规范办托行为

1. 理解托育机构管理岗位要求,能够建立信息管理、健康管理、疾病防控和安全防护监控制度,制定安全防护、传染病防控等应急预案,确保婴幼儿的安全和健康。

2. 根据婴幼儿身心发展特点和规律,制订科学的保育方案,合理安排一日生活和活动,提供支持性环境,满足婴幼儿健康成长的需要。

(三)提升管理能力

1. 规划托育机构发展,加强保育的组织与管理,增强对保育人员的指导、检查和评估,引领托育机构质量提升。

2. 与家庭、社区密切合作,整合各方资源支持托育机构保育工作,向家长、社区提供照护服务和指导服务,帮助家庭增强科学育儿能力。

四、培训内容

(一)理论培训内容

1. 法律法规和政策文件。《中华人民共和国未成年人保护法》《中华人民共和国母婴保健法》《中华人民共和国母婴保健法实施办法》《中华人民共和国食品安全法》《托儿所幼儿园卫生保健管理办法》等相关法律法规,《国务院办公厅关于促进3岁以下婴幼儿照护服务发展的指导意见》《托育机构设置标准(试行)》《托育机构管理规范(试行)》《托儿所、幼儿园建筑设计规范》《建筑设计防火规范》《托育机构登记和备案办法(试行)》《托育机构保育指导大纲(试行)》《托育机构婴幼儿伤害预防指南(试行)》《婴幼儿喂养健康教育核心信息》等相关政策文件。

2.职业道德。职业认同,岗位职责,行业规范,儿童权利,婴幼儿家庭合法权益,心理健康知识。

3.专业理念。儿童观,保育观,与家庭、社区合作共育观念,医育结合理念。

4.规范发展。登记备案,托育服务协议签订,收托健康检查,收托信息管理,信息公示,机构发展规划,机构发展反思与改进。

5.卫生保健知识。室内外环境卫生,设施设备、用品、材料等卫生消毒,婴幼儿常见疾病、传染病、伤害的预防与控制,科学喂养与膳食添加,睡眠环境与照护,晨午检与全日健康观察,体格锻炼,心理行为保健,工作人员健康管理。

6.安全防护。安全消防知识,食品安全知识,场地设施,婴幼儿适龄的家具、用具、玩具、图书、游戏材料配备要求,安全防护措施和检查,突发事件应急预案与处理。

7.保育管理。婴幼儿生理、心理发展知识,一日生活和活动安排与组织,生活与卫生习惯培养,动作、语言、认知、情感与社会性等方面保育要点,户外活动要求与组织,游戏安排与组织,环境创设与利用。

8.人员队伍管理。人员配备与资格要求,人员劳动合同签订,人员合法权益保障,人员职位晋升与工作激励,人员岗前培训与定期培训,人员安全与法治教育,人员专业发展规划,人员心理健康管理。

9.外部关系。家长会议、家长接待与咨询、家长委员会、家长开放日等与家庭合作相关的要求与策略,向家庭、社区提供照护服务和指导服务的内容与策略,配合主管部门业务指导的内容与要求。

(二)实践培训内容

1.机构规范设置。托育机构场地、建筑设计、室内外环境、设施设备、图书与游戏材料等规范设置的实践观摩与学习。

2.日常管理制度。信息管理、健康管理、膳食管理、疾病防控、安全防护、人员管理、人员培训、财务管理、家长与社区联系等制度的建立与实施,年度工作计划制定与定期报告,托育机构质量评估制度的建立与落实。

3.保育活动组织。入托、晨检、饮食、饮水、如厕、盥洗、睡眠、游戏、离托等一日生活安排与指导,动作、语言、认知、情感与社会性等保育活动组织与指导,环境创设,照护服务日常记录和反馈,保育人员工作的检查和评估。

4.应急管理训练。婴幼儿常见伤害急救基本技能,防范、避险、逃生、自救的基本方法,消防、安全保卫等演练,突发意外伤害的处理程序,安全突发事件应急处理程序。

五、培训原则

(一)岗位胜任原则

培训应以托育机构负责人岗位要求为重点,通过系统培训引导与自主学习反思相结合的方式,促进托育机构负责人明晰岗位工作任务,具备胜任岗位职责的基本知识与能力。

(二)需求导向原则

培训应以托育机构负责人在管理工作中的重点与难点为出发点,综合考虑岗位需求和发展需要,按需施教,优化培训内容,确保托育机构负责人学以致用、用以促学、学用相长。

(三)多元方式原则

培训可通过专题讲座、网络研修、研讨交流、案例分析、返岗实践等多元方式,借助互联网等手段,推动托育机构负责人理论学习和现场观摩相结合、线上学习与线下研修相结合,提高培训的便捷性、有效性。

六、培训考核

培训考核内容分为理论考试和实践技能考核两部分,各级卫生健康部门负责对培训效果进行抽查。

附件2

托育机构保育人员培训大纲(试行)

一、培训对象

拟从事或正在从事托育机构保育工作的保育人员。

二、培训方式及时间

采用理论和实践相结合、线上与线下相结合的方式。培训总时间不少于120学时,其中理论培训不少于60学时,实践培训不少于60学时。

三、培训目标

通过培训,使参训保育人员熟悉托育服务法规与政策,树立法治意识与规范保育思想;学习保育工作的基本技能与方法,强化安全保育意识;掌握婴幼儿早期发展与回应性照护的知识与策略,提升科学保育素养。

(一)增强规范保育意识

1. 熟悉托育服务相关政策法规,遵守保育人员岗位职责和基本规范;

2. 具备良好的职业道德和专业认同感;树立正确的保育观念,坚持儿童优先,保障儿童权利。

(二)掌握安全保育方法

1. 切实做好安全防护工作,最大限度地保护婴幼儿的安全和健康;

2. 掌握婴幼儿卫生保健、生活照料等保育工作的基本方法和操作规范。

(三)提升科学保育能力

1. 合理安排婴幼儿的生活和活动,具备促进婴幼儿早期发展的能力,满足婴幼儿身体发育和心理发展的需要;

2. 掌握与家庭及社区沟通合作的技巧,提供科学育儿指导,及时进行专业反思。

四、培训内容

(一)理论培训内容

1. 法律法规和政策文件。《中华人民共和国未成年人保护法》《中华人民共和国母婴保健法》《中华人民共和国母婴保健法实施办法》《托儿所幼儿园卫生保健管理办法》等相关法律法规;《国务院办公厅关于促进 3 岁以下婴幼儿照护服务发展的指导意见》《托育机构设置标准(试行)》《托育机构管理规范(试行)》《托育机构保育指导大纲(试行)》《托育机构婴幼儿伤害预防指南(试行)》《婴幼儿喂养健康教育核心信息》等相关政策文件。

2. 职业道德。职业规范,职业责任,儿童权利保护,专业认同,人文素养,心理健康等。

3. 专业理念。儿童观,保育观,医育结合理念等。

4. 卫生保健知识。卫生与消毒,物品管理,生长发育监测,体格锻炼,心理行为保健,婴幼儿常见病预防与管理,传染病预防与控制,健康信息收集。

5. 安全防护。食品安全知识,环境与设施设备防护安全,婴幼儿常见伤害预防与急救,意外事故报告原则与流程等。

6. 生活照料。各月龄营养与喂养要点,进餐照护,饮水照护,睡眠照护,生活卫生习惯培养,出行照护等。

7. 早期发展支持。婴幼儿生理、心理发展知识,婴幼儿个体差异与支持,特殊需要婴幼儿识别与指导,活动设计与组织等。

8. 沟通与反思。日常记录与反馈,与家庭、社区沟通合作,家庭、社区科学养育指导,保育实践反思等。

(二) 实践培训内容

1. 卫生消毒。活动室、卧室等室内外环境卫生清扫、检查和预防性消毒,抹布、拖布等卫生洁具的清洗与存放,床上用品、玩具、图书、餐桌、水杯、餐巾等日常物品的清洁与预防性消毒。

2. 健康管理。晨午检及全日健康观察,运动和体格锻炼,健康行为养成,计划免疫宣传与组织等。

3. 疾病防控。发热、呕吐、腹泻、惊厥、上呼吸道感染等常见疾病的识别、预防与护理,手足口、疱疹性咽炎、水痘、流感等婴幼儿常见传染病的识别、报告与隔离,贫血、营养不良、肥胖等营养性疾病,先心病、哮喘、癫痫等疾病婴幼儿的登记和保育护理。

4. 安全防护。窒息、跌倒伤、烧烫伤、溺水、中毒、异物伤害、动物致伤、道路交通伤害等常见伤害急救技能,地震等重大自然灾害的逃生流程与演练,火灾、踩踏、暴力袭击等突发事件的预防与应急处理。

5. 饮食照护。膳食搭配,辅食添加,喂养方法,进餐环境创设,进餐看护与问题识别,独立进餐、专注进食、不挑食等饮食习惯培养,辅助婴幼儿水杯饮水等。

6. 睡眠照护。睡眠环境创设,困倦信号识别,睡眠全过程观察、记录与照护;规律就寝、独立入睡等睡眠习惯培养,睡眠问题的识别与应对,婴幼儿睡眠的个别化照护等。

7. 清洁照护。刷牙、洗手、洗脸、漱口和擦鼻涕等盥洗的方法,便器的使用方法,尿布/纸尿裤/污染衣物的更换,便后清洁的方法,如厕习惯培养,婴幼儿大、小便异常的处理等。

8. 活动组织与支持。一日生活和活动的安排,生活和活动环境的创设与利用,活动材料的配备,动作、语言、认知、情感与社会性等活动的组织与实施,游戏

活动的支持与引导,婴幼儿行为观察与分析,婴幼儿需求的识别与回应等。

五、培训原则

（一）岗位胜任原则

培训应以托育机构保育人员岗位要求为重点,通过系统培训引导与自主学习反思相结合的方式,促进保育人员明晰岗位工作任务,具备胜任岗位职责的基本知识与能力。

（二）需求导向原则

培训应以托育机构保育人员在保育工作中的重点和难点为出发点,综合考虑岗位需求和发展需要,按需施教,优化培训内容,确保保育人员所学即所需、所学即所用、学用相长。

（三）多元方式原则

培训应通过专题讲座、网络研修、研讨交流、案例分析、返岗实践等多元方式,借助互联网等手段,推动托育机构保育人员理论学习和实践观摩相结合、线上学习与线下研修相结合,提高培训实效性。

六、培训考核

培训考核内容分为理论考试和实践技能考核两部分,各级卫生健康部门负责对培训效果进行抽查。

六、国家卫生健康委办公厅关于印发 3 岁以下婴幼儿健康养育照护指南（试行）的通知

国卫办妇幼函〔2022〕409 号

各省、自治区、直辖市及新疆生产建设兵团卫生健康委:

为提升儿童健康水平,促进儿童早期发展,加强婴幼儿养育照护指导,强化医疗机构通过养育风险筛查与咨询指导、父母课堂、亲子活动、随访等形式,指导家庭养育人掌握科学育儿理念和知识,提高婴幼儿健康养育照护能力和水平,我委组织编写了《3 岁以下婴幼儿健康养育照护指南（试行）》。现印发给你们,供参照执行。

附件：3 岁以下婴幼儿健康养育照护指南（试行）

国家卫生健康委办公厅

2022 年 11 月 19 日

（信息公开形式：主动公开）

附件

3 岁以下婴幼儿健康养育照护指南（试行）

为贯彻落实《中共中央 国务院关于优化生育政策促进人口长期均衡发展的决定》《国务院办公厅关于促进 3 岁以下婴幼儿照护服务发展的指导意见》（国办发〔2019〕15 号）和《健康儿童行动提升计划（2021—2025 年）》（国卫妇幼发〔2021〕33 号），提升儿童健康水平，促进儿童早期发展，加强婴幼儿养育照护指导，强化医疗机构通过养育风险筛查与咨询指导、父母课堂、亲子活动、随访等形式，指导家庭养育人掌握科学育儿理念和知识，提高婴幼儿健康养育照护能力和水平，特制定本指南。

一、婴幼儿健康养育照护的重要意义

婴幼儿时期是儿童生长发育的关键时期，这一时期大脑和身体快速发育。为婴幼儿提供良好的养育照护和健康管理，有助于儿童在生理、心理和社会能力等方面得到全面发展，为儿童未来的健康成长奠定基础，并有助于预防成年期心脑血管病、糖尿病、抑郁症等多种疾病的发生。

儿童早期是生命全周期中人力资本投入产出比最高的时期，儿童早期的发展不仅决定了个体的健康状况与发展，也深刻影响着国家人力资源和社会经济发展。对婴幼儿进行良好的养育照护和健康管理是实现儿童早期发展的重要举措。父母是婴幼儿养育照护和健康管理的第一责任人，儿童保健人员要强化对养育人养育照护的咨询指导。

二、婴幼儿健康养育照护的基本理念

理念是行动的先导，科学的养育照护理念是促进婴幼儿健康成长的重要保障。儿童保健人员要指导养育人充分认识健康养育照护的重要意义，树立科学

的育儿理念,掌握科学育儿知识和技能。

(一)重视婴幼儿早期全面发展。

0—3岁为婴幼儿期。婴幼儿早期发展是指儿童在这个时期生理、心理和社会能力方面得到全面发展,具体体现在儿童的体格、运动、认知、语言、情感和社会适应能力等各方面的发展。早期发展对婴幼儿的成长具有重要意义,养育人要关注婴幼儿的全面发展。

(二)遵循儿童生长发育规律和特点。

养育照护中养育人要遵循婴幼儿生长发育的规律,尊重个体特点和差异,不盲目攀比,避免揠苗助长。要做好定期健康监测,及时关注婴幼儿生长发育异常表现,做到早发现、早诊断、早干预。

(三)给予儿童恰当积极的回应。

养育人要了解各年龄段婴幼儿身心发展特点,在养育照护中应关注婴幼儿的表情、声音、动作和情绪等表现,理解其所发出的信号和表达的需求,及时给予恰当、积极的回应。

(四)培养儿童自主和自我调节能力。

婴幼儿的自理能力和良好的行为习惯是在日常生活中逐步养成的。在保证安全的前提下,养育人要为婴幼儿提供自由玩耍的机会,鼓励儿童自由探索,引导婴幼儿发展解决问题的能力和创造力。养育人要帮助婴幼儿建立规律的生活作息,养成良好的生活习惯,逐渐培养其自理能力,不包办代替。养育人要帮助儿童识别自己和他人的情绪,适时建立合理规则,发展儿童的自我调节能力。

(五)注重亲子陪伴和交流玩耍。

婴幼儿在与养育人的亲密相处中逐渐认识自我、建立自信、培养情感和拓展能力。养育人应充分参与对婴幼儿的养育照护,提供高质量的亲子陪伴与互动,共同感受成长的快乐,建立融洽的亲子关系。交流和玩耍是亲子陪伴的重要内容,也是养育照护中促进婴幼儿早期发展的核心措施。

(六)将早期学习融入养育照护全过程。

在日常养育过程中,婴幼儿通过模仿、重复、尝试等,发展运动、认知、语言、情感和社会适应等各方面能力。养育人要将早期学习融入婴幼儿养育照护的每个环节,充分利用家庭和社会资源,为婴幼儿提供丰富的早期学习机会。

(七)努力创建良好的家庭环境。

家庭是婴幼儿早期成长和发展的重要环境。要构建温馨、和睦的家庭氛围,给儿童展现快乐、积极的生活态度,培养积极、乐观的品格。同时,要为婴幼儿提供整洁、安全、有趣的活动空间,有适合其年龄的玩具、图书和生活用品。

(八) 认真学习提高养育素养。

养育人要学习婴幼儿生长发育知识,掌握养育照护和健康管理的各种技能和方法,不断提高科学育儿的能力,在养育的实践中,与儿童同步成长。

养育人的身心健康会影响养育照护过程,从而对儿童健康和发展产生重要影响。养育人应主动关注自身健康,保持健康生活方式,提高生活质量,定期体检,及时发现和缓解养育焦虑,保持身心健康。

三、婴幼儿健康养育照护咨询指导内容

(一) 生长发育监测。

1. 目的和意义。

婴幼儿健康不仅表现为没有疾病或虚弱,还体现在身体、心理和社会功能的完好状态以及潜能的充分发展。监测婴幼儿体格生长、心理行为发育和社会适应能力发展,是保障和促进婴幼儿健康成长的重要手段。

指导养育人了解婴幼儿生长发育的特点,积极参加儿童定期健康检查,开展生长发育家庭监测,并及时发现问题,在医务人员指导下尽早干预,从而促进婴幼儿身心健康发展。

2. 指导要点。

(1) 定期健康检查。

养育人应定期带婴幼儿接受国家基本公共卫生服务项目0—6岁儿童健康管理,1岁以内婴儿应当在出院后1周内、满月、3月龄、6月龄、8月龄和12月龄,1—3岁幼儿在18月龄、24月龄、30月龄和36月龄时监测其健康状况,及早发现消瘦、超重、肥胖、发育迟缓、贫血、维生素D缺乏佝偻病、眼病、听力障碍及龋病等健康问题,查找病因,及时干预。

(2) 体格生长监测。

指导养育人使用0—3岁儿童生长发育监测图(附件1)进行家庭自我监测。若儿童体重、身长(身高)等体格生长水平低于第3百分位或高于第97百分位,或者出现生长速度平缓或下降或突增,应及时就诊。

(3) 心理行为发育监测。

婴幼儿心理行为发育涉及感知、认知、大运动、精细动作、语言、社会适应与

交往等多方面。指导养育人及时了解0—3岁婴幼儿的心理行为发育里程碑；在接受国家基本公共卫生服务项目0—6岁儿童健康检查时，积极配合进行"儿童心理行为发育问题预警征象"筛查(附件2)等儿童心理行为发育检查，及时发现发育偏异的可能和风险，进行进一步评估和早期干预。

（4）眼病的防控与家庭照护。

指导养育人提高对视力不良和近视的防控意识，引导家庭定期主动接受儿童眼保健和视力检查服务，完成各年龄阶段的眼病筛查、视力和"远视储备量"的监测，以早期发现和治疗早产儿视网膜病变、先天性白内障、视网膜母细胞瘤等致盲性眼病，预防近视的发生。

日常养育照护中应保证婴幼儿充足睡眠、均衡膳食和户外活动时间，减少持续近距离用眼时间，保持婴幼儿眼部清洁卫生。2岁以内不建议观看或使用电子屏幕，2岁以上观看或使用电子屏幕时间每天累计不超过1小时，每次使用时间不超过20分钟。如婴幼儿出现以下症状应及时就诊：不能追视、对外界反应差；看东西时凑近、眯眼、皱眉、斜眼、歪头；瞳孔区发白、畏光、流泪、眼部发红或有脓性分泌物等。

（5）听力障碍的预防与家庭照护。

指导家庭积极主动接受儿童耳及听力保健服务，注意观察儿童对声音的反应和语言发育的情况。日常养育中，应远离强声或持续噪声环境，避免儿童去有强工业噪声、娱乐性噪声的场所；避免儿童使用耳机；洗澡或游泳时防止呛水和耳部进水；不要自行清洁外耳道，避免损伤；避免头部、耳部外伤和外耳道异物；儿童罹患腮腺炎或脑膜炎后，应注意观察其听力变化。

如发现儿童有以下情形之一，应及时就诊，接受进一步评估：耳部及耳周皮肤异常；外耳道有分泌物或异常气味；有拍打或抓挠耳部的动作；有耳痒、耳痛、耳胀等症状；对声音反应迟钝，或有语言发育迟缓的表现；头常常往一侧歪，或对呼唤无回应。

（6）龋病的防控与家庭照护。

婴幼儿萌出第一颗乳牙时就应开始清洁牙齿。养育人可根据月龄选用纱布、指套牙刷、儿童常规牙刷早晚为婴幼儿清洁牙齿。建议使用儿童含氟牙膏，牙膏使用量为米粒大小。每次进食后喂白开水或清洁口腔。尽量避免餐间摄入含糖饮食，饮水以白水为主。养育人不应将食物嚼碎后再喂给婴幼儿、不应与婴幼儿共用餐具，婴幼儿喂养器具应经常清洗消毒。

第一颗乳牙萌出到 12 月龄之间,进行第一次口腔检查和患龋风险评估,之后每 3—6 个月定期检查。对患龋中、低风险的婴幼儿,每年使用含氟涂料 2 次;对高风险的婴幼儿,每年使用 4 次。乳磨牙深窝沟可行窝沟封闭。一旦发现牙齿有颜色、质地及形态的改变建议及时就诊。

(二) 营养与喂养。

1. 目的和意义。

充足的营养和良好的喂养是促进婴幼儿体格生长、机体功能成熟及大脑发育的保障。养成良好的饮食习惯,是培养婴幼儿健康生活方式的重要内容,为成年期健康生活方式奠定基础。

指导养育人掌握母乳喂养、辅食添加、合理膳食、饮食行为等方面的基本知识和操作技能,为婴幼儿提供科学的营养喂养照护,预防儿童营养性疾病的发生,促进儿童健康成长。

2. 指导要点。

(1) 母乳喂养。

① 母乳喂养优点。母乳含有丰富的营养素、免疫活性物质和水分,能够满足 0—6 个月婴儿生长发育所需的全部营养,有助于婴幼儿大脑发育,降低婴儿患感冒、肺炎、腹泻等疾病的风险,减少成年后肥胖、糖尿病、心脑血管疾病等慢性病的发生,增进亲子关系,还可以减少母亲产后出血、乳腺癌、卵巢癌的发病风险。

② 母乳喂养方法。出生后尽早进行皮肤接触、早吸吮、早开奶。6 个月内的婴儿提倡纯母乳喂养,不需要添加水和其他食物。做到母婴同室、按需哺乳,每日 8—10 次以上,使婴儿摄入足量乳汁。

③ 促进乳汁分泌的方法。婴儿充分地吸吮是促进乳汁分泌的最有效方法。母亲心情愉悦、睡眠充足、营养均衡也是促进泌乳的重要因素。若持续母乳不足,应在医生评估指导下处理。

④ 早产儿哺乳。母乳喂养是早产儿首选的喂养方式,提倡母亲亲自喂养和袋鼠式护理。对胎龄<34 周、出生体重<2 000 克的早产儿或体重增长缓慢者,根据医生指导,在母乳中添加母乳强化剂。

(2) 微量营养素的补充。

① 足月儿生后数日内开始,在医生指导下每天补充维生素 D 400 国际单位,促进生长发育。纯母乳喂养的足月儿或以母乳喂养为主的足月儿 4—6 月龄

时可根据需要适当补铁，以预防缺铁性贫血的发生。

② 早产或低出生体重儿一般生后数日内开始，在医生指导下，每天补充维生素 D 800—1 000 国际单位，3 个月后改为每天 400 国际单位；出生后 2—4 周开始，按 2 毫克/（千克·天）补充铁元素，上述补充量包括配方奶及母乳强化剂中的含量。酌情补充钙、维生素 A 等营养素。

（3）辅食添加。

① 添加时间。婴儿 6 个月起应添加辅食，在合理添加辅食基础上，可继续母乳喂养至 2 岁及以上。早产儿在校正胎龄 4—6 月时应添加辅食。

② 添加原则。每次只添加一种新的食物，由少量到多量、由一种到多种，引导婴儿逐步适应。从一种富含铁的泥糊状食物开始，逐渐增加食物种类，逐渐过渡到半固体或固体食物。每引入一种新的食物，适应 2—3 天后再添加新的食物。

③ 辅食种类。制作辅食的食物包括谷薯类、豆类及坚果类、动物性食物（鱼、禽、肉及内脏）、蛋、含维生素 A 丰富的蔬果、其他蔬果、奶类及奶制品等 7 类。添加辅食种类每日不少于 4 种，并且至少应包括一种动物性食物、一种蔬菜和一种谷薯类食物。6—12 月龄阶段的辅食添加对婴儿生长发育尤为重要，要特别注意添加的频次和种类。婴幼儿辅食添加频次、种类不足，将明显影响生长发育，导致贫血、低体重、生长迟缓、智力发育落后等健康问题。6—9 月龄婴儿，每天需要添加辅食 1—2 次。9—12 月龄婴儿，每天添加辅食增为 2—3 次。

④ 合理制作。婴幼儿辅食应单独制作，选用新鲜、优质、无污染的食材和清洁的水制作。烹调宜用蒸、煮、炖、煨等方式，食材要完全去除硬皮、骨、刺、核等，豆类或坚果要充分磨碎。1 岁以内婴儿辅食应保持原味，不加盐、糖和调味品，1 岁以后辅食要少盐、少糖。鼓励幼儿尝试多样化食物，避免食用经过腌制、卤制、烧烤的食物，以及重油、甜腻、辛辣刺激的重口味食物。

6—24 月龄婴幼儿辅食添加要点详见附件 3。

（4）培养良好的饮食习惯。

1 岁以后幼儿逐步过渡到独立进食，养育人要为幼儿营造轻松愉快的进食环境，引导而不强迫幼儿进食。安排幼儿与家人一起就餐，并鼓励自主进食。关注幼儿发出的饥饿和饱足信号，及时做出回应。不以食物作为奖励和惩罚手段。幼儿进餐时不观看电视、手机等电子产品，每次进餐时间控制在 20 分钟左右，最长不宜超过 30 分钟，并逐渐养成定时进餐和良好的饮食习惯。

（三）交流与玩耍。

1. 目的和意义。

交流和玩耍是婴幼儿养育照护的重要内容,有利于构建良好的亲子依恋关系和伙伴关系,提升儿童体格生长和运动能力发育水平,促进心理行为和社会能力的发展。

指导养育人重视并掌握亲子交流与玩耍运动的知识与技能,充分利用家庭和社会资源,为儿童提供各种交流玩耍的机会,促进婴幼儿各种能力的协同发展。

2. 指导要点。

（1）亲子交流。

① 身体接触。养育人通过抚摸、拥抱等身体的亲密接触进行亲子交流,让婴幼儿感受到养育人的关爱,建立依恋,培养亲情。

② 肢体语言。养育人通过眼神、表情、肢体动作等方式,表达对婴幼儿的关注、喜爱、鼓励和安慰,从而进一步增进亲子感情,促进亲子交流互动。

③ 语言交流。养育人尽早使用语言同婴幼儿进行交流,从简单的语音开始,逐渐提升到单词、短语,再到完整的语句。向婴幼儿描述周围的人、日常用品、活动和事物等,帮助孩子练习听和说,培养理解和表达能力;随着语言能力的提高,要经常为婴幼儿讲故事、读绘本、唱儿歌,多听多说,为婴幼儿提供丰富的语言环境。

（2）玩耍运动。

① 自由玩耍。养育人应利用室内和户外各种条件和场所,与婴幼儿一起进行不拘形式的自由玩耍。主动营造快乐的氛围,关注婴幼儿的好奇心,并通过陪伴、互动、示范等方式引导婴幼儿尝试不同的活动,激发探索的兴趣。

② 亲子游戏。亲子互动游戏是婴幼儿最常见和重要的活动方式,如念儿歌、模仿动物叫声、和婴儿一起模仿打电话、听指令拿东西、躲猫猫、拍手游戏、叫名字、照镜子、指认身体部位等。根据婴幼儿的年龄和发育水平选择玩具,鼓励养育人利用日常用品或自制玩具进行游戏,如用空盒子玩垒高游戏。在亲子游戏中,注重婴幼儿认知、语言、情感及社会交往等能力的发展,提倡父亲参与。

③ 运动锻炼。顺应婴幼儿运动发育规律,充分利用室内外安全和开放的活动场地,提供爬、走、跑、跳等大动作,以及抓握、垒高、涂鸦等精细动作的练习机会。避免婴幼儿久坐超过 1 小时。幼儿每天身体活动时间至少 3 小时,其中户外活动时间至少 2 小时,遇到雾霾、高温等特殊天气宜酌情减少户外活动时间。

不同年龄段的婴幼儿亲子交流与玩耍运动要点详见附件4。

（3）社交体验。

① 家庭活动。养育人要为婴幼儿提供快乐的家庭生活，包括日常的衣食住行和各种家庭活动。有计划地让幼儿参与力所能及的家务劳动，如练习整理自己的衣物、用品、玩具、书本等，提升生活技能和自理能力。通过走亲访友、家庭聚会、生日和节日活动等家庭活动，帮助婴幼儿学习和他人相处，获得丰富的生活体验。

② 同伴交往。养育人应经常为婴幼儿创造与同龄伙伴交流和玩耍的机会。通过示范和引导，帮助幼儿发展关心、分享、合作等亲社会行为，对积极的行为给予及时肯定和赞赏。在与小朋友交往中，帮助幼儿学习简单的行为规则。关注婴幼儿的情绪变化，通过抚摸、拥抱、柔和的语调等方式缓解其焦虑、恐惧、愤怒等不良情绪。

③ 社区活动。养育人应充分利用社区资源（公园、儿童活动中心、儿童游乐园、文体场所等），带儿童参观、游览、玩耍，接触大自然，获得丰富体验。

（四）生活照护指导。

1. 目的和意义。

良好的日常生活照护是促进婴幼儿生长发育的基本保障，是养育人实践回应性照护的重要体现，也是建立亲子关系的重要纽带。

指导养育人重视对婴幼儿的生活照护，创设良好的居家环境，掌握日常护理和推拿保健技巧，培养婴幼儿健康的生活方式，养成良好的生活作息习惯。

2. 指导要点。

（1）居家环境。

① 家庭氛围。营造温馨、和谐、愉快的家庭氛围。在构建良好亲子关系的同时，也要构建良好的夫妻关系和亲友关系，家人之间应充分沟通，保持一致的养育观念和态度。正确处理家庭矛盾，避免对婴幼儿忽视，杜绝虐待婴幼儿和一切形式的家庭暴力。

② 家庭设施。居家环境要整洁、舒适。提供适合婴幼儿年龄特点的用具，如餐具和水杯、儿童便器等。根据婴幼儿发育水平提供适当的玩具、图片和图书等。在合适位置张贴图案简洁、色彩鲜艳、富有童趣的挂图。

③ 儿童空间。家庭中设置相对固定和安全的婴幼儿活动区域，空间和设施要符合婴幼儿的特点和发育水平。

（2）日常护理。

① 衣着护理。为婴幼儿提供合格、舒适、清洁、安全的衣物。穿衣或换尿布时,注意观察婴幼儿的反应,通过表情、语言等给予回应和互动,逐步引导婴儿学会主动配合和自主穿衣。

② 盥洗护理。重视婴幼儿个人卫生,经常为婴幼儿洗澡,且养育人应全程在场。借助唱儿歌、讲故事等方式为婴幼儿示范正确的洗手、洗脸、刷牙等盥洗方法,引导和鼓励幼儿自己动手。

③ 大小便护理。关注婴幼儿大小便前的动作和表情,掌握其时间规律,固定大小便场所,逐步培养幼儿表达大小便的方式,2 岁后逐渐减少白天使用尿布的时间。

（3）推拿保健。

指导养育人学会使用摩腹、捏脊等婴幼儿常见推拿保健方法,对婴幼儿进行日常推拿保健,增强婴幼儿体质。

（4）睡眠照护。

① 睡眠环境。卧室应安静、空气新鲜,室内温度 20℃—25℃为宜。白天不必过度遮蔽光线,夜晚睡后熄灯。卧室不宜放置电视等视屏类产品。

② 睡眠时间。保证婴幼儿的充足睡眠,每天总睡眠时间在婴儿期为 12—17 小时,幼儿期为 10—14 小时。婴幼儿夜间睡眠时间应达到 8 小时以上。

③ 入睡方式。培养婴幼儿自主入睡习惯,敏感识别婴幼儿睡眠信号,及时让其独立入睡,避免养成抱睡、摇睡、含乳头睡等不良入睡习惯。

（五）伤害预防。

1. 目的和意义。

预防伤害是养育人的基本责任,对婴幼儿一生的健康至关重要,也是帮助婴幼儿养成安全意识和行为习惯的重要内容。

指导养育人树立预防婴幼儿伤害的意识,牢记婴幼儿不能离开养育人的视线范围,养成安全看护的行为习惯,提升环境安全水平,掌握常用急救技能,预防婴幼儿伤害发生。

2. 指导要点。

（1）加强看护。

① 专心看护。看护婴幼儿时,不应同时使用手机等电子设备,不从事其他非必要活动。多人与婴幼儿一起时,应明确一人负责照护。

② 近距离看护。与婴幼儿保持较近的距离。婴幼儿在水中或水边、高处、身边有动物等情况下,与婴幼儿保持伸手可及的距离。

③ 看护禁忌。不让婴幼儿处在无人看护的状态下,不与婴幼儿做不安全的游戏,不让未成年人看护婴幼儿。

④ 行为示范。养育人自身遵守安全规则,在日常看护中为幼儿做出安全示范,教会其识别伤害风险,提升幼儿的安全意识,帮助其建立安全行为习惯。

(2) 营造安全环境。

① 清除隐患。随时排查和清除婴幼儿活动区域内的尖锐物品,可放入口、鼻、耳的小件物品或食物,破损玩具,不安全的运动娱乐设备和电器、药物、化学品等。

② 隔离危险。楼梯、厨房应安装护栏、门栏,将药物、日用化学品、热物、刀具、电源、电器放置在婴幼儿无法接触到的固定位置,水池、沟渠要安装护栏,水桶、水盆、井等要加盖。

③ 使用安全产品。选择有安全质量认证的、适龄的玩具和儿童用品。使用儿童安全座椅、家具防护角、窗户锁等安全相关产品。

(3) 紧急处置。

① 心肺复苏。养育人应主动学习并掌握婴幼儿意识、呼吸、心跳的判断方法,不同年龄段婴幼儿心肺复苏方法。

② 常见伤害处置。养育人应主动学习基本的院前止血、包扎、固定、搬运技术。学会用腹部冲击法、背部叩击法、胸部冲击法等,处置婴幼儿气道异物梗阻。掌握烧烫伤后用凉水冲洗、浸泡,安全去除伤处衣物,防止创面感染的现场处理方法。

③ 虐待暴力处置。注意观察婴幼儿,怀疑婴幼儿遭受虐待或暴力时,应及时寻求专业部门的援助,并向公安机关等部门报告。

(六) 常见健康问题的防控及照护。

1. 目的和意义。

定期接受健康检查、及时接种疫苗是预防婴幼儿常见健康问题的必要策略,也是婴幼儿健康成长的重要保障。

通过指导,使养育人了解、辨识婴幼儿常见健康问题,掌握相应的家庭护理技能。

2. 指导要点。

(1) 高危儿家庭护理。

对存在健康风险因素的高危儿,如早产儿、出生低体重儿、有出生并发症的新生儿等,要指导养育人及时就诊,在医生指导下进行家庭干预和护理。

（2）营养性疾病的防控。

① 缺铁性贫血。婴儿6月龄起,要及时添加富含铁的食物,以预防缺铁性贫血。发生缺铁性贫血应按医嘱及时补充铁剂。

② 营养不良。要合理添加辅食,保障婴幼儿生长所需能量、蛋白质及其他营养素。连续2次体重增长不良或营养改善3—6个月后身长仍增长不良者,需到专科门诊进行会诊治疗。强化儿童营养与喂养指导,提倡吃动并重,预防和减少儿童超重和肥胖。

③ 维生素D缺乏性佝偻病。发病高峰在3—18月龄。婴幼儿出生数日后即可开始补充维生素D,尽早进行户外活动,充分暴露身体部位,可预防佝偻病发生。发生维生素D缺乏性佝偻病应按医嘱治疗。

（3）传染病的预防与家庭护理。

幼儿急疹、风疹、手足口病、水痘、流感等为婴幼儿常见传染病。养育人应及时为婴幼儿接种疫苗,保持室内空气流通,注意个人卫生,积极进行运动锻炼,传染病流行期间不去人多聚集的地方,预防传染病的发生。婴幼儿患病期间要遵医嘱进行治疗,做好隔离和环境物品的清洁消毒,注意休息和营养,做好口腔、皮肤等的护理。

（4）危重症识别。

婴幼儿如出现以下症状建议立即就诊:精神状态较平时差,进食量明显减少,不能喝水或吃奶;抽搐或囟门凸起;频繁呕吐;呼吸加快(1分钟计数呼吸次数,<2月龄超过60次、2—12月龄超过50次、2—3岁超过40次);鼻翼扇动、胸凹陷等呼吸困难,呼吸暂停伴紫绀;腹泻水样大便持续2—3天,大便带血,小便明显减少或无尿;眼窝凹陷或囟门凹陷,皮肤缺乏弹性,哭时泪少;脐部脓性分泌物多,脐周皮肤发红和肿胀;新生儿皮肤严重黄染(手掌或足底)、皮肤脓疱;眼或耳部有脓性分泌物。

附件：1.0—3岁儿童生长发育监测图

　　　2.儿童心理行为发育问题预警征象筛查表

　　　3.6—24月龄婴幼儿辅食添加要点

　　　4.婴幼儿亲子交流与玩耍要点

附件 1

0—3 岁儿童生长发育监测图

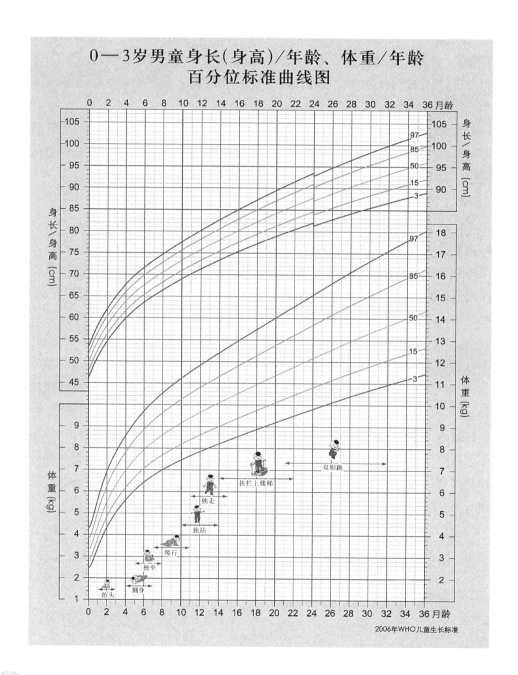

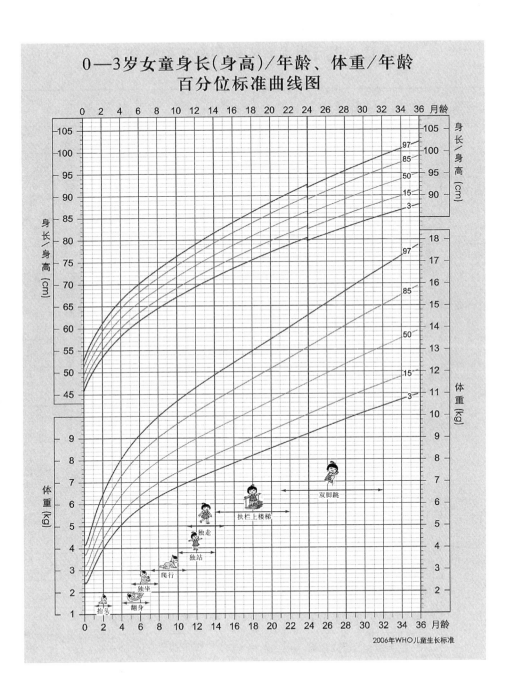

0—3岁女童身长(身高)/年龄、体重/年龄
百分位标准曲线图

2006年WHO儿童生长标准

附件2

儿童心理行为发育问题预警征象筛查表

年龄	预 警 征 象		年龄	预 警 征 象	
3月	1 对很大声音没有反应	☐	6月	1 发音少，不会笑出声	☐
	2 逗引时不发音或不会微笑	☐		2 不会伸手抓物	☐
	3 不注视人脸，不追视移动人或物品	☐		3 紧握拳松不开	☐
	4 俯卧时不会抬头	☐		4 不能扶坐	☐
8月	1 听到声音无应答	☐	12月	1 呼唤名字无反应	☐
	2 不会区分生人和熟人	☐		2 不会模仿"再见"或"欢迎"动作	☐
	3 双手间不会传递玩具	☐		3 不会用拇食指对捏小物品	☐
	4 不会独坐	☐		4 不会扶物站立	☐
18月	1 不会有意识叫"爸爸"或"妈妈"	☐	24月	1 不会说3个物品的名称	☐
	2 不会按要求指人或物	☐		2 不会按吩咐做简单事情	☐
	3 与人无目光交流	☐		3 不会用勺吃饭	☐
	4 不会独走	☐		4 不会扶栏上楼梯/台阶	☐
30月	1 不会说2—3个字的短语	☐	36月	1 不会说自己的名字	☐
	2 兴趣单一、刻板	☐		2 不会玩"拿棍当马骑"等假想游戏	☐
	3 不会示意大小便	☐		3 不会模仿画圆	☐
	4 不会跑	☐		4 不会双脚跳	☐
4岁	1 不会说带形容词的句子	☐	5岁	1 不能简单叙说事情经过	☐
	2 不能按要求等待或轮流	☐		2 不知道自己的性别	☐
	3 不会独立穿衣	☐		3 不会用筷子吃饭	☐
	4 不会单脚站立	☐		4 不会单脚跳	☐

续　表

年龄	预 警 征 象		年龄	预 警 征 象
6岁	1 不会表达自己的感受或想法	☐		
	2 不会玩角色扮演的集体游戏	☐		
	3 不会画方形	☐		
	4 不会奔跑	☐		

注：适用于0—6岁儿童。检查有无相应月龄的预警征象，发现相应情况在"☐"内打"√"。该年龄段任何一条预警征象阳性，提示有发育偏异的可能。

附件3

6—24月龄婴幼儿辅食添加要点

月　　龄	频次（每天）	母乳之外食物每餐平均进食量	食物质地（稠度/浓度）	食物种类
6个月之后（6月龄）开始添加辅食	继续母乳喂养+从1次开始添加泥糊状食物逐渐推进到2次	从尝一尝开始逐渐增加到2—3小勺	稠粥/肉泥/菜泥	辅食主要包括以下7类：1. 谷薯/主食类（稠粥、软饭、面条、土豆等）2. 动物性食物（鱼、禽、肉及内脏）3. 蛋类
6—9月龄	继续母乳喂养+逐渐推进（半）固体食物摄入到1—2次	每餐2—3勺逐渐增加到1/2碗（250 mL的碗）	稠粥/糊糊/捣烂/煮烂的家庭食物	4. 奶类和奶制品（以动物乳、酸奶、奶为主要原料的食物等）5. 豆类和坚果制品（豆浆、豆腐、芝麻酱、花生酱等）
9—12月龄	逐渐推进（半）固体食物摄入到2—3次+继续母乳喂养	1/2碗（250 mL的碗）	细细切碎的家庭食物/手指食物/条状食物	6. 富含维生素A的蔬菜和水果（南瓜、红心红薯、芒果等）7. 其他蔬菜和水

续　表

月　龄	频次（每天）	母乳之外食物每餐平均进食量	食物质地（稠度/浓度）	食物种类
12—24月龄	3次家庭食物进餐＋2次加餐＋继续母乳喂养	3/4碗到1整碗（250 mL的碗）	软烂的家庭食物	果（白菜、西蓝花、苹果、梨等）＊添加辅食种类每日不少于4种，并且至少应包括一种动物性食物、一种蔬菜和一种谷薯类食物

附件 4

婴幼儿亲子交流与玩耍要点

0—1月龄	1—3月龄	3—6月龄
交流：注视新生儿的眼睛，温柔地与他（她）说话，尤其是哺乳、照护的时候，让新生儿看养育人的脸，听养育人的声音。	交流：在喂奶时或孩子清醒时，对着他（她）笑，模仿他（她）的声音和他（她）说话交流。	交流：经常和孩子说话、逗笑，通过模仿他（她）的声音、表情和动作与他（她）交流。

玩耍：让新生儿看、听，接触养育人，自由地活动四肢；轻轻地抚摸和怀抱他（她），与他（她）亲密皮肤接触会更好。	玩耍：让孩子看、听，接触养育人，自由地活动四肢；在床上、炕上帮助婴儿俯卧、抬头；慢慢移动彩色玩具或物品让他（她）看、触摸，可用红球、绳子串起的圆环做玩具。	玩耍：多让孩子俯卧、抬头，帮助他（她）翻身，让孩子伸手去够、抓握玩具，可用不同质地的，如布或塑料瓶做的玩具。

6—9月龄	9—12月龄	12—18月龄

交流：对孩子的声音和兴趣给予回应,叫他(她)名字观察反应,用布遮住脸玩"躲猫猫",和他(她)说看到的人或物品。	交流：教孩子认家中物品、人及身体部位,和孩子说话、唱歌,结合场景边说边做手势,如拍手"欢迎"、挥手"再见"。可用具有五官的娃娃作玩具。	交流：问孩子简单的问题,回应他(她)说的话。用简单的指令调动他(她)的活动,如"把杯子给我";鼓励他(她)称呼周围的人,看物品和图片,说出名称。
玩耍：让孩子练习坐,在床上、炕上翻滚,给他(她)提供一些干净、安全的家庭物品,让他(她)抓握、传递、敲打,可用杯子、勺子做玩具。	玩耍：鼓励孩子爬行、站立和扶走,让他(她)练习用拇食指捏小物品。把玩具放在布下面与孩子玩"藏猫猫"。	玩耍：鼓励孩子独自行走、蹲下和站起,握笔涂画,用套叠杯、碗、饮料瓶玩堆叠游戏,或把物品放进容器再拿出来。

18—24月龄	24—36月龄
交流：与孩子多说话,问他(她)问题并耐心等待他(她)的回答,用清晰、正确的发音回应他(她)说的话。带他(她)边看大自然、图画书和物品,边和他(她)交谈。	交流：与孩子一起看图画书、讲故事、说儿歌,尝试和他(她)讨论图画书的内容;教他(她)说自己的姓名、性别,教他(她)认识物品的形状、颜色、用途。
玩耍：多户外活动,鼓励孩子扶着支撑物上下台阶,玩扔球、踢球,练习翻书、拧开瓶盖。引导他(她)玩给娃娃喂饭等模仿性游戏。	玩耍：让孩子练习单脚站立、双脚蹦跳、踢球等,培养他(她)自己洗手、吃饭、扣扣子、穿鞋等生活自理能力;鼓励他(她)与小朋友玩"开火车""骑竹竿"等游戏。

七、卫生健康委关于印发托育机构
设置标准(试行)和托育机构
管理规范(试行)的通知

国卫人口发〔2019〕58 号

各省、自治区、直辖市及新疆生产建设兵团卫生健康委：

为加强托育机构专业化、规范化建设，按照《国务院办公厅关于促进 3 岁以下婴幼儿照护服务发展的指导意见》(国办发〔2019〕15 号)的要求，我委组织制定了《托育机构设置标准(试行)》和《托育机构管理规范(试行)》(可从国家卫生健康委网站下载)。现印发给你们，请遵照执行。

卫生健康委

2019 年 10 月 8 日

托育机构设置标准(试行)

第一章 总 则

第一条 为建立专业化、规范化的托育机构，根据《中华人民共和国未成年人保护法》等法律法规以及《国务院办公厅关于促进 3 岁以下婴幼儿照护服务发展的指导意见》，制定本标准。

第二条 坚持政策引导、普惠优先、安全健康、科学规范、属地管理、分类指导的原则，充分调动社会力量积极性，大力发展托育服务。

第三条 本标准适用于经有关部门登记、卫生健康部门备案，为 3 岁以下婴幼儿提供全日托、半日托、计时托、临时托等托育服务的机构。

第二章 设 置 要 求

第四条 托育机构设置应当综合考虑城乡区域发展特点，根据经济社会发展水平、工作基础和群众需求，科学规划，合理布局。

第五条 新建居住区应当规划建设与常住人口规模相适应的托育机构。老城区和已建成居住区应当采取多种方式完善托育机构，满足居民需求。

第六条　城镇托育机构建设要充分考虑进城务工人员随迁婴幼儿的照护服务需求。

第七条　在农村社区综合服务设施建设中,应当统筹考虑托育机构建设。

第八条　支持用人单位以单独或联合其他单位共同举办的方式,在工作场所为职工提供福利性托育服务,有条件的可向附近居民开放。

第九条　鼓励通过市场化方式,采取公办民营、民办公助等多种形式,在就业人群密集的产业聚集区域和用人单位建设完善托育机构。

第十条　发挥城乡社区公共服务设施的婴幼儿照护服务功能,加强社区托育机构与社区服务中心(站)及社区卫生、文化、体育等设施的功能衔接。

第三章　场　地　设　施

第十一条　托育机构应当有自有场地或租赁期不少于 3 年的场地。

第十二条　托育机构的场地应当选择自然条件良好、交通便利、符合卫生和环保要求的建设用地,远离对婴幼儿成长有危害的建筑、设施及污染源,满足抗震、防火、疏散等要求。

第十三条　托育机构的建筑应当符合有关工程建设国家标准、行业标准,设置符合标准要求的生活用房,根据需要设置服务管理用房和供应用房。

第十四条　托育机构的房屋装修、设施设备、装饰材料等,应当符合国家相关安全质量标准和环保标准,并定期进行检查维护。

第十五条　托育机构应当配备符合婴幼儿月龄特点的家具、用具、玩具、图书和游戏材料等,并符合国家相关安全质量标准和环保标准。

第十六条　托育机构应当设有室外活动场地,配备适宜的游戏设施,且有相应的安全防护设施。

在保障安全的前提下,可利用附近的公共场地和设施。

第十七条　托育机构应当设置符合标准要求的安全防护设施设备。

第四章　人　员　规　模

第十八条　托育机构应当根据场地条件,合理确定收托婴幼儿规模,并配置综合管理、保育照护、卫生保健、安全保卫等工作人员。

托育机构负责人负责全面工作,应当具有大专以上学历、有从事儿童保育教育、卫生健康等相关管理工作 3 年以上的经历,且经托育机构负责人岗位培训合格。

保育人员主要负责婴幼儿日常生活照料,安排游戏活动,促进婴幼儿身心健康,养成良好行为习惯。保育人员应当具有婴幼儿照护经验或相关专业背景,受

过婴幼儿保育相关培训和心理健康知识培训。

保健人员应当经过妇幼保健机构组织的卫生保健专业知识培训合格。

保安人员应当取得公安机关颁发的《保安员证》,并由获得公安机关《保安服务许可证》的保安公司派驻。

第十九条　托育机构一般设置乳儿班(6—12 个月,10 人以下)、托小班(12—24 个月,15 人以下)、托大班(24—36 个月,20 人以下)三种班型。

18 个月以上的婴幼儿可混合编班,每个班不超过 18 人。

每个班的生活单元应当独立使用。

第二十条　合理配备保育人员,与婴幼儿的比例应当不低于以下标准:乳儿班 1∶3,托小班 1∶5,托大班 1∶7。

第二十一条　按照有关托儿所卫生保健规定配备保健人员、炊事人员。

第二十二条　独立设置的托育机构应当至少有 1 名保安人员在岗。

第五章　附　　则

第二十三条　各省、自治区、直辖市卫生健康行政部门可根据本标准制订具体实施办法。

第二十四条　本标准自发布之日起施行。

托育机构管理规范(试行)

第一章　总　　则

第一条　为加强托育机构管理,根据《中华人民共和国未成年人保护法》等法律法规以及《国务院办公厅关于促进 3 岁以下婴幼儿照护服务发展的指导意见》,制定本规范。

第二条　坚持儿童优先的原则,尊重婴幼儿成长特点和规律,最大限度地保护婴幼儿,确保婴幼儿的安全和健康。

第三条　本规范适用于经有关部门登记、卫生健康部门备案,为 3 岁以下婴幼儿提供全日托、半日托、计时托、临时托等托育服务的机构。

第二章　备　案　管　理

第四条　托育机构登记后,应当向机构所在地的县级以上卫生健康部门备案,提交评价为"合格"的《托幼机构卫生评价报告》、消防安全检查合格证明、场地证明、工作人员资格证明等材料,填写备案书(见附件1)和承诺书(见附件2)。提供餐饮服务的,应当提交《食品经营许可证》。

第五条　卫生健康部门应当对申请备案的托育机构提供备案回执(见附件3)和托育机构基本条件告知书(见附件4)。

第六条　托育机构变更备案事项的,应当向原备案部门办理变更备案。

第七条　托育机构终止服务的,应当妥善安置收托的婴幼儿和工作人员,并办理备案注销手续。

第八条　卫生健康部门应当将托育服务有关政策规定、托育机构备案要求、托育机构有关信息在官方网站公开,接受社会查询和监督。

第三章　收托管理

第九条　婴幼儿父母或监护人(以下统称婴幼儿监护人)应当主动向托育机构提出入托申请,并提交真实的婴幼儿及其监护人的身份证明材料。

第十条　托育机构应当与婴幼儿监护人签订托育服务协议,明确双方的责任、权利义务、服务项目、收费标准以及争议纠纷处理办法等内容。

第十一条　婴幼儿进入托育机构前,应当完成适龄的预防接种,经医疗卫生机构健康检查合格后方可入托;离开机构3个月以上的,返回时应当重新进行健康检查。

第十二条　托育机构应当建立收托婴幼儿信息管理制度,及时采集、更新,定期向备案部门报送。

第十三条　托育机构应当建立与家长联系的制度,定期召开家长会议,接待来访和咨询,帮助家长了解保育照护内容和方法。

托育机构应当成立家长委员会,事关婴幼儿的重要事项,应当听取家长委员会的意见和建议。

托育机构应当建立家长开放日制度。

第十四条　托育机构应当加强与社区的联系与合作,面向社区宣传科学育儿知识,开展多种形式的服务活动,促进婴幼儿早期发展。

第十五条　托育机构应当建立信息公示制度,定期公示收费项目和标准、保育照护、膳食营养、卫生保健、安全保卫等情况,接受监督。

第四章　保育管理

第十六条　托育机构应当科学合理安排婴幼儿的生活,做好饮食、饮水、喂奶、如厕、盥洗、清洁、睡眠、穿脱衣服、游戏活动等服务。

第十七条　托育机构应当顺应喂养,科学制定食谱,保证婴幼儿膳食平衡。有特殊喂养需求的,婴幼儿监护人应当提供书面说明。

第十八条　托育机构应当保证婴幼儿每日户外活动不少于2小时,寒冷、炎热季节或特殊天气情况下可酌情调整。

第十九条　托育机构应当以游戏为主要活动形式,促进婴幼儿在身体发育、动作、语言、认知、情感与社会性等方面的全面发展。

第二十条　游戏活动应当重视婴幼儿的情感变化,注重与婴幼儿面对面、一对一的交流互动,动静交替,合理搭配多种游戏类型。

第二十一条　托育机构应当提供适宜刺激,丰富婴幼儿的直接经验,支持婴幼儿主动探索、操作体验、互动交流和表达表现,发挥婴幼儿的自主性,保护婴幼儿的好奇心。

第二十二条　托育机构应当建立照护服务日常记录和反馈制度,定期与婴幼儿监护人沟通婴幼儿发展情况。

第五章　健 康 管 理

第二十三条　托育机构应当按照有关托儿所卫生保健规定,完善相关制度,切实做好婴幼儿和工作人员的健康管理,做好室内外环境卫生。

第二十四条　托育机构应当坚持晨午检和全日健康观察,发现婴幼儿身体、精神、行为异常时,应当及时通知婴幼儿监护人。

第二十五条　托育机构发现婴幼儿遭受或疑似遭受家庭暴力的,应当依法及时向公安机关报案。

第二十六条　婴幼儿患病期间应当在医院接受治疗或在家护理。

第二十七条　托育机构应当建立卫生消毒和患儿隔离制度、传染病预防和管理制度,做好疾病预防控制和婴幼儿健康管理工作。

第二十八条　托育机构工作人员上岗前,应当经医疗卫生机构进行健康检查,合格后方可上岗。

托育机构应当组织在岗工作人员每年进行1次健康检查。在岗工作人员患有传染性疾病的,应当立即离岗治疗;治愈后,须持病历和医疗卫生机构出具的健康合格证明,方可返岗工作。

第六章　安 全 管 理

第二十九条　托育机构应当落实安全管理主体责任,建立健全安全防护措施和检查制度,配备必要的安保人员和物防、技防设施。

第三十条 托育机构应当建立完善的婴幼儿接送制度,婴幼儿应当由婴幼儿监护人或其委托的成年人接送。

第三十一条 托育机构应当制订重大自然灾害、传染病、食物中毒、踩踏、火灾、暴力等突发事件的应急预案,定期对工作人员进行安全教育和突发事件应急处理能力培训。

托育机构应当明确专兼职消防安全管理人员及管理职责,加强消防设施维护管理,确保用火用电用气安全。

托育机构工作人员应当掌握急救的基本技能和防范、避险、逃生、自救的基本方法,在紧急情况下必须优先保障婴幼儿的安全。

第三十二条 托育机构应当建立照护服务、安全保卫等监控体系。监控报警系统确保 24 小时设防,婴幼儿生活和活动区域应当全覆盖。

监控录像资料保存期不少于 90 日。

第七章 人 员 管 理

第三十三条 托育机构工作人员应当具有完全民事行为能力和良好的职业道德,热爱婴幼儿,身心健康,无虐待儿童记录,无犯罪记录,并符合国家和地方相关规定要求的资格条件。

第三十四条 托育机构应当建立工作人员岗前培训和定期培训制度,通过集中培训、在线学习等方式,不断提高工作人员的专业能力、职业道德和心理健康水平。

第三十五条 托育机构应当加强工作人员法治教育,增强法治意识。对虐童等行为实行零容忍,一经发现,严格按照有关法律法规和规定,追究有关负责人和责任人的责任。

第三十六条 托育机构应当依法与工作人员签订劳动合同,保障工作人员的合法权益。

第八章 监 督 管 理

第三十七条 托育机构应当加强党组织建设,积极支持工会、共青团、妇联等组织开展活动。

托育机构应当建立工会组织或职工代表大会制度,依法加强民主管理和监督。

第三十八条 托育机构应当制订年度工作计划,每年年底向卫生健康部门报告工作,必要时随时报告。

第三十九条 各级妇幼保健、疾病预防控制、卫生监督等机构应当按照职责加强对托育机构卫生保健工作的业务指导、咨询服务和监督执法。

第四十条　建立托育机构信息公示制度和质量评估制度,实施动态管理,加强社会监督。

第九章　附　　则

第四十一条　各省、自治区、直辖市卫生健康行政部门可根据本规范制订具体实施办法。

第四十二条　本规范自发布之日起施行。

附件: 1. 托育机构备案书

2. 备案承诺书

3. 托育机构备案回执

4. 托育机构基本条件告知书

附件1

托育机构备案书

_____卫生健康委(局):

经_____(登记机关名称)批准,_____(托育机构名称)已于____年____月____日依法登记成立,现向你委(局)进行备案。本机构备案信息如下:

机构名称:

机构住所:

登记机关:

统一社会信用代码:

机构负责人姓名:

机构负责人身份证件号码:

机构性质:□营利性　□非营利性

服务范围:□全日托　□半日托　□计时托　□临时托

服务场所性质:□自有　□租赁

机构建筑面积:

室内使用面积:

室外活动场地面积:

收托规模:　人

编班类型：□乳儿班　　□托小班　　□托大班　　□混合编班

联系人：

联系方式：

请予以备案。

备案单位：（章）

年　月　日

附件2

备 案 承 诺 书

本单位承诺如实填报备案信息，并将按照有关要求，及时、准确报送后续重大事项变更信息。

承诺已了解托育机构管理相关法律法规和标准规范，承诺开展的服务符合《托育机构基本条件告知书》要求。

承诺按照诚实信用、安全健康、科学规范、儿童优先的原则和相关标准及规定，开展3岁以下婴幼儿托育服务，不以托育机构名义从事虐待伤害婴幼儿、不正当关联交易等损害婴幼儿及其监护人合法权益和公平竞争市场秩序的行为。

承诺主动接受并配合卫生健康部门和其他有关部门的指导、监督和管理。

承诺不属实，或者违反上述承诺的，依法承担相应法律责任。

备案单位：（章）

机构负责人签字：

年　月　日

附件3

托育机构备案回执

编号：＿＿＿＿＿＿＿＿

＿＿＿＿＿年＿＿＿＿月＿＿＿＿日报我委(局)的《托育机构备案书》收到并已备案。

备案项目如下：

机构名称：

机构住所：

机构性质：

机构负责人姓名：

_____卫生健康委（局）（章）

年　月　日

附件4

托育机构基本条件告知书

托育机构应当依照相关法律法规和标准规范开展服务活动，并符合下列基本条件：

一、应当符合《中华人民共和国未成年人保护法》《中华人民共和国建筑法》《中华人民共和国消防法》《托儿所幼儿园卫生保健管理办法》等法律法规，以及《托儿所、幼儿园建筑设计规范》《建筑设计防火规范》等国家标准或者行业标准。

二、应当符合《托育机构设置标准（试行）》《托育机构管理规范（试行）》等要求。

三、提供餐饮服务的，应当符合《中华人民共和国食品安全法》等法律法规，以及相应的食品安全标准。

四、法律法规规定的其他条件。

八、国家卫生健康委关于印发托育机构保育指导大纲（试行）的通知

国卫人口发〔2021〕2号

各省、自治区、直辖市及新疆生产建设兵团卫生健康委：

为指导托育机构为3岁以下婴幼儿提供科学、规范的照护服务，按照《国务院办公厅关于促进3岁以下婴幼儿照护服务发展的指导意见》（国办发〔2019〕15号）的要求，我委组织制定了《托育机构保育指导大纲（试行）》（可从国家卫生健

康委网站下载)。现予印发,请遵照执行、推动落实。

国家卫生健康委

2021 年 1 月 12 日

(信息公开形式:主动公开)

托育机构保育指导大纲(试行)

第一章　总　　则

一、为贯彻《国务院办公厅关于促进 3 岁以下婴幼儿照护服务发展的指导意见》,依据国家卫生健康委《托育机构设置标准(试行)》《托育机构管理规范(试行)》,指导托育机构为 3 岁以下婴幼儿(以下简称婴幼儿)提供科学、规范的照护服务,促进婴幼儿健康成长,特制定本大纲。

二、本大纲适用于经有关部门登记、卫生健康部门备案,为婴幼儿提供全日托、半日托等照护服务的托育机构。提供计时托、临时托等照护服务的托育机构可参照执行。

三、托育机构保育是婴幼儿照护服务的重要组成部分,是生命全周期服务管理的重要内容。通过创设适宜环境,合理安排一日生活和活动,提供生活照料、安全看护、平衡膳食和早期学习机会,促进婴幼儿身体和心理的全面发展。

四、托育机构保育应遵循以下基本原则:

(一)尊重儿童。坚持儿童优先,保障儿童权利。尊重婴幼儿成长特点和规律,关注个体差异,促进每个婴幼儿全面发展。

(二)安全健康。最大限度地保护婴幼儿的安全和健康,切实做好托育机构的安全防护、营养膳食、疾病防控等工作。

(三)积极回应。提供支持性环境,敏感观察婴幼儿,理解其生理和心理需求,并及时给予积极适宜的回应。

(四)科学规范。按照国家和地方相关标准和规范,合理安排婴幼儿的生活和活动,满足婴幼儿生长发育的需要。

第二章　目标与要求

托育机构保育工作应当遵循婴幼儿发展的月龄特点与个体差异,通过多种途径促进婴幼儿身体发育和心理发展。保育重点应当包括营养与喂养、睡眠、生

活与卫生习惯、动作、语言、认知、情感与社会性等。

一、营养与喂养

（一）目标。

1. 获取安全、营养的食物，达到正常生长发育水平。

2. 养成良好的饮食行为习惯。

（二）保育要点。

1. 7—12个月。

（1）继续母乳喂养，不能继续母乳喂养的婴儿使用配方奶喂养。

（2）及时添加辅食，从富含铁的泥糊状食物开始，遵循由一种到多种、由少到多、由稀到稠、由细到粗的原则。辅食不添加糖、盐等调味品。

（3）每引入新食物要密切观察婴儿是否有皮疹、呕吐、腹泻等不良反应。

（4）注意观察婴儿所发出的饥饿或饱足的信号，并及时、恰当回应，不强迫喂食。

（5）鼓励婴儿尝试自己进食，培养进餐兴趣。

2. 13—24个月。

（1）继续母乳或配方奶喂养，可以引入奶制品作为辅食，每日提供多种类食物。

（2）鼓励和协助幼儿自己进食，关注幼儿以语言、肢体动作等发出进食需求，顺应喂养。

（3）培养幼儿使用水杯喝水的习惯，不提供含糖饮料。

3. 25—36个月。

（1）每日提供多种类食物。

（2）引导幼儿认识和喜爱食物，培养幼儿专注进食习惯、选择多种食物的能力。

（3）鼓励幼儿参与协助分餐、摆放餐具等活动。

（三）指导建议。

1. 制定膳食计划和科学食谱，为婴幼儿提供与月龄发育特点相适应的食物，规律进餐，为有特殊饮食需求的婴幼儿提供喂养建议。

2. 为婴幼儿创造安静、轻松、愉快的进餐环境，协助婴幼儿进食，并鼓励婴幼儿表达需求、及时回应，顺应喂养，不强迫进食。

3. 有效控制进餐时间，加强进餐看护，避免发生伤害。

二、睡眠

（一）目标。

1. 获得充足睡眠。

2.养成独自入睡和作息规律的良好睡眠习惯。

（二）保育要点。

1.7—12个月。

（1）识别婴儿困倦的信号,通过常规睡前活动,培养婴儿独自入睡。

（2）帮助婴儿采用仰卧位或侧卧位姿势入睡,脸和头不被遮盖。

（3）注意观察婴儿睡眠状态,减少抱睡、摇睡等安抚行为。

2.13—24个月。

（1）固定幼儿睡眠和唤醒时间,逐渐建立规律的睡眠模式。

（2）坚持开展睡前活动,确保幼儿进入较安静状态。

（3）培养幼儿独自入睡的习惯。

3.25—36个月。

（1）规律作息,每日有充足的午睡时间。

（2）引导幼儿自主做好睡眠准备,养成良好的睡眠习惯。

（三）指导建议。

1.为婴幼儿提供良好的睡眠环境和设施,温湿度适宜,白天睡眠不过度遮蔽光线,设立独立床位,保障安全、卫生。

2.加强睡眠过程巡视与照护,注意观察婴幼儿睡眠时的面色、呼吸、睡姿,避免发生伤害。

3.关注个体差异及睡眠问题,采取适宜的照护方式。

三、生活与卫生习惯

（一）目标。

1.学习盥洗、如厕、穿脱衣服等生活技能。

2.逐步养成良好的生活卫生习惯。

（二）保育要点。

1.7—12个月。

（1）及时更换尿布,保持臀部和身体干爽清洁。

（2）生活照护过程中,注重与婴儿互动交流。

（3）识别及回应婴儿哭闹、四肢活动等表达的需求。

2.13—24个月。

（1）鼓励幼儿及时表达大小便需求,形成一定的排便规律,逐渐学会自己坐便盆。

（2）协助和引导幼儿自己洗手、穿脱衣服等。

（3）引导和帮助幼儿学会咳嗽和打喷嚏的方法。

3. 25—36 个月。

（1）培养幼儿主动如厕。

（2）引导幼儿餐后漱口，使用肥皂或洗手液正确洗手，认识自己的毛巾并擦手。

（3）鼓励幼儿自己穿脱衣服。

（三）指导建议。

1. 保持生活场所的安全卫生，预防异物吸入、烧烫伤、跌落伤、溺水、中毒等伤害发生。

2. 在生活中逐渐养成婴幼儿良好习惯，做好回应性照护，引导其逐步形成规则和安全意识。

3. 注意培养婴幼儿良好的用眼习惯，限制屏幕时间。

4. 注意培养婴幼儿良好的口腔卫生习惯，预防龋齿。

5. 在各生活环节中，做好观察，发现有精神状态不良、烦躁、咳嗽、打喷嚏、呕吐等表现的婴幼儿，要加强看护，必要时及时隔离，并联系家长。

四、动作

（一）目标。

1. 掌握基本的大运动技能。

2. 达到良好的精细动作发育水平。

（二）保育要点。

1. 7—12 个月。

（1）鼓励婴儿进行身体活动，尤其是地板上的游戏活动。

（2）鼓励婴儿自主探索从躺位变成坐位，从坐位转为爬行，逐渐到扶站、扶走。

（3）提供适宜的玩具，促进抓、捏、握等精细动作发育。

2. 13—24 个月。

（1）鼓励幼儿进行形式多样的身体活动，为幼儿提供参加爬、走、跑、钻、踢、跳等活动的机会。

（2）提供多种类活动材料，促进涂画、拼搭、叠套等精细动作发育。

（3）鼓励幼儿自己喝水、用小勺吃饭、自己翻书等。

3. 25—36 个月。

（1）为幼儿提供参加走直线、跑、跨越低矮障碍物、双脚跳、单足站立、原地单脚跳、上下楼梯等活动的机会。

（2）提供多种类活动材料,促进幼儿搭建、绘画、简单手工制作等精细动作发育。

（3）鼓励幼儿自己用水杯喝水、用勺吃饭、协助收纳等。

（三）指导建议。

1. 在各个生活环节中,创造丰富的身体活动环境,确保活动环境和材料安全、卫生。

2. 充分利用日光、空气和水等自然条件,进行身体锻炼,保证充足的户外活动时间。

3. 安排类型丰富的活动和游戏,并保证每日有适宜强度、频次的大运动活动。做好运动中的观察及照护,避免发生伤害。

4. 关注患病婴幼儿。处于急慢性疾病恢复期的婴幼儿,及时调整活动强度和时间;发现运动发育迟缓婴幼儿,给予针对性指导,及时转介。

五、语言

（一）目标。

1. 对声音和语言感兴趣,学会正确发音。

2. 学会倾听和理解语言,逐步掌握词汇和简单的句子。

3. 学会运用语言进行交流,表达自己的需求。

4. 愿意听故事、看图书,初步发展早期阅读的兴趣和习惯。

（二）保育要点。

1. 7—12个月。

（1）经常和婴儿说话,引导其对发音产生兴趣,模仿和学习简单的发音。

（2）向婴儿复述生活中常见物品和动作,帮助其逐渐理解简单的词汇。

（3）引导婴儿使用简单的声音、表情、动作、语言表达自己的需求。

（4）为婴儿选择合适的图画书,朗读简单的故事或儿歌。

2. 13—24个月。

（1）培养幼儿正确发音,逐步将语言与实物或动作建立联系。

（2）鼓励幼儿模仿和学习使用词语或短句表达自己的需求。

（3）引导幼儿学会倾听并乐意执行简单的语言指令,积极使用语言进行交流。

（4）提供机会让幼儿多读绘本、多听故事、学念儿歌。

3. 25—36 个月。

(1) 指导幼儿正确地运用词语说出简单的句子。

(2) 鼓励幼儿用语言表达自己的需求和感受。

(3) 创造条件和机会,使幼儿多听、多看、多说、多问、多想,谈论生活中的所见所闻。

(4) 培养幼儿阅读的兴趣和能力,学讲故事、学念儿歌。

(三) 指导建议。

1. 创设丰富和应答的语言环境,提供正确的语言示范,保持与婴幼儿的交流与沟通,引导其倾听、理解和模仿语言。

2. 为不同月龄婴幼儿提供和阅读适合的儿歌、故事和图画书,培养早期阅读兴趣和习惯。

3. 关注语言发展迟缓的婴幼儿,并给予个别指导。

六、认知

(一) 目标。

1. 充分运用各种感官探索周围环境,有好奇心和探索欲。

2. 逐步发展注意、观察、记忆、思维等认知能力。

3. 学会想办法解决问题,有初步的想象力和创造力。

(二) 保育要点。

1. 7—12 个月。

(1) 提供有利于视、听、触摸等材料,激发婴儿的观察兴趣。

(2) 鼓励婴儿调动各种感官,感知物体的大小、形状、颜色、材质等。

(3) 引导婴儿观察周围的事物,模仿所看到的某些事物的声音和动作。

2. 13—24 个月。

(1) 引导幼儿运用各种感官探索周围环境,逐步发展注意、记忆、思维等认知能力。

(2) 鼓励幼儿辨别生活中常见物体的大小、形状、颜色、软硬、冷热等明显特征。

(3) 鼓励幼儿在操作、摆弄、模仿等活动中想办法解决问题。

3. 25—36 个月。

(1) 引导幼儿运用各种感官反复持续探索周围环境,逐步巩固和加深对周围事物的认识。

（2）启发幼儿观察辨别生活中常见物体的特征和用途，进行简单的分类，并感受生活中的数学。

（3）培养幼儿在感兴趣的事情上能够保持一定的专注力。

（4）通过各种游戏和活动，鼓励幼儿主动思考、积极提问并大胆猜想，激发幼儿的想象力和创造力。

（三）指导建议。

1. 创设环境，促进婴幼儿通过视、听、触摸等多种感觉活动与环境充分互动，丰富认识和记忆经验。

2. 保护婴幼儿对周围事物的好奇心和求知欲，耐心回应婴幼儿的问题，鼓励自己寻找答案。

3. 在确保安全健康的前提下，支持和鼓励婴幼儿的主动探索。

七、情感与社会性

（一）目标。

1. 有安全感，能够理解和表达情绪。

2. 有初步的自我意识，逐步发展情绪和行为的自我控制。

3. 与成人和同伴积极互动，发展初步的社会交往能力。

（二）保育要点。

1. 7—12 个月。

（1）观察了解不同月龄婴儿的需要，把握其情绪变化，尊重和满足其爱抚、亲近、搂抱等情感需求。

（2）引导婴儿理解和辨别高兴、喜欢、生气等不同情绪。

（3）敏感察觉婴儿情绪变化，理解其情感需求并及时回应。

（4）创设温暖、愉快的情绪氛围，促进婴儿交往的积极性。

2. 13—24 个月。

（1）引导幼儿用表情、动作、语言等方式表达自己的情绪。

（2）培养幼儿愉快的情绪，及时肯定和鼓励幼儿适宜的态度和行为。

（3）拓展交往范围，引导幼儿认识他人不同的想法和情绪。

（4）引导幼儿理解并遵守简单的规则。

3. 25—36 个月。

（1）谈论日常生活中幼儿感兴趣的人和事，引导其通过语言和行为等方式表达情绪情感。

（2）鼓励幼儿进行情绪控制的尝试，指导其学会简单的情绪调节策略。

（3）创设人际交往的机会和条件，使幼儿感受与人交往的愉悦。

（4）帮助幼儿理解和遵守简单的规则，初步学习分享、轮流、等待、协商，尝试解决同伴冲突。

（三）指导建议。

1. 观察了解每个婴幼儿独特的沟通方式和情绪表达特点，正确判断其需求，并给予及时、恰当的回应。

2. 与婴幼儿建立信任和稳定的情感联结，使其有安全感。

3. 建立一日生活和活动常规，开展规则游戏，帮助婴幼儿理解和遵守规则，逐步发展规则意识，适应集体生活。

4. 创造机会，支持婴幼儿与同伴和成人的交流互动，体验交往的乐趣。

第三章　组织与实施

一、托育机构是实施保育的场所，应当提供健康、安全、丰富的生活和活动环境，配置符合婴幼儿月龄特点的家具、用具、玩具、图书、游戏材料和安全防护措施，并根据场地条件合理确定收托规模，配备符合要求的保育人员。

二、托育机构负责人负责保育的组织与管理，指导、检查和评估保育人员的工作。

三、托育机构保育人员是保育工作的主要实施者，应当具有良好的职业道德和业务能力，身心健康。负责婴幼儿日常生活照料和活动组织，主动了解和满足婴幼儿不同的发展需求，平等对待每一个婴幼儿，呵护婴幼儿健康成长。

四、保育工作应当根据婴幼儿身心发展特点和规律，制订科学的保育方案，合理安排婴幼儿饮食、饮水、如厕、盥洗、睡眠、游戏等一日生活和活动，支持婴幼儿主动探索、操作体验、互动交流和表达表现，丰富婴幼儿的直接经验。

五、托育机构应当建立信息管理、健康管理、疾病防控和安全防护监控制度，制定安全防护、传染病防控等应急预案，切实做好室内外环境卫生，注意防范和避免伤害，确保婴幼儿的安全和健康。

六、托育机构应当与家庭、社区密切合作，充分整合各方资源支持托育机构保育工作，向家庭、社区宣传科学的育儿理念和方法，提供照护服务和指导服务，帮助家庭增强科学育儿能力。